西安电子科技大学学科建设专项资金资助
西安电子科技大学研究生教材建设项目资助

企 业 管 理
——高绩效企业基本要素

[新] 潘先弟　乔金浩　李华　著

西安电子科技大学出版社

内 容 简 介

　　本书融合了作者多年大型跨国企业管理实践经验、西方现代管理理论以及中国传统文化精华，提炼出企业管理中的基本要素，即愿景和使命、共享价值观、目标和战略、体系和流程，形成了企业管理的系统化观念。同时本书还阐明了由一般企业向规范企业、高绩效企业和卓越企业发展的过程。在这一过程中，企业需要在对基本管理要素有机结合、综合运用的同时适当地开展变化管理，进而通过创新、关系管理等谋求竞争中的优势地位以及积极履行社会责任。本书通过对企业管理要素的系统阐述，强化读者对企业管理的全面认识，同时突出强调中国传统文化与当代西方管理理论和工具的相通之处，有助于形成正确的企业价值观。书中配有大量企业实际案例，可读性强，同时采用中英文版本出版，适于作为双语课程的教材。

　　本书可作为经济管理类硕士研究生教材，也可作为高年级本科生教材，亦可供从事管理工作的相关人员参考。

图书在版编目（CIP）数据

企业管理：高绩效企业基本要素/ (新加坡)潘先弟，乔金浩，李华著.

—西安：西安电子科技大学出版社，2014.1

ISBN 978−7−5606−3251−3

Ⅰ. ① 企…　Ⅱ. ① 潘…　② 乔…　③ 李…　Ⅲ. ① 企业管理　Ⅳ. ①F270

中国版本图书馆 CIP 数据核字(2013)第 302748 号

策　　划　戚文艳
责任编辑　张　玮　戚文艳
出版发行　西安电子科技大学出版社(西安市太白南路 2 号)
电　　话　(029)88242885　88201467　　　邮　编　710071
网　　址　www.xduph.com　　　　　　电子邮箱　xdupfxb001@163.com
经　　销　新华书店
印刷单位　西安文化彩印厂
版　　次　2014 年 1 月第 1 版　　2014 年 1 月第 1 次印刷
开　　本　787 毫米×1092 毫米　1/16　　印　张　10.5
字　　数　243 千字
印　　数　1～1000 册
定　　价　32.00 元

ISBN 978−7−5606−3251−3/F

XDUP 3543001−1

如有印装问题可调换

序

时光荏苒，转眼间距潘先弟先生第一次来西安电子科技大学讲学已有八年时间。虽然时间过得飞快，但潘先生在课堂上的熠熠神采在我脑海中的印象依然十分清晰。作为一家外资企业的高级管理者，他每年都要从百忙之中抽出时间，亲自来到校园为学生们授课。当下企业高管到高校举行讲座似乎已经非常平常，但像潘先生这样能常年坚持的不多，的确令我们十分感动。其实除了讲座与课程合作以外，潘先生所在的英飞凌科技公司还与我们开展了多种不同形式的合作项目，涵盖了教学科研的方方面面。可以说西安电子科技大学与英飞凌科技公司之间的合作已经成为了校企合作的典范。这点也正体现了潘先生和英飞凌公司不断追求卓越的精神，值得我们用心体会。

潘先生自2005年起开始为西安电子科技大学管理类研究生讲授"管理研究方法与实践"课程。自开始讲课之初，潘先生就一直坚持精心准备讲义，不断更新完善讲义内容，把他丰富的跨国企业管理实践经验、西方现代管理理论和中国传统文化的精髓有机融合起来，通过深入细致的理论探究和丰富详实的案例分析对企业管理基本要素进行了系统化梳理，形成了这本自成体系的《企业管理——高绩效企业基本要素》(中、英文版)。这已经不是通常意义上的教材，而是一部凝结了作者多年成功的企业管理经验和中西方管理理论融会贯通的学术专著。另外，这本书中的两点给了我很大的触动，一是在论述企业管理基本要素的基础上明确给出了一般企业走向卓越企业的路径；二是始终强调现代西方企业管理理论和工具与中国传统文化精髓的相通之处。我想这两点无论对于企业管理的实践者还是在校学生而言都具有重要的现实意义。

我与这本书的几位作者都很熟悉，见证了他们完成这本书稿的整个过程。这本书凝结着多年心血，是他们精诚合作的结晶。尤其潘先弟先生具有 40 余年的企业工作经历，其中担任大型跨国企业高层管理人员达 30 余年之久。潘先生利用其丰富的管理经验、创新意识和开拓精神筹划并开创了英飞凌科技公司在中国的业务。他在致力于企业发展的同时还深耕于中国传统文化，特别是对《孙子兵法》和《易经》进行了深入研究，并将其与企业管理实践相融合，形成了特色鲜明的企业管理理论与方法。鉴于潘先生在校企合作和企业管理理论与教学实践方面的贡献，西安电子科技大学特别聘请其担任荣誉教授。这本书的另外两位作者是具有丰富企业管理工作经验的乔金浩和长期从事管理领域教学研究工作的李华教授。乔金浩长期供职于日资、德资、美资等国际高科技公司，谙熟现代企业经营管理，在企业商务管理、项目管理、关系管理和运作实务等方面具有深厚积累，而且近年来致力于校企合作项目的开发和管理，与众多知名高校开展了包括研发合作、技术交流和人才培养在内的多种合作项目，因而在深化校企合作方面也颇有心得。李华教授主持这门研究生研究型精品课程"管理研究方法与实践"的建设工作，与本教材的其他两位著者共同承担该课程的教学任务，共同撰写、修改、完善了课程的讲义并最终形成了现在的书稿。这本著作就是该课程的建设成果之一。

我相信在现有基础上通过他们之间的合作还会有更多的成果呈现在我们面前。我愿向读者推荐这本专著，并为之作序。

郝跃

二零一三年十一月

前　言

　　企业运作与经营的终极目标究竟是什么？利润最大化似乎是目前最广为接受的答案。当今企业实际运作也是以此为中心展开的。然而，利润最大化并非企业运营的终极目标，而只是实现企业终极目标的必由之路。 在负面业绩的基础上，企业实现其终极目标将会力不从心。正是如此，企业实际运作中表现出对利润的不懈追求，而其背后的真正推动力则是企业的终极目标。

　　企业追逐利润最大化需要经由一系列经营活动来实现，而这一系列的经营活动又是经由若干基本要素有机结合来实现的。这些基本要素在企业经营中无时无处不存在着，无论企业规模大小、行业性质如何等均是如此，只不过其表现形式有所差异而已。这些基本要素包括愿景、使命、价值观、目标、战略、体系和流程，企业管理者和员工一起组织应用这些基本要素，从而开展企业的运作和经营。

　　企业管理基本要素的有机结合、综合运用是开展企业管理的基础。在当今日益复杂多变的宏观、微观环境中，在不断发展变化的经济、技术、社会文化条件下，企业必须以变化和变革来谋求生存和发展。相应地，企业管理基本要素也必须适应环境变化和企业变化与变革管理的需要，适时地进行适当的评估、调整和重新组合。在此过程中企业进行风险与危机管理必不可少。

　　企业管理基本要素的适当组合运用并与变化管理同步将使企业发展成为规范企业，而要在激烈的市场竞争中谋求优势地位还需要通过创新、关系管理等使企业进一步成长为高绩效企业。虽然不同企业其终极目标不尽相同，但还是有相当部分企业的终极目标是要充分履行社会责任，为社会作出巨大贡献，这也是卓越企业的重要标准之一。企业从高绩效企业发展成为卓越企业还要经过漫长的历程。

　　当今世界国际交流和经济交往日益频繁，企业运作与管理也愈来愈多地面临国际化的挑战。与此相适应，许多当代企业管理理论与工具也应运而生。这些理论与工具大多源自于主要西方国家企业的管理实践，然而当我们对其进行深入研究时发现这些理论和工具也渗透着大量中国传统文化的智慧。目前中国经济发展日新月异，特别是改革开放三十年以来，中国经济已越来越深入地融入到世界经济大环境之中， 企业层面也由改革开放初期的"引进来"向"走出去"转化，越来越多的民族企业正逐步跻身于世界大型优秀企业之林。我们有理由相信中国传统文化中的管理智慧，特别是对人对事的理念与企业实践相结合，在中国这片经济沃土上一定能够成长出具有中国特色的当代企业管理理论和工具。

著　者

2013 年 7 月

目　录

第一章　企业的终极目标与企业管理基本要素

　　不同企业之间由于其设立背景、发展阶段等因素不同，其经营活动的终极目标亦不尽相同。无论其终极目标如何，企业都需要通过获取利润来实现终极目标，而谋求利润，从而实现企业终极目标是一个极其复杂的过程，是通过诸多企业管理基本要素的有机结合、综合运用实现的。企业管理基本要素包括愿景、使命、价值观、目标、战略、体系和流程。这些要素之间互相依存和制约，通过共同作用影响着企业的具体经营活动。当明确了企业管理基本要素之后，企业经营管理中的现实问题就是如何有效地组织、运用这些企业管理基本要素。一些西方企业管理模型和工具可用于帮助企业解决这一现实问题。实际上这些西方企业管理模型和工具中也渗透着中国传统文化的思想精髓。当今中国经济发展日新月异，我们相信将中国传统文化的思想精髓与当代中国企业发展实际相结合，必将在中国这片经济热土上成长出具有中国特色而又适应经济发展规律的企业管理理论和工具。

一、企业的终极目标

　　现实社会经济活动中，很多企业都在谋求利润最大化，这似乎已成为企业经营的中心。然而，利润最大化并非企业经营的终极目标。

　　精神层面的创造是物质层面的创造的先导。任何一个组织都有其目标，目标是一切组织活动的基础。设立一个组织应该明确组织目标是什么，相应地需要回答一系列问题，如：这个组织的业务本质是什么，它是公益性组织还是盈利性组织，该组织计划投身哪个产业领域等。

　　企业作为一种经济组织形式，也必须有其明确的目标。对一个组织而言，在组织初创时就设定一个长远的发展目标是十分重要的，而这一点也往往决定了企业的领导者能否创立一个成功的企业。每个企业都有若干不同层次的目标，如终极目标、战略目标、经营目标、长期或短期计划目标，以及人力资源目标、财务目标、销售目标等。企业正是在这些不同层次、不同期间目标的驱使下开展企业经营活动的，而这些目标又以企业的终极目标为基础，是企业终极目标在不同阶段、不同层次、不同领域的具体化体现。因此企业的终极目标是企业一切活动的基石、开端和先导。

　　企业由于其创立背景不同，其终极目标也不尽相同。有些企业的终极目标可谓高尚，如以为民众创造就业机会为己任，或者是为建设洁净社会而贡献力量。现实中有些人是直接接手或继承了家族事业，其往往基于个人愿景的驱使来设立和经营公司，以实现其个人愿景为终极目标。然而，这种机会终究是相对较少的，还有很多人是因为失业或是处于其他窘迫状况中而开始经营一些小生意来谋生，由此开始了创业生涯。这种情况下其经营企业的终极目标往往并不那么崇高，而是较为平淡，有的甚至不正当。实际上有很多原因或动机在驱使人们去创立企业。当然，如果一个企业运作的结果超越了个人利益和期望，这个企业的存在就会更加有意义。

企业经营的终极目标也会随着企业的发展，在企业经营的不同阶段有所变化。例如一家小企业在创立之初以让家庭过上幸福生活为终极目标并为之付出不懈努力，此后，随着企业的发展壮大，逐渐开始关注社会利益，并把企业运营的终极目标调整为提供优质产品、服务社会大众。

[案例]

西安地方小吃特色鲜明，特别是回坊地区集中了很多特色门店，向络绎不绝的中外游客和本地食客提供着各色美食，而在这其中有一家"老白家泡馍馆"就受到了食客的普遍欢迎。这家泡馍馆祖传近百年，泡馍味道纯正、鲜香可口，尽管地处逼仄的狭窄街巷之中，但依然门庭若市。当年芬兰总统访问西安时就曾被安排在此就餐。这家店面名声远播主要靠的就是食客的口口相传。

在当今很多老店利用良好声誉开展连锁经营或者加盟经营时，该店依然如故，并没有扩大经营。该店老板对此给出的解释是该家老店是祖业，舍不得老街坊们，并且很淡定地讲出："古今贫富总不齐，他人骑马我骑驴，回头一看推车汉，比上不足比下有余。"该店还有一特点，就是每逢假日或者天气过于炎热或寒冷时，往往要歇业几日，为辛苦的伙计们和家人放几天假，好好休养一番。其实回坊很多老字号都是只营业半天，不管生意再好，下午都要关门歇业，其中一个重要原因就是要顾及弱势竞争者，让那些生意不如他们的店铺也有生存的空间。

无论企业经营的终极目标如何不同，无论其在企业发展不同阶段如何变化，都需要通过企业具体的经营活动来实现。企业通过一系列经营活动实现其不同层次、不同阶段、不同领域的目标，从而最终实现其终极目标。

企业在经营活动中追逐利润是必需的，对利润的追逐是企业实现其终极目标的工具，是实现终极目标的必由之路。如果没有利润，企业的终极目标就将成为无本之花、无水之木。在负面业绩的基础上，企业实现其终极目标将会力不从心。美国知名学者 Louis D. Brandeis 曾说过："在商界，盈利绝不只是小的成功，它是成功的必需条件，因为持续亏损就意味着失败。同样，高额利润也并不意味着成功。"实际上，越来越多的优秀企业在追求利润的同时也已经更多地强调对消费者和员工的责任、对环境和社会的贡献。正是如此，企业在实际运作中往往表现出对利润的不懈追求，而其背后的真正推动力则是企业的终极目标。企业的终极目标体现了企业的价值追求，而企业获取利润是实现其价值追求的必要手段。

企业为实现其终极目标而追逐利润。企业实现利润是一个复杂的过程，需要经由一系列的具体经营活动来实现。企业具体的经营活动是诸多企业管理基本要素有机结合、综合作用的结果。

二、企业管理基本要素

社会中存在多种多样的组织形式，如政党、政府、学校、医院等，而企业是社会经济生活中极其重要的一种组织形式。正如孙子在《势篇》中所说："凡治众如治寡，分数是也。"每个企业都是整个经济体中的一个细胞，不同规模、不同类型的企业运营共同构成了社会经济发展的基石。虽然企业运营的终极目标并非利润最大化，但获取利润是实现其终极目标的必由之路，而利润必须通过完善的组织和高效的管理来实现。

企业管理就是企业管理者通过管理活动来实现企业运营目标。管理者通过策划、组织、领导与控制等实施企业管理活动，而这一切又是以一系列企业管理基本要素的有机结合、综合运用为基础的。

企业作为一种经济组织形式，其管理基本要素既具备一般组织的基本特征又有其特殊属性。

企业是指一群人为了一个共同目标或一系列共同目标而一起工作的经济实体。一般来说，企业管理架构包括组织架构、组织运作和管理要素，其中管理要素包括：愿景、使命、价值观、目标、战略以及体系和流程，如图1-1所示。

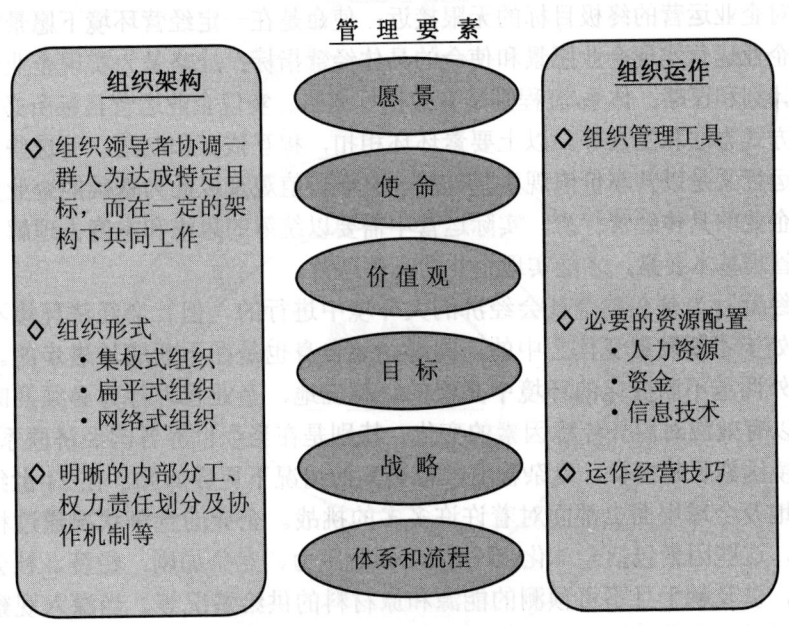

图 1-1　企业管理架构

愿景：同一企业中的人们在头脑中就企业发展方向和企业运作方式的具体映像，也就是这个企业致力于在未来达成和实现的目标。通常情况下愿景非常接近于企业运营的终极目标，有时甚至就是企业的终极目标。

使命：除了具有愿景以外，企业还应具有与企业愿景一致的总体目标，也就是该企业

(2) 在一个能够为人们创造就业机会并且实现增长预期的迅速、高效、创新、高产的市场上运行公司业务。

所有企业都会面临残酷的市场竞争，而只有在以上两方面坚定地付出努力，企业才可能在市场竞争中胜出，而要有效实现以上两个方面是离不开企业管理基本要素的。有关这些我们可以参考很多企业管理理论和优秀企业的实践。中华传统文化中的经典之一《孙子兵法》在这方面也给出了精辟的解释。在商界，我们经常听到"商场如战场"这样的说法。这个说法很大程度上是受到《孙子兵法》的影响。《孙子兵法》是孙武在2300年前那个战事不断、烽火连天的战国时期写成的，它是中国最早关于战争的经典战略和哲学著作。书中所述的理论思想对个人战略性策划和企业管理均具有重要参考价值。这本书描述了我们在当代世界能够发现的大多数现象和行为。以下是其中部分重要思想：

战略性取胜法则：有五个基本因素"一曰道，二曰天，三曰地，四曰将，五曰法"。

结盟：故不知诸侯之谋者，不能与交。

人力：将者，智、信、仁、勇、严也。

财力：取用于国，因粮于敌。

兵势：故善战者，求之于势，不责于人，故能择人而任势。

组织：凡治众如治寡，分数是也。

这些思想从战略、组织等不同方面反映了孙子在兵法上的深入思考，对当今企业在战略管理、组织管理、人力资源管理、财务管理等方面同样具有重要的指导意义和现实意义。

图1-3就是根据《孙子兵法》中的13个章节中的思想设计的一个国家军事组织图。

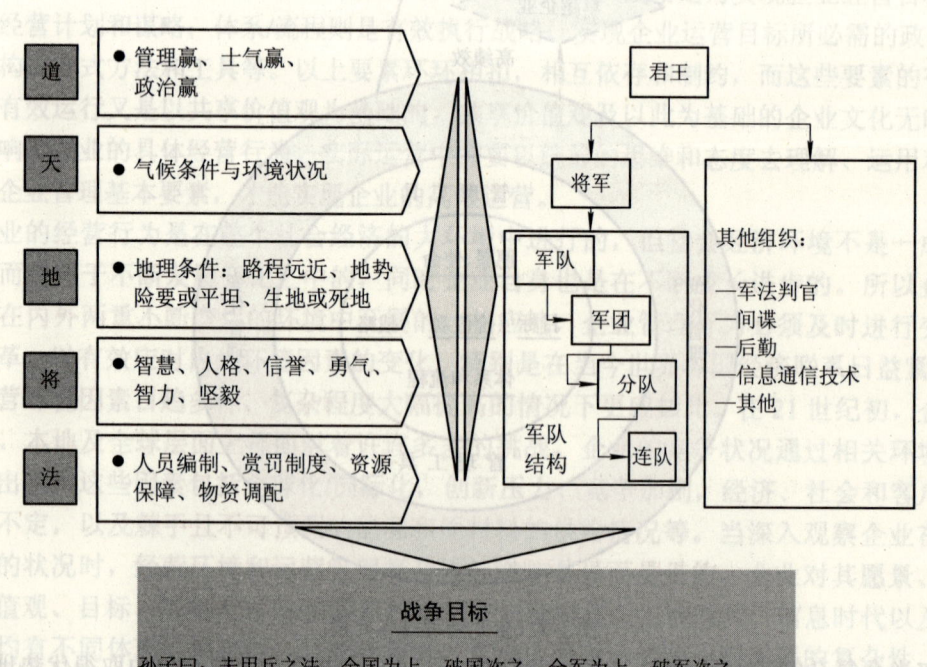

图1-3 《孙子兵法》的军事组织结构和管理制胜原则

图 1-3 中右半部分解释了孙子思想的军事组织结构，左半部分则是对军事斗争的重要取胜法则的解释，而下方对军事斗争的目标做出了解释。这些部分如果综合起来并从企业管理角度进行观察，则可以理解为对企业组织架构、企业管理原则(基本要素)以及企业愿景(目标)的综合概括。

其实孙子兵法中的思想精髓在当今的经济活动中已经被越来越多的企业所认识、理解并加以运用。实际上除了《孙子兵法》以外，中国传统文化中还有很多经典蕴含着诸多管理智慧，对当代企业管理具有显著的借鉴意义，如《周易》的思想就与当今企业管理中的情境规划具有很多相通之处。如能将这些中华传统思想精髓有效运用到企业管理之中，必将对企业运营大有裨益。

三、企业管理实践模型和工具

为了应对企业复杂的生存发展环境，有效组织和运用企业管理基本要素，企业管理者可以应用不同的企业管理模型和工具来考察企业环境，化繁为简，并在此基础上专注于企业发展方向，开展适当的经营管理。企业管理模型和工具是对复杂实体或过程的简单描述。每个企业管理模型和工具都有其不同的特点，适用于不同类型或发展阶段的企业。比如 ISO 9000 质量管理体系在大型跨国企业已经得到全面普及，但是如果要求员工规模只有几个人、业务十分简单而业务量很小的企业也必须全面采用该体系就不合适了。所以，当面对林林总总的企业管理模型和工具时，企业需要结合自身特点、实际经营情况和发展阶段等有针对性地选择某个或某些合适的模型和工具加以应用。这些被选用的模型和工具必须具有充分的适用性，才可以让企业管理者以此作为他们决策的依据。

现实中有很多广为接受和应用的管理模式和工具，例如 ISO 9000 质量管理体系、基准评价、价值链分析法、7S 模型等。以下对其中一些典型模型和工具进行简要介绍，更多细节以及更多模型和工具的具体情况，有兴趣的读者可以查阅相关书籍和资料。

1. ISO 9000 质量管理体系

ISO 9000 质量管理体系是由国际标准化组织(ISO)制定的。该组织是全球最主要的非政府间国际标准化机构，其主要职能就是制定技术标准。该组织无立法权也不作相关强制规定，它作为一个战略性合作伙伴，与世界卫生组织、国际电工委员会以及国际电信联盟合作，共同推广一个自由公平的全球化贸易体系。ISO 标准通常是由不同领域的专家根据市场需求制定的，其中大多数都是对产品的高度细节化标准。ISO 技术标准为供应商和客户们提供了一个参考框架或者共同的技术语言。这里列举一些非常有名的 ISO 标准：A4 纸张大小的标准为 ISO 216；跨语言边界的标准警示标志等，具体如图 1-4 所示。

ISO 9000 质量管理体系是主要针对质量管理的通用管理体系，它提供了一个覆盖向客户生产和交付产品或服务的整个流程的质量管理框架。企业采用 ISO 9000 质量管理体系一方面是为了适用该技术标准的要求和满足客户要求，另一方面是为了增强客户满意度。企业的这一做法也是为了在追求其目标时不断提高绩效。在 ISO 9000 质量管理体系中，有八项质量管理原则可以帮助企业提高绩效。修订的 ISO 9000:2000 系列标准就是建立在这八项管理原则上的。这八项原则包括：客户关注、领导作用、全员参与、流程方法、管理系统方法、持续改进、以现实为依据的决策方法、互惠互利的采供关系等。

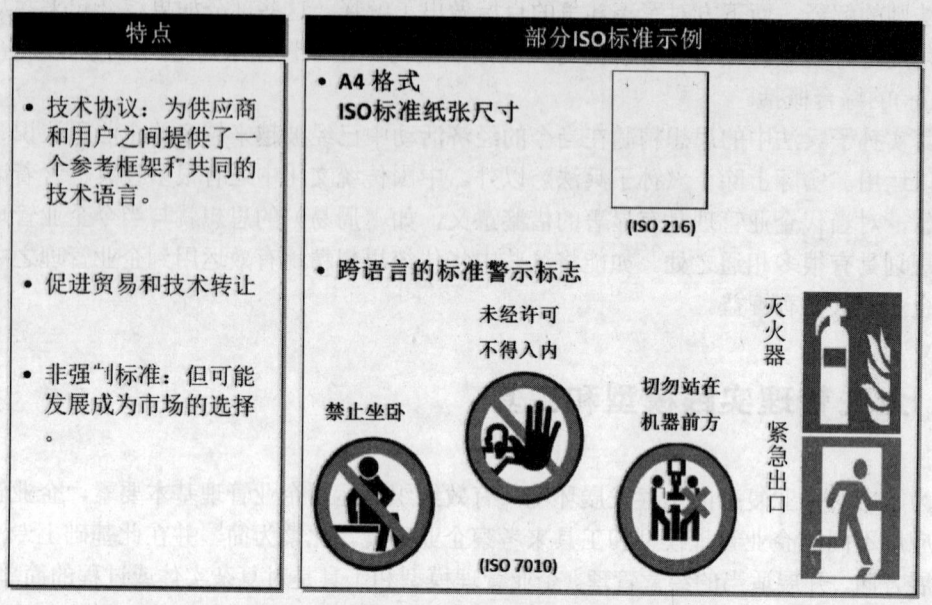

图 1-4　ISO 标准的特点和部分 ISO 标准示例

ISO 组织制定的各项国际标准在世界范围内得到 100 多个成员国家和地区的认可。目前全球已有几十万家企业、机构和组织采用 ISO 9000 质量管理体系并获得第三方认证。ISO 9000 质量管理体系对于提升企业管理水平，及时高效满足客户需求具有重要作用，而且在一定程度上该体系也已经成为国内企业进入国际市场的"通行证"。现在国内越来越多的企业已经认识到了 ISO 9000 质量管理体系的重要性并在企业经营管理中加以引入和应用。

ISO 9000 质量管理体系的本质是制定标准并严格执行，其精髓在于预防。也就是要通过制定或引入切实的标准并加以严格执行来预防不合格项的发生，从而达到提升质量、降低成本、实现高绩效的目的。为了更好地认识 ISO 9000 质量管理体系的思想精髓，我们可以将其理解为"没有规矩，不成方圆"、"凡事预则立，不预则废"。

2. 8D 工具

为了实现卓越运营，很多企业将"零缺陷"作为一项关键的战略计划。"零缺陷"是指所有产品或服务在交给内部或外部客户时相对于承诺的要求没有任何偏差。"零缺陷"面临着"不合格"的挑战。"不合格"是指"没有满足具体要求"、"没有实现目标或达到目的"以及"与标准状态的差距"等情况。任何"不合格"之缺陷、问题、失败或者说偏差都是由于流程改变或流程没有围绕和满足具体的规格要求。

实现"零缺陷"需要采用包括 8D 在内的一些解决问题的工具。8D(8 Disciplines)意思是"解决问题的 8 个原则"，也被称做 TOPS(Team Oriented Problem Solving)，即团队导向的问题解决方法。8D 是在 20 世纪 80 年代最早被福特汽车公司使用的一个质量管理工具，后来在福特供应商中广泛推行，逐步成为国际汽车行业广泛采用的解决产品质量问题的有效方法。现在 8D 已经作为一种解决问题的行之有效的系统化方法/工具被众多企业广泛接受。基于 8D 流程的分析报告如图 1-5 所示。实施 8D 的首要步骤是建立改善工作小组，小组成员由来自不同职能部门与需要解决的问题相关的人员组成，因而改善工作小组是跨越职能边界的临时性团队。该小组工作的有效性在很大程度上取决于小组成员的团队协作，也就是说"群策群力"在 8D 实践中是不可或缺的成功因素。

8D与8D 报告

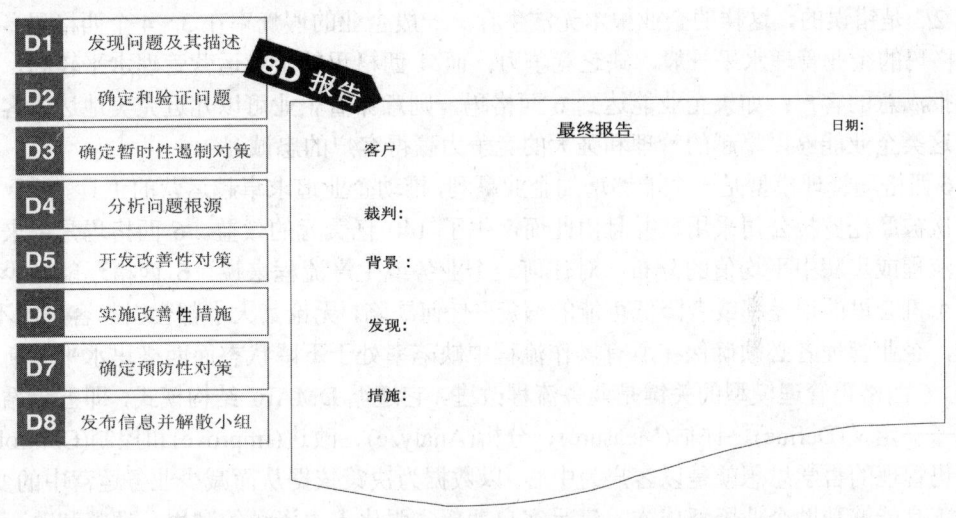

图 1-5　基于 8D 流程的分析报告

3. 6 西格玛(6Σ)

8D 是针对问题的一种有效且系统化的团队解决方法，但是从某种程度上来说，8D 不能够解决全面性问题，它对实现持续性改进也并不奏效。如图 1-6 所示，持续改进观念认为 99%仍然是不尽完美的。要实现持续性改进，我们可以参考 6 西格玛——优秀的质量管理工具之一。

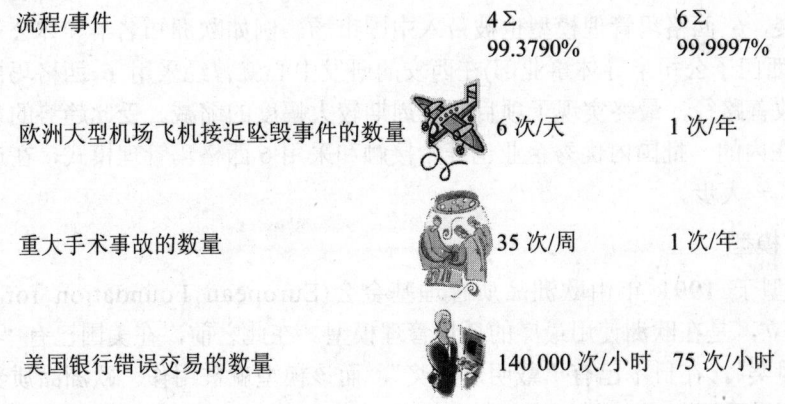

流程/事件		4Σ 99.3790%	6Σ 99.9997%
欧洲大型机场飞机接近坠毁事件的数量		6 次/天	1 次/年
重大手术事故的数量		35 次/周	1 次/年
美国银行错误交易的数量		140 000 次/小时	75 次/小时

➔99%的可能性仍然不尽完美

图 1-6　持续改进：99%仍然不尽完美

西格玛是一个统计概念：1 个西格玛意味着每一百万个机会里有 69 万次失误，2 个西格玛意味着每一百万个机会里有 30.8 万次失误，3 个西格玛意味着每一百万个机会里有 6.68 万次失误，4 个西格玛意味着每一百万个机会里有 6210 次失误，5 个西格玛意味着每一百万个机会里有 230 次失误，而 6 个西格玛意味着每一百万个机会里只有 3～4 个次失误。如果企业的经营管理水平是 1～2 个西格玛，则该企业每天有 1/3 的资源被浪费，所做的事情中有 2/3 是错误的，这样的企业根本无法生存。一般企业的瑕疵率在 3～4 个西格玛。通常 3 西格玛的企业管理水平一般，缺乏竞争力；而 4 西格玛的企业运营管理水平较高，能赢得一批满意的客户；如果企业能达到 6 西格玛，则意味着企业可以几近完美地达成客户要求，这类企业能够以卓越的管理和强大的竞争力赢得客户的忠诚。

6 西格玛管理模型是一个能够增加企业赢利，推动企业追求卓越运营的工具。它于 1987 年首次被摩托罗拉公司采用，并且由此而产生了 140 亿美元的效益。6 西格玛是用来指出任何流程或步骤中平均值的分布。对任何一个业务或生产流程来说，6 西格玛能减少每一百万个机会里的误差率或者降低可能的瑕疵。任何缺陷，无论其大小都会引起客户的不满。因此，企业管理者必须确保在所有操作流程中缺陷率处于下降状态而西格玛水平不断持续上升。6 西格玛管理模型的关键是业务流程改进，它遵循 DMAIC 结构模式，即五步循环改进法——定义(Define)、评估(Measure)、分析(Analyze)、改进(Improve)和控制(Control)。6 西格玛管理的哲学思想就是以客户为中心，以数据为决策依据从而减少业务运营中的变数。这个工具能够帮助企业降低成本、满足客户期望、强化人力资源的利用、调整和改变文化从而发现问题根源和实现持续性改进。传统的质量观点是 99%无瑕疵，而 6 西格玛的质量观点是 99.999 66%无瑕疵。6 西格玛的目标不只是统计学上的评估和改进，也是改变员工对质量绩效的看法。具有此项能力的企业有能力满足客户对更高质量的期望，这种企业也能够在市场上具有与众不同的竞争力。

6 西格玛体现了中华文化一直以来十分推崇的"精益求精"的思想。这一"精益求精"的管理模型已经在摩托罗拉、通用电气、惠普、西门子、东芝、索尼等优秀跨国企业中得到应用，并且这些企业的实践也证明了 6 西格玛管理模型是卓有成效的。随着这些跨国企业在中国的发展，6 西格玛管理模型也被带入中国市场。例如欧洲知名半导体公司英飞凌科技(其前身为西门子公司半导体事业部)在西安的研发中心就曾经采用 6 西格玛模型来探索研发流程的改善路径，最终实现了项目研发周期较大幅度的缩减。受此趋势的影响，包括 TCL、美的在内的一批国内优秀企业也开始接触和采用 6 西格玛管理模式，在追求卓越的道路上迈出了一大步。

4. EFQM 模型

EFQM 模型于 1991 年由欧洲品质管理基金会(European Foundation for Quality Management)建立，是在欧洲使用最广的质量管理模型。在此之前，在美国已有"马可姆·波里奇国家质量奖"，在日本已有"戴明质量奖"，而该模型就被用作"欧洲品质奖"的评价基础。企业可以采用 EFQM 模型进行自我评价、战略谋划、制定企业愿景和使命以及进行运营部署。该模型为企业提供了一个实现业务卓越化的框架。

EFQM 模型有 9 项基准，它们可以分成两组，即"成因"和"结果"。"成因"指一个企业所能做的；"结果"指一个企业所能实现的。"成因"组涵盖以下方面：领导(管理者为了改进工作而进行激励)、战略与政策(策划发展)、人力(知识开发)、流程(控制和改进流程)、合作关系与资源(资源的优化利用);而"结果"组包括关键绩效结果、员工结果认可、客户结果认可和社会结果认可。绩效、客户、人力和社会的卓越结果是通过领导者们管理战略与政策、人力、合作关系与资源以及流程等来实现的。具体情况如图1-7所示。

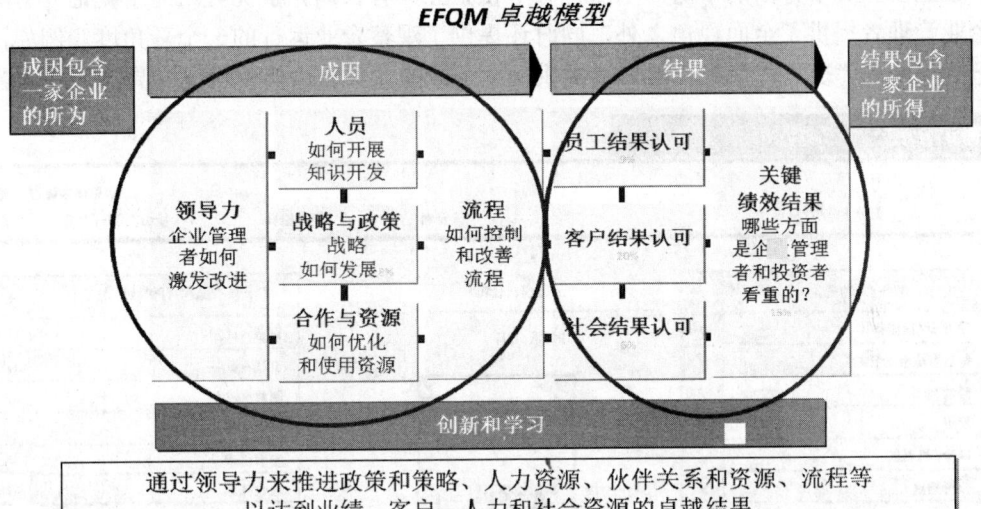

图 1-7　EFQM 模型:成因与结果

5. 平衡记分卡

没有评估就没有结果。相应地,问题的关键就是要评估什么。因此,企业需要明确关键业绩指标是什么,然后通过有效的战略执行来实现关键业务指标。平衡记分卡从财务、客户、内部运营流程和学习与成长四个角度,将企业战略分解落实为可操作的衡量指标和目标值。其目的就是要建立"实现战略制导"的绩效管理系统,从而保证企业战略得到有效执行,见图1-8。

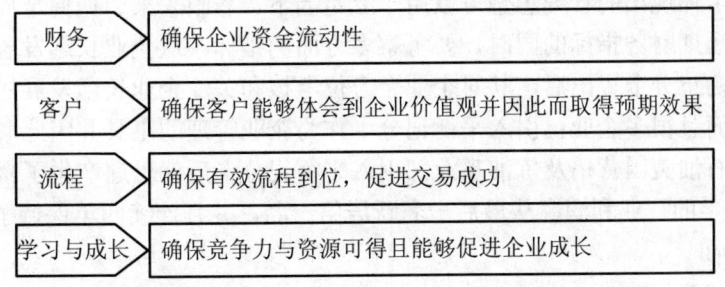

图 1-8　平衡记分卡的四个维度

平衡记分卡是由罗伯·柯普朗和诺戴维·诺顿于20世纪90年代初共同提出的。它将企业的财务与非财务指标同其战略目标与价值主张联系起来,从而促进企业绩效提升。平衡记分卡打破了传统的只注重财务指标的业绩管理方法,从多个方面考评企业自身业绩,促进企业在流程、技术和革新方面的持续投入，从而获得持续发展的动力。通过应用平衡计分卡，企业可以实现五个方面的平衡：财务指标与非财务指标的平衡、企业长期目标与短期目标的平衡、结果性指标与动因性指标的平衡、企业内部群体与外部群体的平衡、领先指标与滞后指标的平衡。

通过以上五个方面的平衡，平衡记分卡使企业具有长期竞争优势。而平衡记分卡除了向企业管理者提供了全面视角之外，同时还提供了观察企业运行的一个新角度。例如，平衡记分卡中的"交通灯"指标就可以提供一个企业的大致整体健康状况，具体见图1-9。

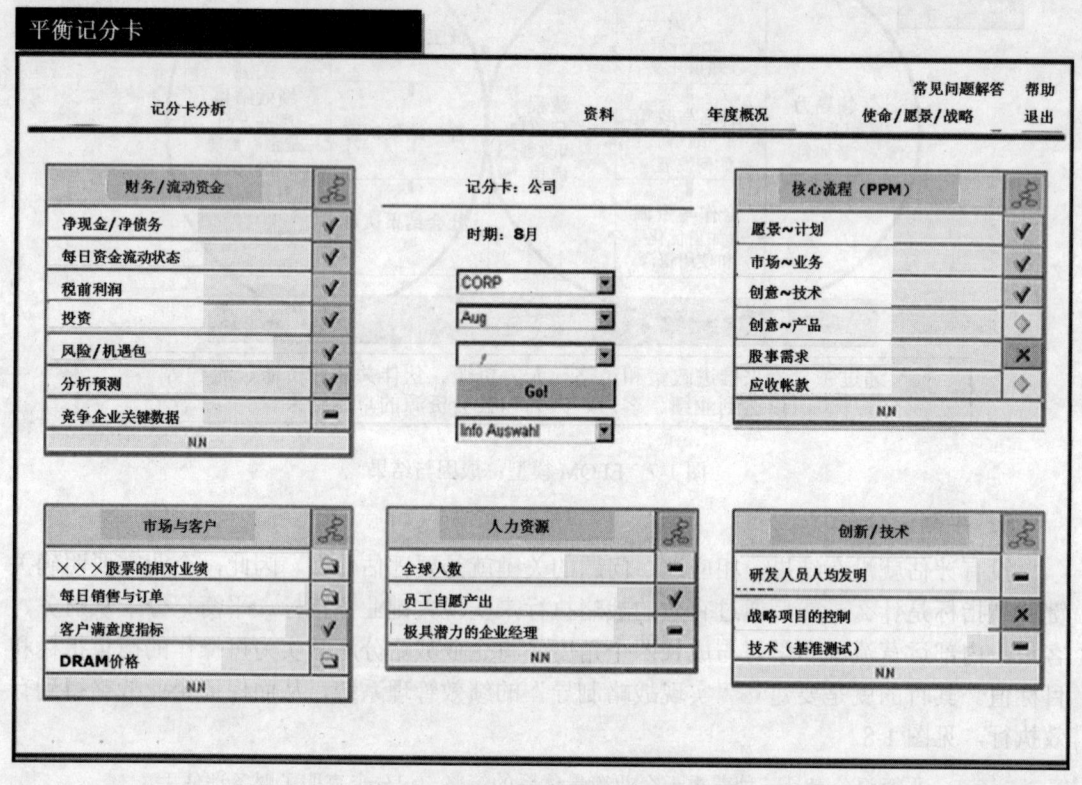

图1-9 平衡计分卡的"交通灯"指标

平衡记分卡体现出的管理思想可以用"立足当下、着眼未来、把握全局"加以概括，也就是在重视短期财务指标的同时，要考察多方面的指标，从企业长远发展的角度推进战略的执行。平衡记分卡提出后，其对企业全方位考核和关注企业长远发展的理念受到很多企业的重视，而且很多企业已引入平衡记分卡作为企业管理的工具并因此取得了良好的收益。例如美孚石油美国营销及炼油事业部引入平衡记分卡后就迅速产生了富有戏剧性的效果：1995年美孚的行业利润率从最后一名跃居第一名，并且连续四年保持这个地位。

6. 7S 模型

7S 模型是由托马斯·彼得斯和小罗伯特·沃特曼(前麦肯锡管理顾问)对在获利能力和成长速度方面有突出表现的美国43家知名企业进行深入调查的基础上开发出来的，通常被称为"麦肯锡 7-S 模型"。该模型重点强调了谋求企业成功需要协调运用企业管理的"硬件"和"软件"，也就是 7S，具体见图1-10。

只有全面实施 7S 的每个方面并与变革管理相结合，企业才能创造价值并取得成功

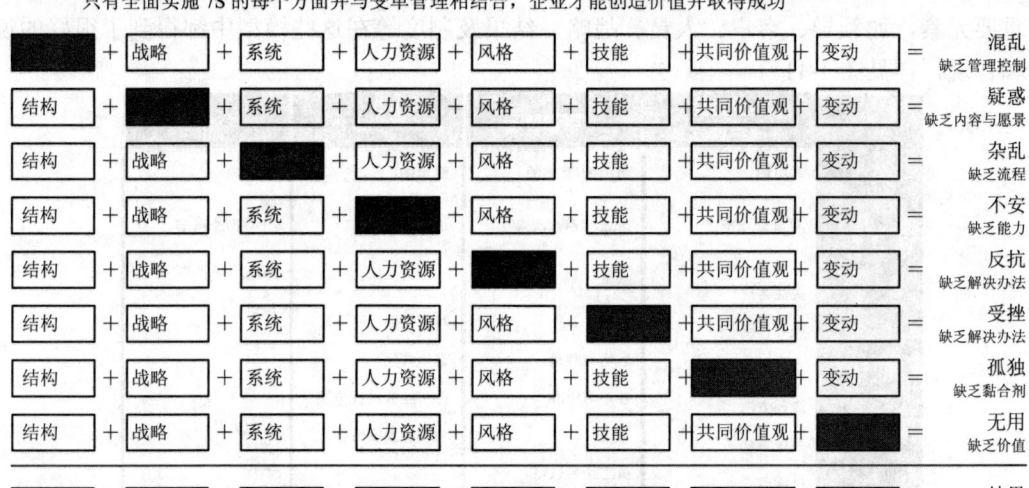

来源: Following Nieuwenhuis 2003, p.11

图 1-10　7S "硬件" 和 "软件" 缺一不可

(1) 结构(Structure)：企业的组织结构图及相应的附属分支表明谁向谁报告工作以及工作任务如何分配和整合。

(2) 战略(Strategy)：一系列有关企业当前经营和未来发展的谋划、策略和相关举措，这些谋划、策略和举措的目的是为了能够通过提高在客户心中的地位及资源的有效配置，从而达到在竞争中立于不败之地的目标。

(3) 体系(Systems)：过程与流程，说明一个企业如何在运行过程中实施日常工作(例如：信息体系、绩效评价体系)。

(4) 风格(Style)：企业管理过程中考虑和应对问题的方式方法。

(5) 人力资源(Staff)：企业组成人员和能力的总和。

(6) 技能(Skill)：企业人员所具有的整体能力。

(7) 共同价值观(Shared Values)：企业大多数人所共享的价值观。它具有导向、约束、凝聚、激励和辐射作用，是企业战略得以有效实施的必要保证。

7S 中结构、战略和体系是 "硬件"，风格、人力资源、技能和共同价值观是 "软件"。它们之间没有具体顺序，而是互相联系、彼此相关。它们就像一个个建筑用砖一样，只有通过它们的充分协调应用并适应内外环境的变化，企业经营管理才能落到实处，才能成功地创造价值。

7S 模型着重强调了从整体角度考察问题，综合运用、协调组织企业管理 "硬件" 和 "软件"，充分体现了 "融会贯通、整体思维" 的思想特点，对当代企业管理实践具有十分重要的指导意义。

实际上，除了前面介绍的企业管理模型和工具以外，现实中还有更多的企业管理模型和工具可供企业采用。但是，从某种程度上来说，前面介绍的模型和工具已经足够用来管理企业。这些模型和工具各有特征，这些特征间的适当组合为实现优秀的企业管理提供了全面指导：ISO 9000 质量管理体系提供了质量管理的框架；EFQM 模式提供了企业卓越化

的框架；平衡记分卡提供了企业控制的框架；7S 模型提供了战略匹配的框架。企业管理中的重要元素，如领导、客户、人员、战略、结果及制度等在这些模型中都得到了很好的说明和体现，详见图 1-11。

概述	ISO 9000 质量管理体系	EFQM	平衡记分卡	7S模型
	通用的	通用的/整体的	整体的	整体的
	质量管理框架	企业卓越性框架	企业控制框架	战略匹配框架
	关注客户	领导	财务方面	结构
	领导作用	人力	客户方面	战略
	全员参与	战略与政策	内部经营流程方面	系统
	流程方法	合作与资源	学习和发展方面	风格
	系统方法	流程		人力资源
	持续改进	员工结果认可		技能
	现实依据	客户结果认可		共享价值观
	互惠关系	社会结果认可		
		关键绩效结果		

图 1-11 主要企业管理模型的特征组合

前面介绍到的企业管理模型和工具均是源自于主要西方发达国家的管理智慧和管理实践，然而我们发现这些管理模型和工具的思想精髓往往也闪烁着中华传统文化的光辉。在当今世界经济日益一体化的环境下，中国传统文化的思想精髓究竟是否可以应用于当代企业管理呢？要回答这一问题，让我们先看看图 1-12 中麦肯锡(McKenzie)7S 模型管理工具与《孙子兵法》的军事组织思想的比较。

《孙子兵法》在古代不仅仅是兵书，更是协助君王富国强兵的圣经。
而这本圣书在现代企业管理中同样具有很高的参考价值，与现代组织管理学有许多共通之处。

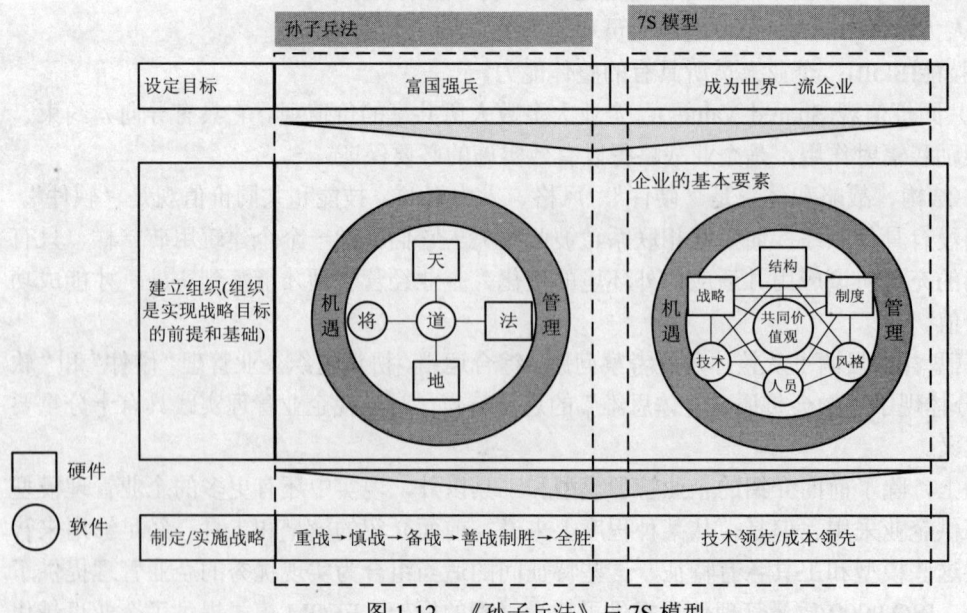

图 1-12 《孙子兵法》与 7S 模型

从图 1-12 的比较可以看出，《孙子兵法》与 7S 模型虽然着眼点各不相同(一个是军事斗争，一个是企业管理)，但在思想本质上有很多共通之处。《孙子兵法》在古代不仅仅是兵书，更是协助君主富国强兵的"圣经"，而它在现代企业管理中同样具有很高的参考价值，与现代管理学有许多共通之处。从以上分析可以看出当今国际先进的企业管理理论与工具中也渗透着中国传统文化的思想精髓。

　　目前中国经济发展日新月异，特别是改革开放三十多年以来，中国经济已越来越深入地融入到世界经济大环境之中，企业层面也由改革开放初期的"引进来"向"走出去"转化，越来越多的民族企业正逐步跻身于世界大型优秀企业之林。我们有理由相信中国传统文化中的管理智慧，特别是对人对事的理念与企业实践相结合，在中国这片经济沃土上一定能够成长出具有中国特色的当代企业管理理论和工具。

第二章 愿景、使命与共享价值观

古语云："纲举则目张。"企业管理同样如此，企业愿景和使命就是企业管理中的"纲"，是其他管理要素的基础。在当前经济全球化日益深入的背景下，以全球经济为背景确定企业愿景和使命愈发显得重要。企业需要在企业愿景和使命的基础上确定与其相适应的正确的核心价值观，并通过合适的方法将其转化为企业的共享价值观。共享价值观是企业诸多管理要素有机结合的中心，是企业核心竞争力的体现。当今激烈的市场竞争对企业综合实力提出了很高的要求，而以共享价值观为核心的企业文化就是企业竞争力的重要体现。企业文化内涵丰富、形式多样，对企业整体经营发展以及愿景、使命和目标的实现发挥着重要作用，因此企业需要下大力气营造优秀的企业文化。随着中国经济的发展进步，越来越多的中国企业的经营管理水平也日益提高，其中相当一部分已建立起明确的愿景、使命和核心价值观，并以此为基础和核心形成了优秀的企业文化。

一、愿景与使命

"纲举则目张"强调了抓住事物的主题和关键的重要性，做到这点就会自然带动其他环节。现实社会生活也无时无刻不验证着这条颠扑不破、放之四海而皆准的真理，而企业运营管理也同样如此，愿景和使命就是企业运营管理中的"纲"。不同行业、不同国家的知名优秀企业大都非常明确地确定了各自公司经营管理的"纲"：

美国娱乐产业巨头迪斯尼公司
愿景：成为全球的超级娱乐公司。
使命：使人们过得快活。

日本高科技产业代表企业索尼株式会社
愿景：为包括我们的股东、顾客、员工，乃至商业伙伴在内的所有人提供创造和
　　　实现他们美好梦想的机会。
使命：体验推动技术进步而造福大众的快乐。

虽然以上有关愿景和使命的表述往往是口号形式的，但是其重要性是不言而喻的。它们就是企业经营管理的"纲"，是企业其他基本管理要素的基础，也是企业经营活动各环节有效运转的基础。《易经》讲"太极生两仪，两仪生四象，四象生八卦"，即太极是一切变化、一切现象的起源，无论多么复杂的现象都以太极为基础，无论其如何变化无穷，也都

将归于太极。企业愿景和使命就如同企业经营管理中的"太极"，其他企业管理要素、经营模式、操作技巧等都是源自于企业愿景和使命的，无论其形式多么丰富、内容多么广博、发展变化多么复杂都是围绕企业愿景和使命而展开的，最终也必将归于企业愿景和使命。

企业无论在经营规模、行业领域、组织形式等方面如何不同，都有其各自的愿景和使命，只是表现形式有所不同而已。如同美国迪斯尼公司和日本索尼株式会社一样，诸多世界优秀企业都对其愿景和使命进行了明确表述，并使其通过培训等多种形式渗透在企业经营管理的各个环节中，使企业管理者和员工能了解企业愿景和使命，进而能将其体现在日常工作中。另外还有很多企业除了使其愿景和使命在企业内部耳熟能详以外，还通过网站、广告等不同形式向公众传达。尽管大多数的中小企业并没有如此明确地表述其愿景和使命，但这并不说明它们没有愿景和使命，只是这些企业的愿景和使命蕴含在企业管理者的经营思路和企业的具体经营活动中，没有以正式的形式十分明确地表达出来而已。

愿景是对企业运营终极目标的无限接近，是企业据以为未来确定经营方向和目标体系的基础。愿景的表述应该鲜明、简练、易懂，应对企业发展的定位和经营的核心理念与模式进行说明。好的愿景表述应包括两个主要组成部分：核心思想和对未来的展望。"一阴一阳之谓道"是中国传统文化中的思想精髓。任何事物都是对立统一而存在的，"阴阳"的对立存在与相互融合是万事万物的本质所在。就愿景的表述而言，核心思想是企业愿景表述中的"阴"，它表明了企业为何而存在；而这里的"阳"，即对未来的展望，是企业所期望成为的、达到的和创造的。"阴"是不变的，是对"阳"(即对未来的展望)的补充；"阳"是随着企业的发展在企业发展的不同阶段而有所变化的，需要通过重大改变和进步来获取。"阴阳"协调、相得益彰，使得企业愿景成为企业经营管理的基础和起点。相应地，愿景具有以下特点：

(1) 特异性：每家企业的宏观、微观经营环境以及自身条件、行业特点、发展阶段等都有所不同，决定了其愿景亦有所不同。即使在愿景十分相近的情况下，出于竞争需要各家企业对于愿景的表述也会有所不同。

(2) 持久性：企业愿景是对长久未来的期望。虽然它也有可能随企业发展阶段或内外环境的剧烈变化而发生一定程度的改变，但它不会随市场的反复无常而不断地、频繁地变化。通常情况下企业愿景应适应竞争需要，但不会轻易经常改变，不随当前流行趋势而随波逐流。

(3) 清晰性：企业有关愿景的表述必须突出远景目标、经营风格和核心理念，语言文字要言简意赅，不应产生概念上的混淆。

使命则是要清楚地通过更为准确、清晰的描述细化愿景，实现企业在行业中、市场上、顾客里、员工内的定位。愿景代表的是企业长久不变的长期目标，使命则是在具体经营环境下对愿景的细化，是实现这种长期目标的具体经营方式，通过设定有价值的目标来实现愿景。使命是对企业中期经营活动的描述，体现出企业的经营重点和发展路径。使命是企业对自身生存发展的"目的"的详细定位，是区别于其他企业而存在的原因或目的，也是企业胜利走向未来的精神法宝和指路明灯。使命的表述同样需要言简意赅，应包括三个基本要素：顾客的需要、顾客群体与公司的业务、技术和竞争力。简而言之，企业使命说明了企业怎样给自己的顾客创造或传递价值，以满足顾客的需求。

愿景与使命联系紧密，既有共同特征又有不同之处。表2-1对其进行了简单总结。

表 2-1　愿景和使命的特征

特　征		愿　景	使　命
共同点		特异性、清晰性	
不同点	时间维度	长期	中期
	主要内容	对未来的预期	实现预期的途径和方式
	稳定性	长久稳定	相对稳定

例如，世界知名快餐连锁企业麦当劳的愿景和使命就体现了以上特点。

愿景：主宰全球的饮食服务业。

使命：通过提供便利、价值和战略的实施，在增加市场份额和获利能力的同时，建立顾客满意的标准。

麦当劳的愿景突出了其未来的发展定位：主宰整个行业；而使命则突出了其为了实现愿景所使用的众所周知的经营手段——便利、价值、标准化。

在企业管理实践中，愿景和使命经常合在一起进行表述。这点在中外企业中都有所体现。世界知名咨询公司麦肯锡公司的愿景和使命表述如下：

(1) 帮助杰出的公司和政府更为成功。

(2) 为高层管理综合研究和解决管理上的问题和机遇。

(3) 对高层主管所面临的各种抉择方案提供全面的建议。

(4) 预测今后发展中可能出现的新问题和各种机会，制定及时且务实的对策。

中兴作为中国首批电信设备供应商之一，发展十分迅速。从 1996 年到现在，该企业已经为 140 多个国家或地区提供了产品和服务。中兴专注其愿景和使命，通过战略性市场营销、产品差异化、提高成本优势、人力资源优化以及智力管理等已经同全球 500 多个运营商建立了稳定的商业合作关系。中兴的愿景和使命的表述也是合二为一的：

(1) 中兴通讯，业界领先，为全球客户提供满意的个性化通信产品及服务。

(2) 重视员工回报，确保员工的个人发展和收益与公司发展同步增长。

(3) 为股东实现最佳回报，积极回馈社会。

(4) 在 2015 年成为世界级卓越企业。

无论愿景和使命的表述形式如何不同，无论是否明确表述，无论是分别单独表述还是合二为一的表述，它们在企业经营管理中的位置都是同样重要的。企业对愿景和使命做出清晰明确的表述并使其为企业员工所认可，为公众所接受是企业经营管理多方面的需要：企业定位的需要、市场竞争的需要、团队工作的需要、领导协作的需要、创新变革的需要、战略制定与执行的需要等。

一个企业如果没有愿景和使命，就很难开发出战略性计划，也无法培育出能够帮助企业成长的适当的企业文化；而当企业拥有了明确的愿景和使命时，它就可以在组织层面上更加统一地行动，从而能够有序地开展企业运营。正如美国著名管理学大师史蒂芬·柯维所说："因为你已经围绕一个共同愿景并在一定基础原则下建起了一种文化，那么之后你就可以坚持不懈地将战略、风格、结构、制度与你的专业使命以及现实环境进行统一。"同时他也指出，如果一个企业没有对企业愿景和使命进行明确表述并为企业员工所认可，企业经营将会面临一系列长期问题：

问题 1：缺乏战略路径。该问题可能是战略没有得到很好的开发，也可能是战略没能有效地表达使命内容，或者没能满足发展的现实需求。

问题 2：缺乏统一。企业组织结构与共同价值观之间，以及愿景与制度之间没有很好的协调和统一，企业结构与制度不能很好地服务和强化战略路径。

问题 3：缺乏适当的管理风格。管理哲学和方式方法与共同愿景和价值观不一致，或者管理风格与使命陈述中的愿景和价值观不一致。

问题 4：缺乏技巧。管理风格和管理技巧不匹配，或者管理者缺乏采用恰当风格的管理技巧。

问题 5：缺乏信任。员工信任感不足，员工之间缺乏信任导致封闭式沟通、团队协作与部门合作不够，问题较少能够得到有效解决。

问题 6：缺乏一致性。企业价值观与企业员工行为习惯无法融合，大家所重视和相信的与所做的没有任何联系。

正因为愿景和使命具有如此高的重要性，所以经营规范的优秀企业一般都对愿景和使命进行了明确表述，具体见表 2-2。

表 2-2　部分知名企业的愿景和使命

企　业	愿　景	使　命
花旗集团 citigroup	做一家拥有最高行为道德标准、可以信赖、致力于社区服务的公司	致力于为消费者提供各种金融服务
中国移动 中国移动通信 CHINA MOBILE 移动通信专家	成为卓越品质的创造者	创无限通信世界，做信息社会栋梁
福特 Ford	致力人文科技，驱动现代生活	成为全球领先的提供汽车产品和服务的消费品公司
通用电气 GE	使世界更光明	以科技及创新改善生活品质
腾讯 Tencent 腾讯	做最受尊敬的互联网企业	通过互联网服务提升人类生活品质
中国石化 中国石化 SINOPEC	建设具有较强国际竞争力的跨国能源化工公司——我们以建设世界一流企业为目标	发展企业、贡献国家、回报股东、服务社会、造福员工——尊重并维护利益相关者的权利

地球是圆的，而商业世界却越来越平坦。在当今世界经济联系日益紧密的情况下，企业愿景需要考虑全球化以及其变化速度和变化趋势。只有这样，企业才能适应新的世界经济发展趋势和不断变动之中的经济、技术和产业环境，才能以全球化视野统筹经营管理活动，从而在更大的范围内开展经营并获取利益。企业的全球化愿景就是要通过整合利用全球资源在全球经济大背景下谋求立足于世界大舞台上的全面发展。要想成为当今多元世界中的产业领导者，一个企业必须能够适时改变企业经营管理模式，主动接受并适应高速变化的全球经济的挑战。具有了这种远见，企业领导者才能够带领管理团队构建全球化的企业愿景和企业使命。

改革开放后中国经济发展取得了巨大成就，同时中国企业也逐步成长壮大。越来越多的中国企业正更加深入地融入到世界经济竞争的行列之中，而且也有相当一部分企业经受住了严峻的考验，正逐渐步入世界级优秀企业的行列。在此过程中，企业管理必须考虑国际化元素，适应全球经济发展变化趋势，与此相适应，其企业愿景和使命也必须体现国际化元素。联想集团和华为公司就是这些企业中的佼佼者，它们的企业愿景和使命就体现出了明确的国际化元素，具体如表2-3所示。

表2-3　部分中国优秀企业的国际化愿景和使命

企　业	愿　景	使　命
联想　lenovo联想	未来的联想应该是高科技的联想、服务的联想、国际化的联想	为客户利益而努力创新
华为　HUAWEI	通过通信丰富生活	以客户的挑战和需求为中心，通过提供优秀的通信网络解决方案和服务从而给客户持续创造最大价值

在有了愿景和使命这个基础之后，企业谋求发展过程中在经营管理方面还面临着很多挑战，诸如资源资本化、资源合理配置、文化冲突与协调等。在诸多挑战之中，一个非常重要的问题就是如何将不同生活和文化背景、乃至不同国家和地区的人有效融合到一起，实现团队协作。这是一个非常现实的问题，特别是在当今全球经济交往日益紧密的趋势下该问题就显得更加突出。企业管理实践中任何企业、任何管理者都不可以低估这个挑战，否则企业将面临无效率的失败，如浪费资源、不健康的企业内部竞争等。因此，企业管理者还需要在明确企业愿景和使命的基础上，更进一步地开发培育企业精神，提升企业中的团队协作能力。而企业文化和共享价值观将是加强企业内部融合关系、提升企业团队协作能力，并进而使企业成为一个更加有效的整体的催化剂。

二、共享价值观——企业的核心竞争力

对于一家企业而言，虽然优秀的企业领导者可能离职或去世，畅销的产品可能过时，有利的市场环境可能发生改变，替代性新技术可能出现，管理偏好也可能来去匆匆，但是优秀企业中的核心观念将作为指导方针与灵感的来源而持久存在。这种核心观念能够提供一种黏合力，使企业在成长、分立、多元化、全球扩张以及发展多样性的过程中保持其整体性，这就是核心价值观，它包含企业一系列永恒的指导方针。

1. 企业的核心价值观

企业的核心价值观就是指企业在经营过程中坚持不懈，努力使全体员工都必须信奉的信条。核心价值观是企业经营管理哲学的重要组成部分，它是解决企业在发展中如何处理内外矛盾的一系列准则，如企业对市场、对客户、对员工等的看法或态度等，它是表明企业如何生存发展的主张。

企业的核心价值观是一个企业中最本质的和持久坚持的一整套原则。它是企业经营管理中所坚持的核心观念和原则的简单而清晰的表述，是企业文化的核心和基础，但又没有企业文化那么丰富的内容和多样的形式。例如 IBM 公司的核心价值观是"成就客户、创新为要、诚信负责"。这是对 IBM 公司核心理念的简要阐述，以此为基础和核心，IBM 培育出了它特色鲜明的企业文化。因此企业核心价值观不能被混淆于特定企业文化或经营实务，更不可以向企业的财务收益和短期目标妥协。例如一家以"客户为本"为经营理念的企业在销售产品时，为了追求短期利润而把有内在质量问题的产品按正常产品销售给顾客。虽然该企业的短期利益因此而得到提升，但却违背了"客户为本"的核心价值观，最终将会受到市场的惩罚而丧失长远的利益，也就根本无从实现企业的愿景使命。企业的核心价值观深深根植于企业内部，是没有时限地引领企业进行一切经营活动的指导性原则，在某种程度上它的重要性甚至要超越企业的战略目标。

企业的核心价值观是对企业愿景和使命在价值理念和文化要素方面的具体反映，是以企业愿景和使命为基础的。

[案例]

英飞凌企业使命与价值观

总部位于德国 Neubiberg 的英飞凌科技股份公司是全球知名的半导体公司，为现代社会的三大科技挑战领域——高能效、连通性和安全性提供半导体和系统解决方案。英飞凌的产品素以高可靠性、卓越质量和创新性著称，并在模拟和混合信号、射频、功率以及嵌入式控制装置领域掌握尖端技术。英飞凌平均每年投入销售额的 17% 用于研发，全球共拥有 41 000 项专利。英飞凌公司在中国建立了涵盖研发、生产、销售和市场、技术支持等在内的完整的产业布局，同时在销售、产品代工、技术研发、人才培养等方面与国内领先的企业、高等院校开展了深入的合作。

英飞凌公司的企业使命：竭尽全力做负责任的合作伙伴，提供创造性半导体器件、解决方案和服务，以提升客户竞争实力。

英飞凌公司的核心价值观：承诺、创新、合作、创造价值。

以上英飞凌公司的核心价值观就充分体现了企业使命内涵，"承诺、创新、合作、创造价值"是企业使命在价值观上的具体反映，也可以理解为实现企业使命所需要的文化要素和价值指导。

2. 正确的核心价值观

同时企业愿景与使命的有效实现也必须建立在正确的企业核心价值观之上，而且核心价值观必须要为企业员工所坚信，只有这样才能真正成为企业经营管理的指导方针并落实到具体经营实务中去。

企业经营管理中有些东西不可轻易改变，而另外一些却需要经常改变。正确的核心价值观就是企业管理中不应轻易变化的部分。没有正确价值观的指引，个人就容易误入歧途，以致走向邪恶的深渊。2011年发生在挪威的震惊世界的枪击伤人案件就是因为案件凶犯错误的极端民族主义所致。而近来国内外很多国家时有发生针对在校学生的校园伤害案件也大都是因为凶手们受到错误的价值观所驱使而引发。企业经营管理同样如此，如果企业没有正确的价值观引导，没有建立起其核心价值观或者建立了错误的核心价值观，则企业经营管理无法正常开展，即使在一定时期企业业务因某种特殊因素得以顺利开展，最终企业也会因为缺失正确的核心价值观而无法实现其愿景和使命。发生在中国内地的三鹿毒奶粉事件就是典型的例子。正是企业道德底线沦丧，导致红极一时的企业轰然倒下，不但使企业的生产经营受到前所未有的冲击，也给整个社会造成了巨大的难以挽回的损失。

[案例]

三鹿集团曾经是中国知名的奶制品企业，该公司生产的三鹿奶粉行销全国，其产销量曾连续14年位居全国第一。作为行业中的佼佼者，三鹿集团有着相对完善的企业管理体系。例如对公司宗旨、核心价值观等均有明确表述。

企业宗旨：为了大众的营养健康而不懈地进取。

企业核心价值观：诚信、和谐、创新、责任。

企业精神：勤俭奉公图大业，务实创新争一流。

企业作风：务实创新、联系实际、精益求精、快速反应。

然而2008年爆发的三聚氰胺事件让这家企业的核心价值观经受了严峻的考验。2008年长期食用三鹿奶粉的消费者大面积出现了泌尿系统疾病，经检测发现奶粉中含有三聚氰胺成分。三聚氰胺是一种化工原料，添加进入奶粉中可提高蛋白质含量。就在此事件调查过程中，三鹿集团于2008年8月13日召开经营班子会议，决定对库存产品中三聚氰胺含量在10毫克/公斤以下的奶粉继续向市场销售。此后因为市场对奶粉需求巨大，集团将该标准提高至15毫克/公斤。就在此时，全国多个品牌的奶粉都查出含有三聚氰胺，给众多消费者健康造成了严重危害，由此引发了一场全国范围内的三聚氰胺事件。

该事件造成了严重的经济和社会后果。截至2008年9月17日，全国共有6422名婴幼儿因食用含有三聚氰胺的奶粉而患病，其中 158 名出现肾衰竭，3 名死亡。此次事件造成全国超过 29 万名婴幼儿出现肾功能异常。受此事件影响，多个国家和地区开始禁止中国奶制品及相关产品的销售和进口。很多国内奶制品生产厂家或因市场原因，或因受到制裁而受到巨大经济损失，甚至倒闭。除了经济损失以外，该事件还造成了严重的社会信任危机，这种损失在相当长的一段时间内都将是无法挽回的。

三鹿集团虽然明确了核心价值观，但在企业实际运作中并没有坚持其正确的核心价值观，特别是在事件已经曝光的情况下，还坚持销售含有三聚氰胺成分的奶粉，明显违背了其"诚信、责任"的价值观。正是其没能坚持正确的核心价值观导致其最终受到了市场、社会和法律的严厉制裁，红极一时的企业轰然倒下，最终走向破产。

3. 企业核心价值观的基本元素与特点

企业需要树立正确的核心价值观并将其真正融入到企业管理的重大决策和日常经营的点点滴滴中去。不同企业因其所处行业不同，企业终极目标、愿景和使命不同，企业经营管理特点不同，企业领导者价值取向不同等，其核心价值观的表述也往往表现出很大的不同。不过，正确的核心价值观也有其一些共同的特质。以下是一些正确的企业价值观的基本元素，它们在企业核心价值观建设中得到广泛应用。

诚实：按照法律法规和高道德标准忠诚地开展所有业务；奉献并兑现所有承诺。

学习精神：通过教育与学习持续汲取新知识和掌握新技能。

职业精神：在工作中追求卓越与职业自豪感。

团队合作：推动个人之间及部门之间的合作以产生互相依存的效果。

迎接挑战：敢于和善于面对挑战，并做出适当应对。

[案例]

英特尔公司核心价值观

英特尔公司是全球最大的半导体芯片制造商，它成立于 1968 年，具有 45 年产品创新和市场领导的历史。1971 年，英特尔推出了全球第一个微处理器。微处理器所带来的计算机和互联网革命，改变了整个世界。作为世界上最大的半导体公司，英特尔已经连续多年保持市场占有率绝对领先地位，特别是在 PC 和服务器微处理器方面的市场占有率更是高达 80%以上。该公司在取得骄人的市场业绩的同时，也全面履行了社会责任。英特尔这些成绩的取得与其确立了正确的核心价值观并在企业经营管理中得到全面贯彻有着密不可分的关系。该公司的核心价值观具体如下：

以客户为导向	纪律严明	质量至上	鼓励尝试冒险	优良工作环境	以结果为导向

该公司每个员工人手一张扑克牌大小的卡片，上面印有公司的核心价值观，时时提醒着员工在日常工作中以核心价值观为准则。

综观当今世界主要优秀企业的管理实践，我们发现这些企业都有其核心价值观。对这些企业的核心价值观作进一步的研究之后，不难发现具有以下共同特点：

(1) 反映企业的长远目标，即愿景和使命。

(2) 真正影响企业运作的精神准则，经得起时间的考验，因此它一旦确定下来就不会轻易改变。

(3) 最重要的关键理念，注重价值观的关键驱动因素，数量不会太多。

(4) 语言精练，内容具有激励作用。

表 2-4 是部分世界优秀企业的核心价值观，这些价值观比较全面地反映了以上特点。

表 2-4　部分世界优秀企业的核心价值观

企　业	核　心　价　值　观
迪斯尼 DISNEY	健康而富有创造力
宜家 IKEA	创新、人性化、朴实、追求大多数客户利益和意志力
波音 BOEING	永为先驱，尽善尽美
飞利浦 PHILIPS	客户至上、言出必行、人尽其才、团结协作
惠普 hp invent	热忱对待客户；信任和尊重个人；追求卓越的成就与贡献；注重速度和灵活性；专注于有意义的创新；依靠团队精神达到共同目标；在经营活动中坚持诚实与正直
麦当劳 McDonald's	以人为本、优质、服务、清洁、价值
诺基亚 NOKIA Connecting People	科技以人为本。客户满意，相互尊重，追求成功，不断创新
强生 Johnson&Johnson	客户第一，员工第二，社会第三，股东第四
壳牌 Shell	诚实、正直和尊重他人
三星 SAMSUNG 三星电子	人才第一，追求一流，引领变革，正道经营，共存共赢

企　业	核 心 价 值 观
松下 Panasonic 松下电器	"十精神"：工业报国精神、实事求是精神、改革发展精神、友好合作精神、光明正大精神、团结一致精神、奋发向上精神、礼貌谦让精神、自觉守纪精神和服务奉献精神
沃尔玛 Walmart 沃尔玛	尊重每一位员工，服务每位顾客，每天追求卓越
西门子 SIEMENS	要专注于我们的业务，倾听客户的需求和想法
星巴克 STARBUCKS COFFEE	为客人煮好每一杯咖啡
IBM IBM	成就客户、创新为要、诚信负责
思科 CISCO	为顾客、员工和商业伙伴创造前所未有的价值和机会，构建网络的未来世界
联合利华 Unilever	以最高企业行为标准对待员工、消费者、社会和我们所生活的世界
福特汽车 Ford	客户满意至上，生产大多数人买得起的汽车

　　企业的核心价值观应是企业核心团队或者是企业家本人发自内心的肺腑之言，是企业家在企业经营过程中身体力行并坚守的理念。如果有些企业在其核心价值观中使用了"诚信"的字眼，但在实际经营过程中并没有体现出诚信的行为，那么"诚信"就不是这家企业的核心价值观，而只是一个噱头而已。从这个角度说，核心价值观的表述不能够仅仅去追求时尚，而是要结合企业实际情况，适合企业自身特点。世界五百强企业使用的核心价值观不一定就是适合一家规模很小的普通企业的核心价值观，如创新、以人为本或追求卓越等。这些元素可以是一个企业价值体系的一部分，但并不一定是某个企业的"核心"价值观。

4. 核心价值观向共享价值观的转变

英国学者塞缪尔·斯迈尔斯说过："人的思想是万物之因。你播种一种观念，就收获一种行为；你播种一种行为，就收获一种习惯；你播种一种习惯，就收获一种性格；你播种一种性格，就收获一种命运。总之，一切都始于你的观念。"这一观点同样适应于企业的生存发展。同任何生命体一样，企业也有自身的生命周期，有的寿命长一些，成为百年老店；有的短一些，如昙花一现。从成功企业的实践看，它们之所以能持续生存发展，一个共同特点是信守核心价值观，在企业经营发展全过程中渗透，并内化到员工的心灵深处，外化为员工的集体行为、习惯和性格，固化为规划、制度和机制，从而形成企业的核心竞争力。

企业的核心价值观源自于企业核心团队或者企业家本人，而其核心作用的发挥却需要企业员工的广泛参与。只有核心价值观为企业员工所广泛理解和认同，并将其融入到企业员工的企业行为中去，其核心作用才能得以有效发挥；否则核心价值观也只能停留在企业核心团队或企业家这一层面，而无法真正落到实处，它也就仅仅是一个口号，或者说是一个理想而已。所以企业管理者需要创造条件使企业的核心价值观为企业员工所广泛接受并将其融入到日常企业行为中去，使核心价值观最终变为共享价值观。然而，使核心价值观转变为企业的共享价值观是一个复杂、长期的过程，绝非一朝一夕之力，也绝不是一劳永逸的事情，需要的是长期、深入的努力。与此相适应，我们需要在企业运营中，以核心价值观规范企业行为、以核心价值观塑造企业习惯、以核心价值观塑造企业性格、以核心价值观塑造企业命运。在企业构建共享价值观的过程中，一定要注意运用合适的方法和手段，遵循一些基本的原则，使核心价值观真正为企业员工所接受和应用，从而转变为共享价值观，否则可能适得其反。在此过程中，企业需要从以下多个方面开展深入而扎实的工作：

(1) 使核心价值观渗透在企业集体行为和员工个人行为之中。企业是由诸多员工通过一定的组织形式而共同组成的。企业的经营管理行为之中既有小组、部门、乃至整个企业的集体行为，也包括员工的个人行为。当然，这里的个人行为是指与企业经营相关的部分，不涉及个人工作以外的生活中的个人行为。企业核心价值观明确告诉员工什么是应该做的，什么是不该做的，对员工起着一种非正式的控制系统的作用。统一的集体行为是实现企业目标的基石，是围绕企业目标有效运作的重要保证。企业要通过潜移默化的文化氛围，长期积累的文化底蕴，使员工形成与核心价值理念相一致的集体行为和个人行为。当核心价值观渗透入企业的集体行为和员工个人行为时，因为受到共同的核心价值观的驱使，企业员工个人行为就会与企业集体行为保持同样的价值取向，从而形成合力，更好地实现企业愿景和使命。

(2) 重视和发挥企业家的性格魅力和表率作用。从某种意义上说，企业文化是企业家文化，有什么样的领导人就有什么样的企业文化，企业领导人的素质决定企业文化的优劣；企业家不仅是构成企业核心竞争力的基本要素，也是培育独特的企业价值观的关键所在。企业领导人作为企业的"精神领袖"，其自身的特质和人格魅力决定了企业的性格。如华为的狼式文化体现了任正非的独特价值观；海尔文化体现了张瑞敏的自强不息、追求卓越的精神；GE文化体现了韦尔奇追求"速度、简单和自信"的思想；微软公司在比尔·盖茨领导下，以其不息的创新精神、杰出的开发和管理才能，成为知识经济时代精英朝觐的圣殿。可见企业领导者，特别是企业创始人的性格魅力和表率作用对于企业共享价值观的形成起着重要的作用。前文提到企业的核心价值观源自于企业核心团队或者企业家本人，他们的身体力行是推广企业核心价值观并进而使其转变为企业共享价值观的必要条件。

(3) 推进制度建设和价值观推广并重。核心价值观成为共享价值观的重要表现就是企业核心价值观变成员工的良好习惯。而这一过程并不是轻而易举的，必须体现在管理过程的每一个细节中。企业必须在推广企业核心价值观的同时推进企业制度建设，正所谓"道之以德，齐之以礼，有耻且格"。这句话说明企业管理中要双管齐下。既要用价值观来实现对员工行为的软约束，又要通过制度规范等来实现对员工行为的硬约束。通过推广核心价值观使员工认可核心价值观，并以违背核心价值观为耻。同时员工还受到合理规范的制度体系的约束，这样从员工内心深处才能真正地实现所谓的"有耻且格"。核心价值观与制度建设就如同计算系统的软件和硬件一般，二者是互相依存、互为补充的关系。计算机软件和硬件缺一不可，否则无法实现计算机系统的功能。同样对企业而言，核心价值观与制度建设必须并重，否则也就无法实现有效的企业运营。为此企业一方面要建立、健全、完善必要的规章制度，使员工既有看不见的价值观导向，又有看得见的制度化的规范、习惯和准则作为约束。理念的生命力就在于管理支持和制度的配套。如华为公司倡导员工学雷锋，但不让学雷锋者吃亏，使自觉遵守"华为基本法"成为员工的习惯；在沃尔玛的成功经验中，有个著名的"10英尺规则"，即只要顾客在你周围的10英尺之内，你就要笑脸相迎。另一方面企业共享价值观的形成重在养成，持之以恒，特别是通过反映企业核心价值观的生动案例、经常性文化载体和宣传教育活动来潜移默化地推广企业的核心价值观。比如，内蒙古蒙牛乳业股份有限公司注重格言管理，把企业价值观格言化，在厂区墙上、树丛中、办公楼内随处可见"蒙牛"格言。

(4) 重视员工。员工是企业最宝贵的资产，共享价值观最终是要落实到企业的每个员工中的。共享价值观的推广绝不是通过简单的填鸭式教育来实现的，而是需要在充分重视员工的基础上通过与员工的细腻的沟通、互动来实现的。具体形式可以多种多样，例如生动的培训课程、企业管理者的身体力行、企业员工的亲身参与等。所有这一切都是以充分重视员工为基础的，只有重视员工，从员工角度出发进行思考，并开展容易为员工所接受的活动，对员工的反馈进行认真应对，才能最终使企业核心价值观深入人心，并最终变为共享价值观。比如，海尔注重企业价值观的活动化和案例化，开展"来自员工的画与话"活动，鼓励员工在业余时间里动脑子去画漫画，以漫画的形式来诠释海尔理念，以体现海尔员工对企业价值观的认同。

(5) 尊重个人价值观与文化价值观。企业在推广核心价值观的过程中，必须对个人价值观与文化价值观进行考量，并在实际行动中尊重员工的个人价值观及其文化价值观。企业的共同价值观必须考虑"个人价值观"和"文化价值观"。在个人价值观中，很明显地不同员工表现出不一样的价值观体系。个人价值观包括与朋友、父母及个人事件等有联系的社会化价值观。至于文化价值观，它代表着关于一个社会的主要表述并受哲学、政治及宗教等思想意识的影响。事实上，如图2-1所示，每个个体在某方面都是与众不同的，有其自身的动力、智慧、经验以及习得的和继承的特点。相应的企业员工文化背景不同，个人经历和个性特征不同，因而不同员工间的文化价值观和个人价值观都会有所不同。企业经营管理强调核心价值观和共享价值观。然而推广企业的核心价值观，并不要求全体员工在所有价值体系方面完全相同。每个人都有其独特的个性，要求所有人都具有完全相同的价值体系也不现实。所以推广核心价值观的过程中必须尊重员工个人价值观和文化价值观，通过不同的方式方法谋求不同价值观之间的融合。只有这样，企业的核心价值观才有可能被员工所深刻理解并接受，以致最终为大家所共享。

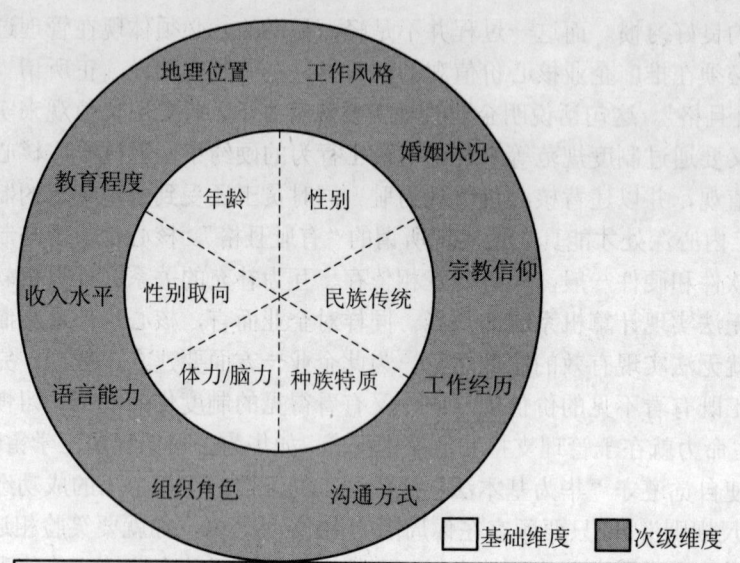

图中文字:
地理位置　工作风格
婚姻状况
教育程度
年龄　性别
宗教信仰
收入水平
性别取向　民族传统
语言能力
体力/脑力　种族特质
工作经历
组织角色　沟通方式
□ 基础维度　■ 次级维度

员工个体的多样化涵盖很多方面,如态度、行为等等,而且这些方面还是处于不断变动之中的。
个体多样化基础维度:图中内环包含个体多样化的基础维度,这些维度共同形成了个体形象和世界观
个体多样化次级维度:图中外环中包含个体多样化的若干次级维度,影响到个体的自我界定和认知

图 2-1　员工个体的多样化维度

只有将以上原则落实在企业推广核心价值观的过程中,企业才可能通过长期坚持,潜移默化使企业核心价值观转变为企业的共享价值观并得以长期保持。然而在企业构建和推广核心价值观,促使其转变为共享价值观的过程中,某些典型性事件也是具有十分重要的作用的,有时甚至是必不可少的。如著名的海尔领头人张瑞敏砸冰箱事件,正是这一突发事件使得质量观念在海尔得以推广并逐渐深入人心。可以说这一事件为海尔共享价值观的形成和推广、对海尔集团走向成功起到了极其关键的作用。

5. 共享价值观

共享价值观是企业中为企业员工广泛认可和理解,并在企业经营管理行为中得到全面、长久、持续贯彻的企业核心价值观。它以企业愿景和使命为基础,并对愿景和使命在价值观层面进行反映。同时企业的共享价值观又从价值观层面上影响着企业目标、战略、体系/流程等企业管理基本要素。企业的管理要素、经营行为都遵循着共享价值观的价值指导,并同时通过管理要素和经营行为具体体现和反映着共享价值观。《孙子兵法》中阐述了取得全胜、达到富国强兵目的的五项基本要素,即"道"、"天"、"地"、"将"、"法"。这些要素相互联系,共同构成了取得军事斗争胜利的基本原则。在这五项要素中,"道"处于核心地位,对军事斗争起着最基础的指导性作用,其他要素以其为基础,共同作用并构成一个有机整体。实际上在当今企业经营管理中共享价值观就扮演着"道"的角色,发挥着"道"的基础和核心作用。因此说共享价值观是企业诸多管理基本要素有机结合的中心,是企业的核心竞争力的体现,如图 2-2 所示。

中国经济发展已经取得了举世瞩目的成绩,同时中国企业的管理运作也在走向成熟。许多企业不但有了明确的愿景和使命陈述,也逐步形成了共享价值观并以此为中心开展企业经营管理。随着中国经济的进一步发展和国人对中华传统文化的重新认知,将会有越来

越多的优秀企业在中国这片经济沃土中成长发展起来，并形成具有特色的共享价值观。表2-5 是部分国内优秀企业的核心价值观，这些企业通过各种方法较好地将核心价值观转变为企业的共享价值观。

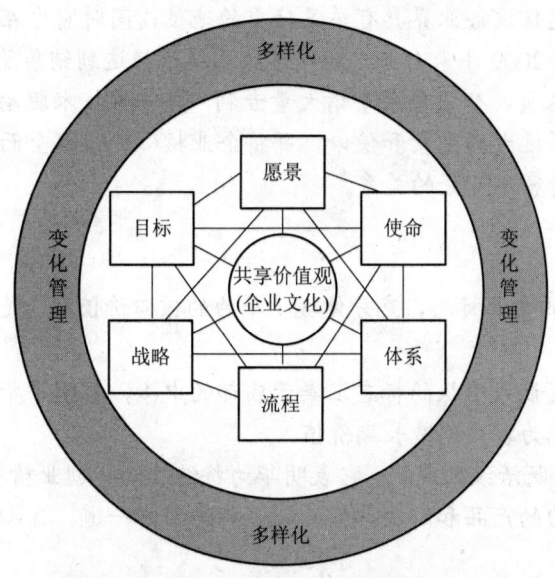

图 2-2　共享价值观——企业管理基本要素有机结合的中心

表 2-5　部分国内优秀企业的核心价值观

企　业	核　心　价　值　观
TCL **TCL**	为顾客创造价值，为员工创造机会，为社会创造效益
腾讯 *Tencent* 腾讯	正直，进取，合作，创新
三一重工 SANY	先做人，后做事
同仁堂	可以养生，可以济世
海尔 Haier 一个世界一个家	创新。以观念创新为先导、以战略创新为方向、以组织创新为保障、以技术创新为手段、以市场创新为目标
华为 HUAWEI	以人为本、尊重个性、集体奋斗、视人才为公司最大财富而不迁就人才；在独立自主基础上开放合作和创造性地发展世界领先的核心技术体系，崇尚创新精神和敬业精神；爱祖国、爱人民、爱事业和爱生活，绝不让雷锋吃亏；在顾客、员工与合作者之间结成利益共同体

【案例】

华为公司从 2 万元资本起步，经过 20 多年的发展，如今已成为《财富》世界 500 强企业。现在华为在世界通信设备业界具有举足轻重的地位，同时它也在体现国际化的很多方面表现出过人之处，如 2009 年来自海外的销售收入就已经达到销售总额的近 70%。公司员工中 50% 左右是研发人员，公司每年申请大量专利，是一家技术驱动型公司。以上这些成绩的取得与华为树立了远大的愿景和使命，并将企业核心价值观全面转化为共享价值观，以此指导企业运营有着密不可分的关系。

是华为的企业标志，充分体现了华为的核心价值观，是华为核心价值观的延伸，其具体意义如下：

以客户为中心。发散式形状的标志汇集于底部的中心，表明了华为致力于以客户为中心的战略并以此为基础为客户创造长期价值。

创新。这一新标志既活泼又现代，它表明华为将继续满怀创业精神为客户提供创新化、客户导向化且有竞争力的产品和解决方案，而且将与客户一道，齐心合力地面对未来的挑战与机遇。

稳定持续成长。华为拥有自信乐观的企业体系。这一标志以专业且国际化的方式表达了一种成熟与稳定感。

和谐。这一标志采用具层次感同时保持对称的形式，显得更加自然与和睦。它暗示了华为开放的态度和合作的战略，表明华为将保持其健康的成长并创造一个和谐的企业环境。

以企业核心价值观为指导，华为制定了相应的战略并履行以下企业社会责任：

(1) 客户为中心的战略。服务客户是华为存在的唯一理由；客户的需求是企业发展的根本推动力。通过高质量、优服务、低成本、赋予客户要求最高优先权等来加强客户的竞争力和获利能力。不断实行管理转换从而实现有效率的流程型企业运行以确保高质量的端到端交付。和同行一起合作与竞争，共同创造有益的环境并分享价值链带来的好处。

(2) 产品组合战略。创建包括移动网络、宽带网络、网际协议下的光纤网络、电信增值服务以及终端的产品组合。华为有优势向以未来为中心的发展进行过渡，并能够为客户提供有竞争力的通信解决方案和服务。

(3) 企业的社会责任。华为除了作为一个企业取得成功外，还致力于做一个具有全球责任的企业公民，为世界的和谐发展作出贡献。

① 缩短数字化差距。很多低电信普及率的地方和那些发达世界相比所享受的经济利益微乎其微。今天，人们对连通性需求的增长与经济发展之间的关系愈发紧密。然而，全球的电信覆盖率及其差距在变大；那些来自不同地区的人群之间的数字化差距也在持续变大。华为有足够的能力来祛除这个数字化差距，这样所有人就可以享有等同的机会来互相联系和通信。

② 以环境保护为第一要任。公司设立了"绿色华为、绿色通信、绿色世界"的目标。这个目标影响着业务的方方面面。环境保护以及节约能源不但是企业策划、设计、研发以及制造产品和方案的关键要素，而且是整个企业的关键业绩衡量点。

③ 为本地社区作贡献。作为一家国际化企业，华为时刻明白其业务同与其业务运营相关的社区的社会经济环境是紧密相连的，因此，致力于为这些当地社区作出回报。华为是履行该承诺的范例，它在推进公共福利、教育及灾难救济方面扮演着活跃的角色。

④ 实行供应商责任认定项目。华为将企业社会责任的要求融入到对供应商的鉴定、遴选及管理之中。同时为了确保企业社会责任政策的有效执行，员工和供应商的培训和认证也是基于 A 8000/TL 9000/ISO 14001 质量体系的要求而开展的。

⑤ 具有献身精神的、热情的员工是华为最宝贵的资产。为了承认和酬谢员工的贡献，华为制定了有关政策，确保员工可享有适当的薪酬和成长机遇。例如，"双重职业发展道路"项目为员工提供管理和专业技术两条道路；多种多样的员工俱乐部和协会活动丰富了员工的业余生活，构成了员工福利工作的一个重要组成部分。

除了华为，一批中国企业也已经建立了共享价值观，例如海尔、联想等。联想集团的核心价值观充分体现了联想的核心经营理念。

> 成就客户：致力于客户的满意与成功。
> 创业创新：追求速度和效率，专注于对客户和公司有影响的
> 　　　　　创新。
> 精准求实：基于事实的决策与业务管理。
> 诚信正直：建立信任与负责任的人际关系。

企业构建和推广其共享价值观的过程实际上就是在构建企业文化的核心体系。企业文化的本质在于全员共同认知的核心价值观，企业文化建设始于核心价值观的精心培育，终于核心价值观的维护、延续和创新。这是成功企业不变的法则。企业要持续发展，实现基业长青，必须与时俱进，承优创新，培育和实践别人难以复制和移植的"基因密码"——核心价值观。所以说共享价值观是企业文化的核心，是企业文化的中心内容。企业要用其共享价值观打造和谐企业文化。

三、企业文化

1. 企业文化的定义

企业文化是企业管理者和学者广泛讨论的主题，对其的定义也多种多样，不一而足。以下是部分有关企业文化的定义。

定义 1：企业文化是企业组织在长期的实践活动中所形成的并且为组织成员普遍认可和遵循的具有本组织特色的价值观念、团体意识、工作作风、行为规范和思维方式的总和。(威廉·A·哈维兰著《文化人类学》)

定义 2：一个公司的文化，主要由其传统和风气构成，还应包括一个公司的价值观。(威廉·大内著《Z 理论》)

定义 3：企业文化是摄取传统文化的精华，结合当代先进的管理策略，为企业职工构建的一套价值观念、行为规范和环境氛围。(托马斯·彼得斯/小罗伯特·沃特曼著《寻求优势》)

定义 4：企业文化是创造和接纳了新的价值观念、新的眼光、新的精神的一种文化。(劳

之后，就会显示其对外部因素以及新生文化因子强大的吸收力、包容力与消化力，形成动态开放的系统。

（3）有机性：企业文化是一个整体有机系统，企业文化的各个构成要素以一定的结构形式排列，各个要素相对独立，各司其职。同时，企业文化又是一个系统工程，是一个严密有序的有机结合体，由企业内互相联系、互相依赖、互相作用的不同层次、不同部分结合而成。企业文化既然以企业价值实现为最终目标，那么就不可能不涉及到企业的战略规划；既然以人为本，那么就不可能不涉及到人力资源开发；既然是一种管理方法，那么就不可能不涉及企业的管理制度……可以说，企业文化今天之所以被管理界推崇备至，与它的这一性质不无关系。

（4）统一性：企业文化的内核中包含着各种价值因素、信念因素、道德因素、心理因素等，是作为一种精神氛围存在于特定人群之中的，因此，它具有无形性，是看不见、摸不着的。然而，任何无形的事物都是寓于有形事物之中的，企业文化也不例外。无形的价值因素、信念因素、道德因素、心理因素等通过各种有形的载体，如人的行为方式、企业的各种规章制度、经营政策体现出来。人们往往是通过有形的事物去观察、分析、研究和培植企业内在文化的。无形性是指内容而言；有形性是对形式和载体而言的。因此，企业文化是内容与形式的统一，是无形性与有形性的统一。这里我们可以把企业文化比作广阔海洋中一座冰山，企业制度、企业经营模式等企业文化的外延形式就如同露出海面的冰山顶部，而价值观、道德因素、信仰因素等企业文化的内涵部分就如同隐没在海面下的冰山底部。冰山底部是冰山顶部的根基，冰山顶部是冰山底部的外在表现。同样如此，企业文化的内涵和外延以不同的形式表现出来，它们共同构成企业文化这个整体。如图2-3所示，企业文化是内涵和外延的统一。

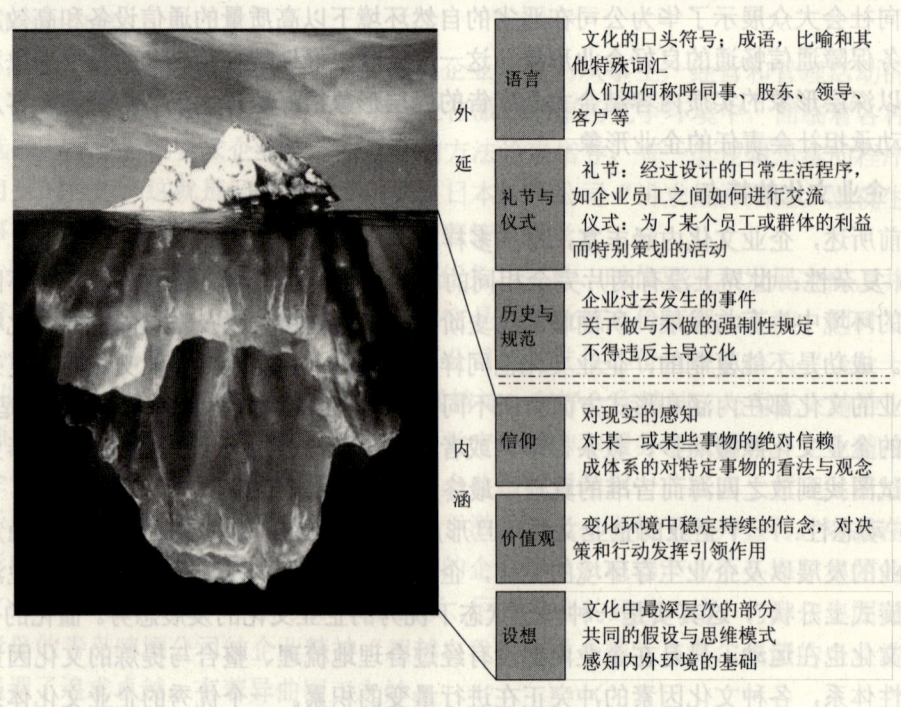

外延	语言	文化的口头符号：成语，比喻和其他特殊词汇 人们如何称呼同事、股东、领导、客户等
	礼节与仪式	礼节：经过设计的日常生活程序，如企业员工之间如何进行交流 仪式：为了某个员工或群体的利益而特别策划的活动
	历史与规范	企业过去发生的事件 关于做与不做的强制性规定 不得违反主导文化
内涵	信仰	对现实的感知 对某一或某些事物的绝对信赖 成体系的对特定事物的看法与观念
	价值观	变化环境中稳定持续的信念，对决策和行动发挥引领作用
	设想	文化中最深层次的部分 共同的假设与思维模式 感知内外环境的基础

图 2-3　企业文化是内涵和外延的统一

4．企业文化的功能

无论企业文化内涵如何丰富，其特点如何鲜明，都应体现出与企业愿景和使命相协调的企业共享价值观并以此为基础和中心。创建和培育企业文化是企业领导者的主要使命之一。企业领导应建立并推广适当的企业文化，藉以建设一支强大而统一的工作队伍来实现企业使命。特别是对那些大型跨国公司而言，在共同接受的文化影响下，来自不同种族、不同宗教背景的人们在思维过程中实现了成功合作。就企业而言，适当的企业文化将有助于在企业内部产生协同效用并创造良好的工作环境。企业文化是一家企业综合实力的重要组成部分，是企业竞争力的重要体现。一个成功优秀的企业文化可以实现以下功能，从而有效推动企业愿景和使命的实现。

(1) 导向功能：企业文化以共享价值观为核心，并通过丰富的内涵和多样的形式表现出来，实现对企业的领导者和企业员工的引导作用。

(2) 约束功能：企业文化本身不具有强制约束力，但就如同道德规范对于社会公众具有软约束力一样，企业文化对企业管理者和员工同样具有软约束力。同时成功的企业文化往往渗透在企业体系和流程的制定、修改过程中，体现在具体的规章制度中，从而间接形成了"硬"约束力。企业文化与体系流程、规章制度协同作用，实现约束功能。因此说约束功能主要是通过完善的管理制度和道德规范来实现的。

(3) 凝聚功能：优秀的企业文化在企业中形成了一种团结友爱、相互信任的和睦气氛，强化了团体意识，使企业员工之间形成强大的凝聚力和向心力。共同的价值观念形成了共同的目标和理想，员工把企业看成是一个命运共同体，把本职工作看成是实现共同目标的重要组成部分，整个企业步调一致，形成统一的整体。

(4) 激励功能：共同的价值观念使每个职工都感到自己存在和行为的价值，从而把企业通过经营管理实现愿景和使命的过程与员工自我价值的实现过程统一起来。而自我价值的实现是人的最高精神需求的一种满足，这种满足必将对企业员工形成强大的激励。由此形成企业发展、自我价值实现，而后企业进一步发展，自我价值进一步提升的良性上升循环。

(5) 调适功能：调适就是调整和适应。企业各部门之间、职工之间，由于各种原因难免会产生一些矛盾，解决这些矛盾需要各自进行自我调节；企业与环境、与顾客、与企业、与国家、与社会之间都会存在不协调、不适应之处，这也需要进行调整和适应。良好的企业文化可使经营者和普通员工科学地处理这些矛盾，自觉地约束自己。完美的企业形象就是适当进行调节的结果。

5．企业文化的模式与管理特点

文化是与民族分不开的，一定的文化总是一定民族的文化。企业文化是一个国家的微观组织文化，它是这个国家民族文化的组成部分，所以一个国家企业文化的特点实际就代表这个国家民族文化的特点。由此，企业文化就又从另一个角度体现出其多样性和不同的表现形式。同时，当今世界各国交往日益频繁，经济一体化趋势不可阻挡。相应地，企业之间的交易规模增长迅速，企业之间的竞争越加激烈，合作越加深入。跨国经营越来越普遍，跨国企业数量和规模都急剧增加，由此也产生了许多企业间和企业内部的文化冲突，需要通过适当的方式给予调和。因此企业经营管理者需要对文化多样性，特别是不同国家、不同民族的文化和企业文化的特质有所了解，并推广兼容并蓄的文化氛围，设计适当的组织管理体系，采取正确的措施来调和企业内部和外部的文化多样性导致的冲突。比如美国和欧洲都是经济发展程度领先的地区，它们在社会制度、宗教背景等方面都有很多相通之处，然而它们在企业文化模式与管理特点方面还是有很多不同之处。

美国的企业文化模式与管理特点如下：

美国是一个多民族的移民国家，这决定了美国民族文化的个人主义特点。美国的企业文化也以个人主义为核心，但这种个人主义不是一般概念上的自私，而是强调个人的独立性、能动性、个性和个人成就。在这种个人主义思想的支配下，美国的企业管理以个人的能动主义为基础，鼓励职工个人奋斗，实行个人负责、个人决策。因此，在美国企业中个人英雄主义比较突出，许多企业常常把企业的创业者或对企业作出巨大贡献的个人推崇为英雄。企业对职工的评价也是基于能力主义原则，加薪和升职也只看能力和工作业绩，不考虑年龄、资历和学历等因素。以个人主义为特点的企业文化往往由于过于突出个人，而造成对短期利益和局部利益的过度追求，影响到企业整体利益和长远利益的实现。这种情况下，企业文化中往往还突出强调团队协作，以此来调和个人主义的倾向。同时企业以严密的组织结构、严格的规章制度来管理员工，从制度上对过度的个人主义形成约束，以追求企业目标的实现。

欧洲国家的企业文化模式与管理特点如下：

欧洲文化是受基督教影响的，基督教给欧洲社会提供了理想的道德楷模。基督教信仰上帝，认为上帝是仁慈的，上帝要求人与人之间应该互爱。受这一观念的影响，欧洲文化崇尚个人的价值观，强调个人高层次的需求。欧洲人还注重理性和科学，强调逻辑推理和理性的分析。虽然欧洲企业文化的精神基础是相同的，但由于各个国家民族文化的不同，欧洲各个国家的企业文化也存在着差别。

英国是欧洲国家中传统文化色彩较浓的国家，制度观念较强，道德规范要求较高，社会生活规范化色彩强烈。这种社会文化表现在企业文化中就是强调规范和制度，而创新意识不够强烈。

意大利社会文化崇尚自由，以自我为中心，其企业文化规范性较弱，强调个人价值的实现。相应地意大利企业组织结构比较灵活多样，相对比较松散，但由于意大利绝大多数的企业属于中小企业，这种文化和组织特点往往还更加适应这些中小企业。

德国社会组织纪律性强，而且德国人勤奋刻苦，这些造就了德国产品质量精良的特质。但德国这种稳定性极强的组织和文化往往缺少适当的灵活性。因此，德国的企业管理中，决策机构庞大、决策集体化，而且决策还要保证基层员工的参与度。这样一个决策往往要花较多的时间论证，决策周期长，但决策质量高。企业执行层划分严格，各部门负责人只有一个主管，不设副职。职工参与企业管理广泛而正规，许多法律都保障了职工参与企业管理的权力。

以上初步探讨了一些发达国家企业文化的部分特质。作为拥有五千年灿烂文明和深厚文化积淀的国家，中国也有自己特色鲜明的民族文化。随着国家经济的高速成长、企业间竞争程度的强化(特别是中国企业越来越多地参与到国际竞争中去)和企业意识的增强，中国企业有必要也能够形成具有自身特色的企业文化。实际上，当前一些走在前列的中国企业已经培育出了独具特色的企业文化，对推动企业成长进步发挥了重要作用。例如华为公司在建立发展的初期，市场上的竞争对手大都是具有深厚技术积累和丰富产业经验的跨国公司。面对来自强大竞争对手的压迫式竞争，华为公司领导者任正非没有退缩，而是时刻保持危机意识，通过错位竞争、选择性竞争等方式主动参与到残酷的市场竞争中去。华为公司有这样一种信念：华为永远没有成功，只有成长。正是在这样的危机意识下华为公司上上下下时刻保持着旺盛的斗志，以拼搏的姿态投入到市场竞争中。经过长期的培育，华为形成了独特的狼性文化，那就是不屈不挠、团结奋斗、持续进取。团结、奉献、学习、创新是华为狼性文化的核心元素，它们指导和支撑着华为逐步发展壮大，成为当今世界通信设备产业界巨头。

中华文化有许多宝贵遗产，可供我们在培育企业文化中加以借鉴，然而对这些宝贵文化遗产的正确利用才是最重要的问题。如果利用得当，将对企业文化建设发挥重要的推动作用。可是，如果利用不当，就会成为形成优秀企业文化的障碍。古语云：人之初，性本善。中国文化往往假设人性是本善的，所以在社会管理中期待个体的自我约束而忽视制度建设。这点反映在企业管理和企业文化建设上就是过分强调道德规范和自我纠偏，而缺乏完善的体系流程和规章制度。在这一方面，很多西方国家与我们正好相反。这些西方国家受宗教影响，通常认为人性本恶，需要通过制度的约束来加以限制。这点反映在企业管理和文化建设上就是强调规范化的制度建设，用制度来约束个体。现在很多大型跨国企业制定了十分详细的员工行为准则就是在这方面的典型表现。另外中华传统文化还推崇中庸，认为物极必反，万事万物需要维持在合适的位置上才能保持平衡稳定，进而求得发展。本质上这一观点是十分正确的，然而在企业管理和文化建设的实践中往往很难掌握和加以运用，经常会造成无原则的妥协、规范制度经常变化而导致大家无所适从等诸多现象的发生。

总之，企业文化建设是一个十分复杂的系统工程。特别是在当今企业管理中跨文化沟通日益增多的情况下，企业文化建设必须充分认识和考量文化间的差异，采用适当的方法调和这种差异。只有这样才能培育出适应当代经济社会发展的企业文化体系。

6. 优秀企业文化的特点

企业文化对于企业经营管理具有十分重要的作用，所以企业都在谋求构建一个成功的企业文化体系。那么，究竟什么样的企业文化才是成功的企业文化呢？成功的企业文化应该是企业对外具有一定的吸引力，对内要具有一定凝聚力，总体而言，优秀的企业文化应具备以下特点：

(1) 得到员工的广泛认同。员工认同的企业文化才是真正的企业文化。只有被认同的企业文化，才可能在实际的企业经营管理中被应用和落实。

(2) 得到成功的实践与验证。企业文化需要通过企业的具体经营管理行为落到实处，在实践中得到检验，否则无论企业文化内容如何丰富、形式如何多样、口号如何响亮，也只能是空中楼阁而已。比如一家以"实实在在做人，认认真真做事"为企业价值观的企业，在经营管理实践中常常恶意欺骗客户。这样这家企业的做法就与他们所标榜的企业文化大相径庭，这家企业的企业文化只是停留在口头上，相应地它也无法从优秀企业文化中获益。

(3) 使企业员工产生使命感，使企业产生积极的因素。优秀的企业文化不仅能使员工产生使命感和责任感，而且能激励员工积极地工作，使员工对未来充满憧憬，反之，会使员工产生消极情绪，悲观厌世，甚至自杀。近来某家世界 500 强企业在中国内地的工厂接二连三发生了员工跳楼事件。这一事件从一定程度上反映了该家企业员工压力过大，而且缺乏有效的引导。同时该事件也从更深层次上说明了该家企业文化建设上还有不到位的地方，正是这方面的欠缺导致一些员工产生消极厌世的心理和行为。

(4) 核心主张简约明了，令人心悦诚服。企业文化的核心主张一定要简洁明了，甚至可以精简为一句话或一个词。在这方面很多国内外著名的企业文化就是很好的例子，如海尔的诚信文化。

(5) 能使企业产生不可复制的竞争力。事实上企业文化已经超越了管理范畴，其实质是一种具有不可复制性的竞争文化，而在资源流动性越来越强的情况下，现代企业之间的竞争越来越同质化。在这种情况下，企业文化就越来越显现出其独特的竞争力。从这个角度讲，企业之间的竞争归根到底就是企业文化的竞争。优秀的企业文化是企业的最有力竞争武器，而且是不可复制的。

(6) 能使员工对企业产生深厚的感情。企业文化不仅能提高员工主人翁意识和员工高尚情操，而且能使员工对企业产生深厚感情。无论走到哪里，员工对企业的一草一木总是充满怀念，听到或看到企业代表人物、标志、广告、产品等总是有一种亲切感。

构建企业文化体系是一项非常复杂的工作，其内容丰富，形式多样。在整个过程中需要根据不同背景和形式，采用不同的方式方法适当地开展工作。

7. 学习型文化与学习型社区

在当今知识经济时代，公司财产和业务增长的支柱往往是包括技术、生产、设计、服务等方面专有技术在内的知识。学习新知识、持续创造和创新性思维是维持知识优势的重要方式。在知识经济时代，管理者应当设置适当的政策并创造条件，以便在企业中推进学习体系和学习环境的建设，从而把企业中蕴涵的创造力和学习实践活动转化成企业的资本，使企业获得竞争优势。对一个组织的长期成功而言，分享知识在很大程度上是最为重要的因素。知识就是力量，知识需要通过教育、培训、学习和分享等过程来获取。一个以人为中心的学习型环境需要通过领导力来创造。建设这样的环境需要有发起方、明确的章程、共同接受的内容结构、适当的协调、足够的支持和一个便于应用的知识共享结构。

跨越职能建设一个学习型团组是异常困难的。一个组织必须为推动团队学习创造必要的条件、体系并提供培训。一个组织可以执行诸如学习社区、研究小组之类的项目，通过这类项目，来自相关业务领域并具有共同兴趣的一组人跨越组织边界进行富有成效的讨论，从而实现知识增值和行动协调。

企业管理者有责任建设一个适当的环境，为企业成员学习他人的经验提供一个社会化体系。这是另一种团队建设和团队学习的有效途径，将使员工的学习机会得以发现、发展并推广。通过员工间的知识共享、讨论、研究和协调行动将使学习的适应性更强且富有成果。这样员工也会持续得到个人知识和价值的丰富和提升。

学习型社区的生命周期分为多个阶段，从准备阶段开始，以后依次是启动阶段、工作与运行阶段、结束阶段。

准备阶段：确定发起人和协调人，明确概念、可能的主题、支持企业目标和方向的社区利益目标，发现并激励潜在成员参加社区，建立资源储备、确定联系人、培养和确认专家等。

启动会议：发起人召开启动会议，制定社区目标，确定社区章程。协调人协助明确社区内的角色分工和责任设定，同时要对社区活动和时间节点达成一致，也要形成对未来一致的期望。

工作与运行阶段：协调人负责观察社区工作的整个过程并确保在正确的轨道上开展工作。发起人要对社区活动进行定期回顾，使社区工作进程得到及时更新并确认是否需要提供帮助。执行会议的内容包括制订计划并执行具体分工。整个过程中要共享信息与经验，同时开发新的知识和创意。整个团队要通过测试、研究和实验等来积极推进学习。

结束阶段：当目标已经达到，或者环境发生剧烈变化以致社区的主题不再相关时，就要解散社区。发起人将主持社区总结。

第三章 目标与战略

　　企业目标是企业愿景和使命的进一步细化，是一个企业的经营目标体系，在企业管理诸要素中起着承上启下、穿针引线的作用。当今世界优秀企业普遍采用目标管理开展企业运营，然而在目标管理实务中也有一些普遍发生的实际问题需要企业采取措施加以规避或改正。

　　企业战略是对实现企业愿景、使命和企业目标的总体性、指导性规划，具有指导性、全局性与复杂性、长远性与动态性、竞争性、系统性和风险性的特征。企业战略是一个复杂的战略体系，从不同角度考察有不同的表现形式。然而无论其表现形式如何，企业战略的开发都必须建立在对企业整体经营环境的充分理解之上。很多中国传统文化典籍中都渗透着战略开发的思想精髓，其中《孙子兵法》是典型代表。当今企业管理实践中，情境规划方法在企业战略开发中得到广泛应用，这种方法与中国传统文化中的《易经》也有很多相通之处。在企业战略体系中市场战略占有突出地位，很多企业的经营管理实践都印证了蓝海战略的优越性。企业战略管理的重要一环是战略执行，只有通过有效的战略执行才能使企业战略落到实处，为此企业需要科学合理地开展一系列活动来推进企业战略的有效执行。

一、企业目标

1. 企业目标体系

　　本章所谈到的企业目标与之前所谈到的企业终极目标不同，是企业在一定经营周期的长期、中期或短期目标，是企业运营中为实现企业愿景和使命，以致最终实现终极目标而制定并执行的具体经营指标。

　　企业目标是一个经营目标体系，既包括财务目标、销售目标、技术开发目标、人力资源目标等不同领域的目标，也包括长期、中期、短期或者年度、季度、月度等不同时期的目标。因此企业目标体系可以从不同维度进行具体分类。

　　1) 以时间维度为标准进行分类

　　企业目标可以分为长期、中期、短期目标。各个企业因所处行业领域、业务类型和组织形式等方面有所不同而对企业目标期限的划分标准有所不同。例如技术发展已经十分成熟的钢铁行业可能分别以 10 年、3～5 年、1 年为期间标准制定企业长期、中期和短期目标。而技术发展日新月异的电子行业企业往往分别以 5 年、2～3 年、0.5～1 年为期间标准制定企业长期、中期和短期目标。

2) 以区域维度为标准进行分类

此分类较多应用于跨地域经营企业，特别是大型跨国公司。这些企业经常把业务覆盖到的经营地域按某种或某些特征分成不同的区域，为不同区域分别制定不同的目标。如有些家电企业把目标市场分为一线城市市场、二线城市市场、三线城市市场，分别为这些市场制定不同的业绩增长指标和销售战略。德国最大的半导体企业英飞凌科技公司根据市场需求特点和地理概念把全球市场分为五个大区，即德国区、欧洲区(不含德国)、美洲区、亚太区和日本区。

3) 以内部组织维度为标准进行分类

每家企业都有其特定的组织形式，企业目标也相应地要分解到企业内部各个细分组织内。如一家企业销售部由几个销售小组组成，销售部的总体业绩指标就要分解落实到各个销售小组。这种分类在规模很大的公司内又往往体现为事业部目标。比如前文提到的英飞凌科技公司下辖汽车电子、工业与多元化市场、智能卡三个事业部，不同事业部都有其各自的目标体系。

4) 以职能维度为标准进行分类

企业经营需要通过研发、生产、市场、销售、财务、人事、采购等多种职能的协同配合来实现。相应地，企业总体目标体系包括各个职能的目标，如研发职能的目标包括研发项目数量、指标、研发成本、时效等；生产职能的目标包括产量、质量、生产成本等；销售职能的目标包括销售额、市场占有率等；人事部门的目标包括人员成本、离职率等。

不同维度的指标互相关联、相互制约和影响，共同构成了企业的整体目标体系。而且企业的某一具体指标往往反映了多个维度，例如某空调生产企业 2013 年上半年在北京市场的销售量目标为 12 000 台，销售额为 5400 万元，这一目标就是综合反映了时间、区域、组织和职能等维度的目标，这一目标的完成情况直接影响着在各个维度上上层目标的完成情况，这一目标的变动也影响着在各个维度上上层目标的变动情况。因为目标体系是由不同维度的目标有机组合而构成的，所以企业经营管理需要从整体动态的角度去考察企业目标体系。图 3-1 反映了企业目标体系是由不同维度的目标共同构成的有机整体。

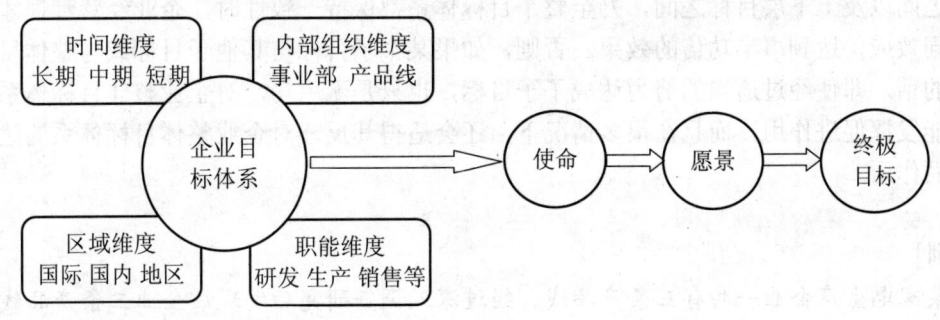

图 3-1　企业目标体系

在企业管理基本要素中，企业目标起着承上启下、穿针引线的作用。企业的愿景和使命必须转化为企业目标，才能在企业经营中得到具体落实。企业战略、企业体系和流程是以企业目标为导向而制定、调整和执行的。古语云"凡事预则立，不预则废"。目的永远要先于技巧和方法，一个人如果自开始就不知道要去的目的地在哪里，他就永远也到不了要去的地方，企业管理同样如此。无论企业还是个人，如果要取得成功，都需要有自信的态度、持续的努力和适当的方法。然而这一切的前提是要有清晰正确的目标。如果企业经营中某一领域没有目标，那么这个领域的工作必然会被忽视。企业经营管理的方方面面都需要明确的企业目标，这些方方面面的目标共同构成了企业的目标体系。

2. 合适的企业目标

企业经营管理需要设置企业目标，这点应该已经被大多数企业经营参与者所接受。相应地设置合适的企业目标就显得更加重要。合适的企业目标可以起到恰到好处的激励作用，促进企业员工为实现企业目标而付出努力。那么，究竟什么样的目标才是合适的企业目标呢？

(1) 合适的企业目标是与企业其他管理要素相适应的，能够得到企业内外部资源和环境支持的具体经营指标。企业目标的制定必须综合考虑企业可以获得和支配的人、财、物等资源，必须与企业内外的宏观环境和微观环境相适应。否则，没有资源支持和环境适应性的企业目标只能是空想，无非是一座"空中楼阁"而已。例如一家只有 10 名技术开发人员的小型软件公司为自己设立了远大技术开发目标：在一年内完全自主地开发出足以与 Windows 抗衡的操作软件。很明显这样的目标是不切实际的，该公司是根本没有足够的技术人员和资金来支持这个巨大的项目的。如果该公司以 3 个月内开发出一款天气预报类手机应用软件为企业研发目标的话，就是比较切实可行的。

(2) 合适的企业目标是通过付出适当的努力可以达成的指标。企业目标不能定得太低，否则不需经过努力就可以达成，这实际上是对企业资源的浪费，也无法在残酷的市场竞争中立足。当然企业目标也不能脱离企业现阶段实际而定得过高，如果无论企业员工如何努力都无法完成企业目标，那这样的目标就是无本之木、无源之水。无论企业目标定得过高还是过低，都起不到适当的激励作用，使企业目标激励功能无法实现。

(3) 企业不同层次、不同维度的目标应保持一致，形成有机整体。如前所述，企业目标实际上是一个由不同层次、不同维度的诸多子目标共同构成的目标体系。只有当各个子目标之间以及上下层目标之间，乃至整个目标体系都保持一致性时，企业经营管理才能发生协同效应，达到事半功倍的效果。否则，如果某个子目标与其他子目标或与整体目标不协调的话，即使经过适当的努力达成了子目标，也只是无用功，对企业整体目标体系的完成不能发挥促进作用，而且在很多情况下，还会适得其反，对企业整体目标体系的达成产生负面作用。

[案例]

某家电生产企业一共有三条产品线。经过深入调查研究后发现该企业三条产品线中的一条因为技术储备不足、市场竞争过度而发展前景不佳，遂决定放弃该产品线，转而将集中精力在其他两条产品线上。为此企业的市场销售目标确定为强化和提升其他两条产品线的市场开发力度，增加销售额15%，同时停止销售准备放弃的那条产品线的产品。现在要放弃的那条产品线还有部分库存，为尽快退出该产品线，公司决定库存产品不予销售，作为对之前售出产品的备品，以便按时按质完成已售产品的售后服务。

该公司销售部根据企业市场销售总目标为每个销售小组确定了具体的销售额指标，但与此同时并未强调停止销售计划放弃的产品。销售小组A以前在公司计划放弃的那条产品线上有良好的销售业绩，为此也积累了深厚的客户资源。一次偶然的机会，以前的一家客户为销售小组A介绍了一笔该公司计划放弃的产品的大单。如果能顺利签订该笔订单，销售小组A的销售额将大大超过预期指标，小组也将为此获得大量的绩效奖金。虽然销售小组A知道公司放弃产品线的计划，但为了超额完成销售额指标，仍然与客户签订了公司计划放弃产品的销售合同。

销售小组A的做法打乱了公司的整体计划，公司按照合同不得不将库存产品供应给签约客户。为此这家公司不得以再次启动计划放弃的产品线，生产出一定数量的产品来作为备品，以便满足售后服务的需要。这样，公司整体的战略计划不得不延迟，企业整体目标的实现受到严重的影响。

达到以上要求的企业目标基本上是合适的企业目标。同时企业在制定企业目标和目标体系时，需要通过适当工作使企业目标体现出以下特点：

(1) 明确：应尽可能清晰地把目标表述为某种指标、行为或成果。最好这些目标能用数字、比率、百分比等加以明确定义。

(2) 可测：可以通过设置一定的比较基准来对目标进行测量、记录和追踪，从而促进目标的达成。

(3) 高度(难度)：目标应具有一定的高度或难度，不应成为发挥潜力的限制。具有一定高度或难度的目标可以激励企业员工奋发努力，实现目标的同时也是对企业和员工潜力的发现和发挥。有高度(难度)的目标是企业追求高绩效的重要环节。

(4) 关联性：企业目标和员工目标要有高度关联性，只有实现企业和员工的共同发展，企业的发展才是长久的，才具有可持续性。

(5) 时效性：企业目标要有明确的开始和终止时间，只有这样企业目标才具有明确的约束性，同时这也是企业目标明确和可测的要求。

3. 目标管理

为使企业目标体系能够在企业经营管理实务中得到有效运用，企业需要开展目标管理。目标管理是以目标为导向，以员工为中心，以绩效为标准，而使企业和员工取得最佳业绩的现代管理方法。目标管理亦称"成果管理"，是指在企业员工的积极参与下，自上而下地确定工作目标，并在工作中实行"自我控制"，自下而上地保证目标实现的一种管理办法。

企业管理者如果要通过目标对下属进行管理，必须对企业管理层确定的经营目标进行有效分解，使其转变成各个部门及个人的分目标。管理者需要根据分目标的完成情况对下属进行考核、评价和奖惩。企业内各部门和员工在获得适当的资源配置和授权的前提下积极主动地为各自的分目标而奋斗，从而使企业的总体目标得以实现，并把目标完成情况作为考核依据，事中可以借此检查考评、事后可以借此兑现奖罚，实现全面、公平和互动的管理。

通常开展目标管理，企业需要着重关注以下问题：

◆ 企业目标是否与企业愿景和使命保持一致？——企业目标的基本要求。

◆ 企业目标是什么？——具体目标的中心内容。

◆ 企业目标要达到什么程度？——具体目标的质、量和状态标准。

◆ 谁来参与和完成企业目标？——具体目标的负责人和参与人。

◆ 何时完成企业目标？——具体目标的期限、计划和日程表。

◆ 如何完成企业目标？——实现具体目标采取的措施、方法和手段。

◆ 怎样支持达成企业目标？——为实现具体目标而给予的资源配备和授权。

◆ 是否达到了企业目标？——对具体目标完成情况的检查和评价。

◆ 如何对待企业目标的完成情况？——对具体目标的完成情况进行奖惩，并进入下一轮目标管理。

以上是实行企业目标管理包含的主要内容，其涵盖内容广泛，涉及因素众多，是一项标准的系统工程。

要在企业经营活动中出色地进行目标管理并不容易，很多企业在开展目标管理时就出现了这样那样的不同问题，最后导致无法实现目标管理的初衷。总结众多企业的目标管理实践，可以发现企业目标管理实务中经常出现以下问题：

(1) 过分强调某一具体目标，而忽视了整个目标体系的整体平衡。有些企业片面强调营业额，只追求销售数额的上升，而忽视了销售成本、财务成本的控制，最终导致营业额上升而利润率下降，甚至出现亏损的情况。这与企业整体经营目标相背离。

(2) 制定目标体系时没有充分考虑可供调配的资源和经营环境因素，最终导致目标根本无法实现。有些企业为配合企业规模的扩张，制定了宏大的融资目标。但是其忽视了当时国家宏观经济政策处于紧缩期，企业很难找到合适的融资渠道，最终导致融资目标无法实现，并对企业的整个目标体系造成了严重影响。

(3) 目标制定科学合理，然而执行不力。这种情况在企业经营中十分常见，特别是对于那些企业执行力不强，企业文化建设滞后的企业更是如此。

(4) 目标体系分解不够，特别是目标滞留在中层管理者，无法具体落实。往往企业高层制定了合适的企业目标，并将其合理分解给各个相关部门。然而有些部门未对目标进行进一步分解或者分解程度不够，以致出现企业普通员工对目标不甚了解的状态，整体企业目标也就无从落实。

(5) 企业目标制定完全采用命令方式，无法得到员工的理解和接受。企业目标的最终落实需要全体员工的共同努力，如果企业目标不能分解为被企业员工接受的个人目标，则企业目标也根本无从实现。为此，需要在企业目标的制定和分解过程中充分尊重企业各层次员工的意见，发挥员工能动性，使其参与到企业目标，特别是目标分解过程中去。

当今世界优秀企业普遍采用目标管理，将企业目标层层分解落实为与企业整体目标协调一致的个人业绩指标(KPI)，并以此为标准对员工进行考核和评估，据此作为晋升、调薪等工作的基础和依据。表 3-1 是某世界知名电子企业的员工绩效评价表。该表包括个人目标完成情况、业绩评价、职业发展规划等，其中业绩评价部分又细分为工作知识、判断与决策能力、分析能力、持续改进、规划与组织能力、沟通能力、团队协作等 15 个维度。该表内容丰富，基本上是依据个人目标完成情况对员工进行综合评价，同时通过经理和员工的沟通来共同确定将来的职业发展目标。无论从内容还是形式上看，该表都是典型的目标管理表格，具有非常重要的参考价值。

表 3-1 某知名电子企业员工绩效评价表

PERFORMANCE & DEVELOPMENT DISCUSSION

Employee's Particulars:		
Employee Name:	Badge No.:	Date Joined:
Dept/Section:	Cost Centre/Shift:	Age:
Designation:	Qualifications:	Review Period:

Purpose of Appraisal:

[ ]　Confirmation　　　[ ]　Annual Performance Review　　[ ]　Others:_____

Part A: Major Responsibilities & Accomplishments (To be completed by the Appraisee)

1　Summarise major duties & responsibilities.

2　Summarise major accomplishments against established objectives/targets.

　　Objectives/Targets　　　　*Accomplishments*

3　Explain any objectives, which were not accomplished.

　　Objectives/Targets　　　　*Reasons*

4　Please state resource group(s) &/or working committee(s) participated.

Part B: Performance Rating (To be completed by appraiser) *Please elaborate key strengths and weakness in the space provided*

		Hi					Lo
1	*Job Knowledge (Technical/Functional)* Knowledge of job, duties, responsibilities and objectives.	*5	4	3	2	1	0
2	*Judgment and Decision Making* Ability to make sound and firm decisions.	5	4	3	2	1	0
3	*Flexibility and Creativity/Innovative* Ability to adapt to change. Contributes to improve systems and processes etc.	5	4	3	2	1	0
4	*Dependability and Initiative* Extent to which employee can be relied upon to perform a job. Readiness to work on own accord.	5	4	3	2	1	0
5	*Analytical Ability* Understanding and interpreting problems and situations. Systematic in solving problems.	5	4	3	2	1	0
6	*Continuous Improvement* Contribution to improve existing systems/output/services and/or be cost conscious.	5	4	3	2	1	0

7	Planning and Organizing							
	Ability to plan, organize, communicates, delegate and control.	5	4	3	2	1	0	
8	Quality							
	Accuracy, thoroughness and promptness of work.	5	4	3	2	1	0	
9	Perseverance							
	Ability to performance under pressure/stress/tight schedule	5	4	3	2	1	0	
10	Leadership							
	Leads, motivates, gains cooperation and support from subordinates and others to achieve results.	5	4	3	2	1	0	
11	Communication and Interpersonal Skills							
	Extents to which employee maintains/enhances self-esteem, listens & responds with empathy & ask for help in solving problems. Interactive, expresses & exchanges ideas.	5	4	3	2	1	0	
12	Presentation Skills							
	Ability to present work in a professional manner.	5	4	3	2	1	0	
13	Teamwork							
	Promotion of trust and cooperation. Willingness to be a team player with in and with other departments.	5	4	3	2	1	0	
14	People Management/Development							
	Committed to coach and share knowledge & experiences and willing to develop staff to achieve career goals. Ability to set objectives & recognizes good work done.	5	4	3	2	1	0	
15	TQM Contributions							
	Contribution and magnitude of participation/achievements in TQM activities.	5	4	3	2	1	0	
1	Overall Performance Rating	**A	B	C	D	E		
		(A=5, B=4, ⋯, E=1)						

	*5	Outstanding: Performance is consistently well above expectations
	4	Very Good: Performance is above normal expectations
	3	Good: Performance meets normal expectations
	2	Fair: Performance meets minimum expectations and some development is needed
	1	Below Average: Performance is well below expectation and significant improvement is needed
	0	Not Applicable

Part C: Development Plan (Joint appraisal)

1 Career Planning: What are your likes and dislikes in your current job?

Likes:

Dislikes:

2	How well do you match with the demand of your present job?
	[　] Talented beyond requirements of this post, ready for more difficult responsibilities
	[　] Abilities match requirements
	[　] At times overtaxed, remediable with further experience
	[　] Requirements and abilities mismatched: transfer seems necessary

3	Career Goals
a	States briefly your career goals/personal development/planned changes (e.g. responsibility, job function, career plan) for the following period. Consider your prior experience and your future opportunity.
	Short term: 1 year
	Medium term: 3 to 5 years Long term: beyond 5 years
b	What special skills, training and experiences do you need to fulfill this goal? (Please indicate if transfer is desired)
c	Could this career goal be fulfilled within the Company?　If so, which area?
d	If transfer is desired: [　] inter-section　[　] inter-department　　　[　] international

Part D: Key Results Areas (KRA)
Develop plans and objectives for the next review period. State specific actions to increase effectiveness. This is a basis for the next performance evaluation.

Part E: Signatories	
Appraisee's Summary	
Name, Signature & Date:	
Appraisee's Feedback	
Name, Signature & Date:	
Moderator's Comments (Next higher Management level)	Endorsement by HR
Name, Signature & Date:	Name, Signature & Date:

二、企业战略与战略执行

在规范、有序的市场环境中，企业要想在竞争中取胜，要想取得长远的发展，必须有一套清晰的战略。没有战略的企业通常只能着眼于现在，为短期的物质利益而疲于经营，最终往往落得销声匿迹。战略源自组织的愿景和使命。只有先明确了组织存在的根本理由和价值，预见并逐步清晰了组织要达到的目标状态，才能制定出相应的战略。战略本身是一种构想，是对未来的预测，以及对现在的指导。企业的战略构想通常形成于企业的领导者，企业战略开发团队在理解企业的愿景和使命的基础上，综合考虑企业外部的政治、经济、社会和技术环境，以及企业所处行业的竞争状况和竞争水平并结合企业内部要素状况和经营现状，通过一系列非因果决定的逻辑、非线性思考进行战略分析，从而确定企业的战略。

1. 企业战略及其基本特征

企业战略是对实现企业的愿景、使命和企业目标的总体性、指导性规划。企业战略以企业愿景、使命和目标为基础和方向。在企业战略规划过程中，企业愿景、使命和目标始终指引着战略的方向，而企业的共享价值观则引导着企业战略的思考和执行方式。企业战略对企业的流程和体系建设具有指导作用，同时企业战略的执行离不开企业体系和流程，它是依赖于企业的具体体系和流程来得到落实的。

谋略在中国传统文化中占有十分重要的地位。这些有关谋略的思想对当今企业管理，特别是企业战略管理也具有一定的借鉴意义。如《孙子兵法》所云："故上兵伐谋，其次伐交，其次伐兵，其下攻城。""故善用兵者，屈人之兵而非战也，拔人之城而非攻也，毁人之国而非久也，必以全争于天下，故兵不顿而利可全，此谋攻之法也。"这句话指出了谋略在军事斗争中的重要作用。要想获得军事斗争的胜利，除了要有必需的军事组织和武器外，还必须有适当的谋略。有勇无谋或许可以逞一时之威，但无法取得最后的胜利。有勇有谋才是善战制胜的根本。古今中外有许多以弱胜强、以少胜多的经典战例，就是谋略在其中发挥了至关重要的作用。企业经营管理同样如此。无论企业资源多么充裕，内外环境多么有利，也必须通过适当的战略来利用、组织资源和适应环境。只有这样企业才可能在市场竞争中立足。例如曾经无比辉煌的柯达公司因为战略定位过于保守，缺乏适当的创新战略，面临数字化技术的冲击而无所适从，最终因为战略不当而走向破产。同样还有很多企业规模很小、资源不足，但采用了适当的战略从而在竞争中立足，最终发展壮大起来。联想、华为、海尔等这些中国民族企业的骄傲都是这样由小而大逐渐发展起来的，这正说明了战略在企业管理中具有十分重要的作用。一家企业即使拥有了远大的愿景、明晰的使命和适当的目标体系，如果缺乏战略都将导致一片混乱，导致企业员工不知道运用何种办法向企业愿景、使命和目标前进，从而停滞不前，或者是企业员工各自为战，每个人都采用自己认为正确的方式方法开展工作，这样势必造成内部的混乱和冲突。在企业管理中，最糟糕的情况就是企业员工都在寻找方向和到达方向的途径和方法，这就是缺乏谋略的表现。因战略缺失而处于混乱状态的企业是无论如何不可能走向成功的，反而会因此而错失发展的时机，最终在激烈的市场竞争中落败而走向破产。

另外，即使企业制定了战略，但如果该战略是不适当的，则该战略将会引导企业走上一条错误的道路，使得企业经营越来越偏离正常的轨道，距离企业愿景、使命和目标越来越远。因此不适当的战略往往比缺失战略更为可怕，它会将企业以更快的速度引向失败。

[案例]

洛阳春都集团在多元化战略上的失败

河南洛阳春都集团的前身是始建于 1958 年的洛阳肉联厂。自 1986 年生产出中国第一根西式火腿肠开始，春都曾以"会跳舞的火腿肠"红遍大半个中国，市场占有率最高达 70% 以上，资产达 29 亿元人民币。在火腿肠成功后，公司开始多元化扩张，依托肉制品产业，发展了以肉制品加工、生化制药、饮品制造、包装材料、饲料加工以及养殖业为核心的六大支柱产业，公司成为集工业、商业、贸易、旅游、服务为一体的大型企业集团。一时间企业经营项目繁杂、相互间关联度低，特别是生化制药、饮品制造等与原主业之间没有任何关联，这就更增加了多元化管理的难度；而且春都集团进入这些陌生领域的时间又非常集中，投资非常密集，这就为后来的失败留下隐患。1998 年开始，公司的经营走向恶化。公司生产的春都牌火腿肠的市场占有率从极盛时的 70% 下降到 20% 左右。春都饮品集团兼并的河南内黄县的冬夏枣茶项目已经停产，在洛阳高新区、郑州等地建立的饮料厂根本就未正常生产过，一大堆用西班牙政府贷款购买的设备在车间中闲置。公司所属的九圣集团生产的"利心牌"养命宝，在国内有一定的声誉，是一个极好的产品，但是因为公司频繁更换品牌，最终淹没在市场中，其他的所谓支柱产业也全面陷入困境。至 2009 年，春都上百条生产线全线停产，并且欠下 13 亿元的巨额债务。

洛阳春都集团在开展多元化经营过程中犯下了急于求成、草率决策的错误。正是因为在多元化战略方面的错误，才导致了春都集团走向衰落。

企业战略是对企业各种战略的统称，其中包括竞争战略、营销战略、发展战略、品牌战略、融资战略、技术开发战略、人才开发战略、资源开发战略等。企业各种战略的有机结合构成了企业战略体系。企业战略体系中的各个战略相互联系、相互影响和制约，而且企业战略的种类、形式和内容也随着经济社会的发展而不断发展变化、层出不穷。比如随着全球信息技术的快速发展和普及，企业信息化战略就成为企业谋求提升企业竞争实力的一个重要手段。企业战略虽然有多种，但基本属性是相同的，都是对企业的谋划，都是对企业整体性、长期性、基本性问题的规划。例如，企业竞争战略是对企业竞争的谋划，是对企业竞争整体性、长期性、基本性问题的规划；企业营销战略是对企业营销方式和手段的谋划，是对企业营销整体性、长期性、基本性问题的规划；企业技术开发战略是对企业技术开发的谋划，是对企业技术开发整体性、长期性、基本性问题的规划；企业人才战略是对企业人才开发的谋划，是对企业人才开发整体性、长期性、基本性问题的规划。各种企业战略有同也有异，相同的是基本属性，不同的是谋划问题的层次与角度。总之，无论哪个方面的规划，只要涉及的是企业整体性、长期性、基本性问题，就属于企业战略的范畴。

企业战略是对企业的整体性、长期性、基本性问题的规划，相应地具有以下基本特征：

(1) 指导性：企业战略在企业愿景、使命和目标的基础上，明确了企业的经营方针和行动指南，并筹划了实现目标的发展轨迹及指导性的措施、对策，在企业经营管理活动中起着导向的作用。

(2) 全局性与复杂性：企业战略立足于未来，通过对国际和国家的政治、经济、文化、技术及行业等经营环境的深入分析，结合自身资源，站在系统管理高度，对企业的远景发展轨迹进行全面的规划。它是根据企业总体发展的需要而制定的，追求的是整体效果，是一种总体的全局性决策。同时，企业战略由若干不同层次、不同种类的战略共同构成，是一个复杂的战略体系，而且企业战略的制定、实施和评价都是复杂的系统工程。

(3) 长远性与动态性："人无远虑，必有近忧。"企业战略着眼于长期生存和长远发展的思考，谋划实现远景目标的发展轨迹及宏观管理的措施、对策。同时围绕远景目标，企业战略的实现必须经历一个持续、长远的奋斗过程，除根据环境变化进行必要的调整外，已经制定的战略通常不能朝令夕改，而要具有长期的稳定性。同时，因为企业战略的制定必须结合企业内部、外部宏观微观因素，而当这些因素发生重大变化时，企业战略也必须进行适当的修改以适应新的环境因素。企业战略在具有长远性特征、需要坚持稳定性的同时还必须时刻注意因环境变化而保持适度的动态性。

(4) 竞争性：竞争是市场经济不可回避的现实，也正是因为有了竞争才确立了战略在经营管理中的主导地位。面对竞争，企业战略需要进行内外环境分析，明确自身的资源优势，通过设计并应用合适的经营模式，形成经营特色，增强企业的对抗性和战斗力，推动企业长远、健康地发展。

(5) 系统性：立足长远发展，企业围绕愿景目标设立阶段目标并确定实现各阶段目标的经营策略，从而构成一个环环相扣的战略目标体系。同时，根据组织关系，企业战略需由决策层战略、事业单位战略、职能部门战略三个层级构成一体。因此，企业战略的制定、实施与评价过程都需要以系统化思想作为指导，进行系统化的思维和管理。

(6) 风险性：企业做出任何一项决策都存在风险，战略决策也不例外。市场研究深入，行业发展趋势预测准确，设立的远景目标客观，各战略阶段人、财、物等资源调配得当，战略形态选择科学，制定的战略就能引导企业健康、快速地发展；反之，仅凭个人主观判断市场，设立目标过于理想或对行业的发展趋势预测偏差，制定的战略就会产生管理误导，甚至给企业带来破产的风险。随着当今市场环境动态性的不断增强，许多因素都具有越来越强的不确定性，环境的不确定性因素也逐渐增多，相应地，企业战略的制定和实施都具有相当大程度的风险性。

2．组织层级角度的企业战略

企业战略是一个复杂的战略体系，相应也具有不同的表现形式。如果从战略的组织层次角度出发，企业战略可以分为三个层次的战略：企业总体战略是企业总体的指导性战略，决定企业经营方针、投资规模、经营方向和愿景目标等战略要素，是战略的核心；业务单位战略是企业独立核算经营单位或相对独立的经营单位，遵照决策层的战略指导思想，通过竞争环境分析，侧重市场与产品，对自身生存和发展轨迹进行的长远谋划；职能部门战略是企业各职能部门，遵照决策层的战略指导思想，结合业务单位战略，侧重分工协作，对本部门的长远目标、资源调配等战略支持保障体系进行的总体性谋划，如市场战略、人力资源战略、技术开发战略、策划战略、采购战略等。同时企业战略根据企业采取的战略方式及战略对策不同，又可以分为拓展型、稳健型、收缩型三种形态。因此企业战略是由不同层次、不同种类的战略共同构成的战略体系，如图 3-2 所示。

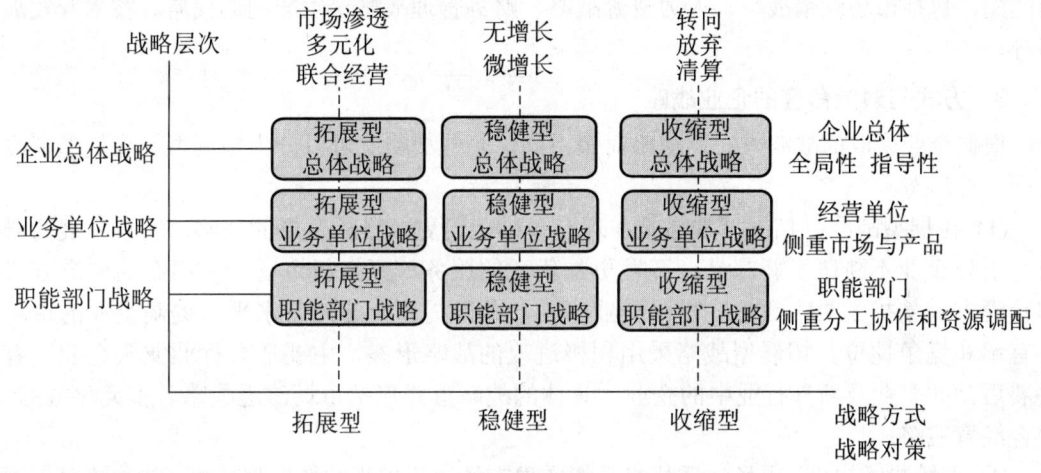

图 3-2　企业战略体系构成

如图 3-2 所示，企业战略可从组织层级角度分为企业总体战略、业务单位战略、职能部门战略。

(1) 企业总体层面。在这个层面以企业整体为出发点进行战略研究，探讨企业整体生存发展的基本问题。因而它是企业内最高层次的战略，是企业整体发展的总纲领，是企业管理者指导和控制企业所有经营管理活动的最高行动纲领。对企业而言，通过业务创造价值是一个企业的主要职责。企业层面的战略要确保业务选择及业务发展能够有效利用资源和适应环境，从而成功地经营其业务组合。从战略角度讲，也就是要选择公司具有竞争力的业务。企业业务开发要考虑业务组合的发展及协调，确保各业务单位在业务组合管理中的互相融合性。企业总体战略是企业战略体系的核心，决定了企业经营方针、投资规模、经营方向和愿景目标等战略要素。

(2) 业务单位层面。业务单位战略是企业内部独立核算经营单位或相对独立的经营单位在企业总体战略的指导下，对本单位经营管理的基本谋划，是企业总体战略之下的子战略。业务单位战略遵照决策层的战略指导思想，通过竞争环境分析，侧重市场与产品，对自身生存和发展轨迹进行长远谋划。在业务单位层面，战略的主要目标是在某种特定行业中为公司创造竞争优势，集中精力生产产品和提供服务以谋求发展并维持竞争优势。为此企业业务单位战略需要明确本单位的战略定位，以便有针对性地对抗竞争对手，同时要根据环境变化适当进行调整和改变。如在英特尔公司谋求市场领先地位的整体战略下，英特尔公司移动通信事业部结合市场特点和企业资源特征确定了开发先进移动通信芯片，以谋求在前景广阔的移动通信芯片市场实现跨越式增长的本事业部战略。

(3) 职能部门层面。职能部门层面的战略是为实现企业总体战略而对企业内部的各项关键职能活动做出的统筹安排，是为贯彻、实施和支持企业总体战略和业务单位战略而在特定的职能领域内所做的基本谋划。首先，企业职能部门战略必须遵照决策层的战略指导思想，同时还要结合业务单位战略。其次，企业职能战略在对本职能部门的长远目标、资源调配等战略支持保障体系进行总体性谋划的同时还要侧重考虑职能部门之间的分工协作，使得包含诸如财务、人力资源、销售、市场和研发等不同职能领域的资源开发及时协调，使各职能部门的战略能协调一致，起到合力作用。企业职能部门战略与企业关键职能相匹配，包括市场营销战略、人力资源战略、财务管理战略、生产制造战略、技术开发战略等。

3. 方式与对策角度的企业战略

根据企业采取的战略方式及战略对策不同，企业战略又可以分为拓展型、稳健型、收缩型三种形态。

(1) 拓展型战略。拓展型战略是在现有基础上向更高目标发展的战略，它以发展为导向，引导企业不断研发新产品、开发更加优质的服务、开拓新市场、采用新的生产方式和管理方式、扩大员工数量、扩张企业规模，从而提升企业经营水平，提高企业的市场占有率和竞争地位。拓展型战略采用积极进攻的战略形态，主要适合行业龙头企业、有发展后劲的企业及新兴行业中的企业。具体的战略形式包括市场渗透战略、多元化战略、联合经营战略。

① 市场渗透战略。市场渗透战略是指实现市场逐步扩张的拓展型战略，该战略可以通过扩大生产规模、提高生产能力、增加产品功能、改进产品用途、拓宽销售渠道、开发新市场、降低产品成本、集中资源优势等单一策略或组合策略来开展，其战略核心体现在两个方面：利用现有产品开辟新市场实现渗透，向现有市场提供新产品实现渗透。市场渗透战略是比较典型的竞争战略，主要包括成本领先战略、差异化战略、集中化战略三种最有竞争力的战略形式。成本领先战略是通过加强成本控制，使企业总体经营成本处于行业最低水平的战略；差异化战略是企业采取有别于竞争对手经营特色(产品、品牌、服务方式、发展策略等方面)的战略；集中化战略是企业通过集中资源形成专业化优势(服务专业市场或立足某一区域市场等)的战略。有时在某些场合成本领先战略、差异化战略、集中化战略也被称为"经营战略"、"业务战略"或"直接竞争战略"。

② 多元化经营战略。多元化经营战略是指一个企业同时经营两个或两个以上行业的拓展型战略，又可称为多角化战略、多种经营战略。多元化经营战略可分为相关多元化和非相关多元化两种基本形式。相关多元化战略也可称为关联多元化战略，指企业进入与现有产品或服务有一定关联性的经营领域，进而实现企业规模扩张的战略。相关多元化可以进一步划分为水平多元化、垂直多元化和同心型多元化。水平多元化是指企业在同一专业范围内进行多种经营；垂直多元化是指企业沿产业价值链或企业价值链延伸经营领域，实现扩张，比如煤炭企业将产业触角向市场端延伸，进入煤炭深加工环节，生产焦炭供应市场；同心型多元化则是指以市场或技术为中心扩展经营领域，扩大企业规模，如海尔最初是生产冰箱的专业企业，后来企业围绕家电这一核心开展多元化经营，同时涉足电视、空调、洗衣机、电脑等。非相关多元化战略也称无关联多样化战略，指企业进入与现有产品或服务在技术、市场等方面没有任何关联的新行业或新领域的战略，比如房地产企业进入智能手机生产领域。非相关多元化战略由于进入的是一个企业相对比较陌生的全新领域，对企业而言具有很大的风险，所以企业采用该战略时需要进行深入细致的调查研究。但往往风

险与机遇并存，尤其是对于那些企业主营业务市场日渐衰落、企业销售额和利润都在逐年下滑的企业而言，进入具有广阔发展前景的非关联行业不失为一个正确的选择。如果可以通过企业并购等形式吸收一家从事非关联业务但具有良好发展前景的企业，则这种非相关多元化经营就可以充分利用被吸收企业在新领域、新行业的资源和经验，从而较快地融入新行业、新领域中去。所以并购是一种比较快捷而又相对稳妥的非相关多元化经营策略。多元化经营战略往往比较适合大中型企业，该战略能充分利用企业的经营资源，提高闲置资产的利用率，并通过扩大经营范围，缓解竞争压力，降低经营成本，分散经营风险，增强综合竞争优势，加快集团化进程。但实施多元化战略应考虑选择行业的关联性、企业控制力及跨行业投资风险等因素。

③ 联合经营战略。联合经营战略是指两个或两个以上独立的经营实体联合成立一个经营实体或企业集团的拓展战略，是社会经济发展到一定阶段的必然形式。实施该战略有利于实现企业资源的有效组合与合理调配，增加经营资本规模，实现优势互补，增强集合竞争力，加快拓展速度，促进规模化经济的发展。在工业发达的西方国家，联合经营主要是采取控股的形式组建成立企业集团，这些集团的共同特点是：控股公司(母公司)以资本为纽带建立对子公司的控制关系，集团成员之间采用环行持股(相互持股)和单向持股两种持股方式，且分为以大银行为核心对集团进行互控和以大生产企业为核心对子公司进行垂直控制两种控制方式。在我国，联合经营主要是采用兼并、合并、控股、参股等形式，通过横向联合组建成立企业联盟体。联合经营战略又可以进一步细分为以下四种主要类型：一体化战略、企业集团战略、企业合并战略、企业兼并战略。一体化战略与企业集团战略从字面上就比较容易理解，此处不再详细叙述，而企业合并战略和企业兼并战略容易产生混淆，这里做一详细说明。

企业合并战略是指参与企业通过所有权与经营权同时有偿转移，实现资产、公共关系、经营活动的统一，共同建立一个具有新的法人资格的联合实体。企业合并后如果原有的两个法人实体还都存在并继续开展业务，则这种企业合并实际上是通过新建一个合资企业的形式来完成的。而如果企业合并后原有的两个法人实体都不复存在，原有的业务全部融入到新设立的企业法人实体中去，则这种企业合并就是纯粹意义上的企业合并。企业采取合并战略，能优化资源结构，实现优势互补，扩大经营规模，但同时也容易吸纳不良资产，增加合并风险。企业兼并战略是企业通过现金购买或股票调换等方式获得另一个企业全部资产或控制权的联合形式。其特点是：被兼并企业放弃法人资格并转让产权；兼并企业获得产权，并承担被兼并企业债权、债务的责任和义务。通过兼并可以整合社会资源，扩大生产规模，快速提高企业产量，但也容易分散企业资源，导致管理失控。

(2) 稳健型战略。企业受到经营环境和企业内部资源条件的限制，基本保持目前的资源分配和经营业绩水平的战略就是稳健型战略。按照这种战略，企业目前的经营方向、业务领域、市场规模、竞争地位以及生产规模都大致不变，保持持续地向同类客户提供同样的产品和服务，维持市场份额。稳健型战略是采取稳定发展态度的战略形态，主要适合中等及以下规模的企业或经营不景气的大型企业选择，可分为无增长战略(维持产量、品牌、形象、地位等水平不变)、微增长战略(竞争水平在原基础上略有增长)两种战略形式。该战略强调保存实力，能有效控制经营风险，但发展速度缓慢，竞争力量相对较弱，容易形成对企业发展的制约，限制企业发展的速度。

(3) 收缩型战略。这是企业从目前的经营领域和经营水平收缩、撤退，而且偏离原有水平较大的一种战略。收缩的原因往往是企业现有的经营状况、资源条件以及发展前景不能应对内外环境的变化，难以为企业带来满意的收益，以致威胁到企业的生存和发展。收缩型战略是采取保守经营态度的战略形态，主要适合处于市场疲软、通货膨胀、产品进入衰退期、管理失控、经营亏损、资金不足、资源匮乏、发展方向模糊的企业选择，可分为转向战略、放弃战略、清算战略三种战略形式。转向战略是通过改变经营计划、调整经营部署，转移市场区域(主要是从大市场转移到小市场)或行业领域(从高技术含量向低技术含量的领域转移)的战略；放弃战略是通过削减支出、降低产量，退出或放弃部分地域或市场渠道的战略；清算战略是通过出售或转让企业部分或全部资产以偿还债务或停止经营活动的战略。收缩型战略的优点是通过整合有效资源，优化产业结构，保存有生力量，能减少企业亏损，延续企业生命，并通过集中资源优势，加强内部改制，以图新的发展；其缺点是容易荒废企业部分有效资源，影响企业声誉，导致士气低落，造成人才流失，威胁企业生存。调整经营思路、推行系统管理、精简组织机构、优化产业结构、盘活积压资金、压缩不必要开支是采用收缩战略时需要把握的重点。有时候企业在经营过程中发现更加有利的机会，为了抓住和利用这一机会去实现企业长远发展的目标，企业会选择在某一领域采取收缩战略，从而利用在某一领域的收缩而节省出来的资源在更加有利的领域中开展经营。这种收缩战略是一种更加积极的收缩战略。所以有时候收缩并不意味着就一定是失败，很多时候收缩是为了更好地发展。很多优秀企业的发展就说明了这一点。曾经是世界 PC 业界巨头的美国 IBM 公司根据对市场趋势的总体把握和内部资源的统筹协调，毅然决定放弃 PC 业务，转而集中精力在存储、服务器、IT 服务和企业咨询服务方面谋求更大的发展。IBM 在 PC 业务上的收缩战略实际上是一种积极的发展战略。

[案例]

英飞凌科技公司前身是西门子集团的半导体部门，目前是德国最大的半导体企业。长期以来英飞凌科技公司一直是世界半导体产业的重要一员，2004 年在全球市场排名第 4 位。公司致力于向全球客户提供先进的半导体产品与系统解决方案，主要应用于汽车及工业电子、有线与无线通讯市场、安全解决方案及内存产品等。当时英飞凌公司下辖三个事业部，分别是汽车电子及工业与多元化市场事业部、通信事业部、内存事业部。这三个事业部经营业绩都十分优秀，在各自市场上的排名分别是第一位(智能卡)/第二位(汽车电子)、第三位、第四位。

此后世界半导体产业发展疲软，业界企业普遍遭遇到发展困境。在此情况下英飞凌公司于 2006 年毅然决定放弃受行业周期影响最大的内存业务，将内存事业部从公司剥离出去，使其分立成为专业从事内存业务的独立法人实体——奇梦达公司。这次拆分后公司的规模虽然缩小了近一半，但公司经营管理更加专注于收入和利润都更加稳定的其他事业部，也使公司的经营获得了更加稳固的基础。

2008 年世界金融危机的冲击也给半导体产业带来了严重的冲击。在危机影响下，英飞凌公司也面临现金流紧张的现实困难。在 2009 年英飞凌将有线通信部门出售给美国金门投资(Golden Gate Capital)以应对现金流紧张的困局，而且随着 3G、LTE 无线通信技术的飞速发展，无线通信芯片的技术研发也需要投入巨大资金，否则将面临被市场淘汰的局面。经过深思熟虑，英飞凌公司决定出售无线通信部门。经过多次谈判，最后与英特尔公司达成协议，英特尔公司出资 14 亿美元收购英飞凌公司无线通信部门。经过这次交易，英飞凌公司获得了充足的现金流，可以用来进一步加强在剩余的事业部门的业务运营。

经过内部部门的拆分和有线、无线通信部门的出售后，英飞凌公司规模缩减很多，但公司运营能力得到了很大提升。目前公司剩余的三大业务部门(工业与多元市场、智能卡、汽车电子)的市场排名都是世界第一。英飞凌公司的两次战略收缩虽然是公司面临经营困局时的无奈之举，但同时也是积极的战略收缩。通过这种积极的战略收缩，公司集中资源和精力在擅长的领域开展集中化战略，不但取得了战略上的主动，也使公司顺利渡过经营困局，迎来了新的发展时期。

4. 企业战略开发

1) 企业战略开发的前提

如前所述，企业战略表现形式林林总总，但无论其表现形式如何，企业战略的开发和执行都必须建立在对企业整体环境充分理解的基础上，否则就如同盲人摸象一般，只重局部，不见整体，就无法形成科学合理、协调一致的战略和战略体系。

"盲人摸象"是一个关于盲人和大象的故事。很久以前，有六个印度人尽管都瞎了，可是他们都很想"看看"并了解大象。这六个盲人开始去摸大象的不同部位。摸到象腿的盲人说大象像根柱子；摸到象尾的盲人说大象像条蛇；摸到象鼻的盲人说大象像个树枝；摸到象耳的盲人说大象像把大手摇扇；摸到象肚的盲人说大象像堵墙；摸到象牙的盲人说大象像支矛，具体如图 3-3 所示。于是，这几个印度人争吵了很长时间，每个人都坚持己见。然而，每个人都是部分正确但整体错误！

图 3-3　盲人摸象：只见局部而不见整体

为避免出现盲人摸象般的错误，企业需要在企业管理中对企业经营的内外环境，包括竞争对手的具体情况进行整体把握,这是企业开发制定出有效战略的前提。这点早在2000多年前就已经由孙子给出了精辟论断:"知己知彼,百战不殆;不知彼而知己,一胜一负;不知彼,不知己,每战必殆。"这一精辟论断明确指出对自己与对手状况和资源的认识及把握程度从本质上决定了军事斗争的胜负。在企业管理中,如果对自身和竞争对手的资源状况、经营水平等认识不足,必然无法在激烈的市场竞争中立足;而如果对自身和竞争对手的资源状况、经营水平等认识充足就为取得市场竞争的胜利打下了良好的基础。

2) 企业战略开发的流程

在对企业经营环境充分了解的基础上企业就可以进入具体的战略开发流程。通常企业战略开发流程包括三个基本步骤:

(1) 深入分析。

收集并分析与企业相关的内部和外部信息是企业战略流程的第一步。在启动企业战略开发流程之初,企业必须对企业内外部环境进行深入分析,充分认识到自身的优势与劣势,识别出机会和威胁,为制定正确的企业战略打下基础。企业战略外部环境分析包括宏观环境和产业环境两个方面。宏观环境是指对所有行业和企业都将产生影响的各种因素,包括政治环境、经济环境、技术环境和社会文化环境。产业环境分析是对企业所处行业领域的环境因素分析,具体包括行业生命周期分析、行业竞争结构分析和战略群体分析等。企业外部环境因素往往是企业不可控制的因素,而企业内部环境因素基本上是企业能够加以控制的因素。有些因素即使短期内无法控制,从长期看仍然在企业控制范围内。企业内部环境因素是企业经营的基础,是制定战略的出发点、依据和条件,是竞争取胜的根本。企业内部环境因素包括企业结构、企业文化和企业资源等。对企业内部、外部环境分析是企业战略流程的第一步,也是极其重要的一步。这一步工作质量的高低往往决定着后续工作的质量的高低,也就决定着企业战略管理的成败。如孙子所述:"夫未战而庙算胜者,得算多也;未战而庙算不胜者,得算少也。多算胜,少算不胜,而况于无算乎! 吾以此观之,胜负见矣。"

企业环境分析需要涉及的因素众多,其内容与形式又多种多样,要在这样庞杂的信息中分析提炼出有价值的信息非常困难。在企业管理的长期实践中,人们总结了一些很实用的分析模型工具,这些模型工具有助于对庞杂的信息进行适当的分类、整理和比较,从而使企业工作人员能比较容易地开展分析,进而提炼出有价值的信息。在这些模型工具中,SWOT 分析模型是一种非常简单实用的综合分析工具,在企业管理实践中被广泛应用。

SWOT 分析模型最早产生于 19 世纪 60 年代,利用该模型可以将企业的外部环境和内部环境因素相互综合,从而产生相互匹配的环境状态,并可以以此为基础开发出与之相匹配的战略。SWOT 分析模型是一种用于评价企业环境中包含的优势、劣势、机会和威胁以及确定内外部有利与不利因素的综合性分析工具。使用该工具可以概略地说明一个企业的环境健康状况,并据此进行战略选择与制定。

• 优势:企业优势是指企业所擅长的、能够提高企业竞争力的内部因素,具体包括有利的市场位置、高超的营销技能、优秀品牌或声誉、严格的质量流程或步骤、创新的产品或服务等。面对企业中的优势因素,企业需要考虑如何有效利用这些因素,使其得到合理资本化。

- 劣势：企业劣势指企业所欠缺的或者不够完善的内部因素，具体包括不利的业务位置、缺乏市场营销技巧、受损的声誉、落后的技术、生产能力或供应能力不足等。面对企业中的劣势因素，企业需要考虑如何有效控制劣势，并尽可能地扭转劣势，使其进一步转化为优势。

- 机会：企业机会是指外部环境中对企业有利，可能对企业有所帮助的因素，具体包括宽松的规则制度、有效的政府支持、强劲增长的市场需求、有利的文化氛围等。面对企业机会，企业需要积极把握机会，进行深入挖掘和开发，使机会变成企业利益。

- 威胁：企业威胁是指企业外部环境中对企业不利的、可能对企业利益造成损害的因素，具体包括严苛的规章制度、有针对性的贸易壁垒、不利的文化环境、具有创新性的替代产品或服务、购买者或供应商的讨价还价能力增强等。面对企业威胁，企业需要采取有针对性的措施，应对企业威胁，在最大程度上减轻对企业利益的损害，并尽可能从中发现机会，争取化危为机，为企业争取可能的利益。

图 3-4 是对企业内外环境进行分析的 SWOT 分析模型，在此基础上企业可以为之匹配相应的战略。

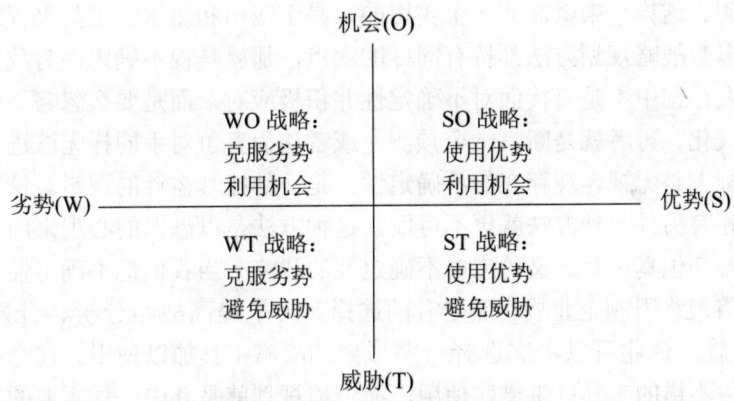

图 3-4　SWOT 企业环境分析

企业的需要与未来的发展是战略开发流程的坚实基础。在深入理解分析内部和外部信息的基础上，企业还要结合企业愿景、使命和企业目标体系来明确企业战略目标，即不同层次、不同方面的战略分别要实现的企业目标是什么，也就是要明确企业需要通过企业战略在未来实现什么样的企业状态和经营效果。

(2) 开发战略方案。

战略开发流程中的第二步是开发不同的战略方案。战略方案的开发需要经验、知识以及创造性。战略开发项目组通过确立评估标准、明确战略开发方式方法，并且保持中立态度来开发战略方案。每种战略方案都应满足以下“健全”的标准。

- 一致性：不同战略方案的战略目标和相关假设不能彼此冲突。

- 协调性：战略方案必须能够与外部环境合理匹配。

- 优势性：战略方案必须能够为企业带来某种利益，为企业提供一项或多项竞争优势。

- 可行性：战略方案必须与企业的内部环境，特别是资源条件相适应。战略方案的执行不能导致资源或其他方面的冲突。

(3) 战略选择。

在深入分析以及开发战略方案的基础之上，企业要将最终的战略选择出来。企业战略选择需要通过对不同战略方案的有效性进行综合评估来进行。在通过评估和比较做出最终选择时，要将所有有利和不利因素予以考虑。企业管理者和决策者可以通过采用统一的标准和方法来评估不同战略方案的整体概况并进行合理排名。这一评估和选择过程是企业战略领导者专业知识、实际经验、领导风格和艺术的集中体现。在评估和选择战略方案过程中需要自始至终遵循一些基本的原则，这些原则包括择优原则、民主协商原则和综合平衡原则等。情境规划作为一种战略方案分析评估方法对企业合理选择战略方案很有帮助，随后将做详细说明。

3) 情景规划

战略开发流程看似简单，也非常容易理解。但在实际执行中却面临着高度复杂性。特别是开发一个长期战略就意味着要应对高度不确定性。对于长期的不确定性，如果处理得当，企业的竞争位置也将得到根本性的改善；如果处理不当，将对企业经营产生致命影响。总体而言，企业战略开发流程总是由于企业内部外部环境因素的不确定性和复杂性而面临很多不同的障碍。这样一来就需要一个实用的、易于应用和测试的工具来管理和应对不确定性。通常大多数战略规划方法都持有同样的观点，那就是视不确定性为敌人。也就是说企业在战略开发过程中不是直接面对不确定性并积极应对，而是要么忽略不确定性、要么将不确定性模式化、再者就是断言一个预测、或者认为竞争对手同样无法进行预测而泰然处之。这样实际上是无视客观存在的不确定性，是一种掩耳盗铃的逻辑。这种战略规划的方法不可取。还有另外一种方法就更不可取，这种方法是以恐惧的心理来面对和处理不确定性，从而很难产生真正有意义的应对不确定性的战略。当我们把不确定性当成敌人时，大多数情况下将最终限制企业战略制定者的选择。为了提高战略分析、开发、评价、选择的效率和效益，企业可以考虑选择一些成熟的战略工具加以使用。在企业管理实践中有相当多的效果不错的工具可供借鉴使用，而情境规划就是其中一种重要的工具。情境规划可以综合定性的和定量的信息，从而为战略决策提供帮助。

情境规划最早出现在第二次世界大战之后不久，当时是一种军事规划方法。赫伯特·卡恩(Herbert Kahn)供职于兰德公司，这是一家与美国军队有着紧密联系的独立的研究机构。他为了应对进行精确预测的困难，首先进行了情境开发。卡恩基于精心构建的几个情境进行预测，而这些情境在一些关键的假设方面体现出了不同之处。这样一种情境规划的方法后来被提炼成为一种商业预测工具。荷兰皇家壳牌石油公司就运用情境规划成功地预测了发生于 1973 年的石油危机，由此情境规划开始引起企业界的广泛关注。

情景规划是一套在高度不确定的环境中帮助企业进行战略规划的方法。它通过综合分析设计出企业未来可能面临的若干种不同情形，这些情况中可能包括一些在现在看来意想不到的情况。在此基础上企业针对不同情形制定出不同的战略规划，因此通过情境规划制定的企业战略就更加具有弹性。情境规划不仅是一种帮助企业预见和应对不确定性的工具，而且在情境规划过程中也强化了企业对不确定性的敏感程度。如果企业合理应用情境规划，当企业未来面临高度不确定性时就不至于手忙脚乱，而是能够给予沉着应对。

应用情境规划可以为企业战略规划带来诸多益处，如：加深企业战略决策层对关键不确定性因素的认识和理解，从而提高对这些因素变化的敏感程度；对不同情境的分析需要综合考虑诸多因素，实际上是对企业内外因素综合分析、系统把握的过程，相应地普及和提高了企业管理层的系统思维意识和能力；情境规划使战略规划和决策更加富有弹性，以合理应对突发事件。

在企业管理实践中情境可通过图 3-5 所示的 5 个步骤进行开发。完成这 5 个步骤后，就可以制定与不同情境对应的核心战略和附属战略，接下来就可以规划相关的战略行动方案。

(1) 确定驱动力。确认可能影响将来的环境的关键动力因素。实际上影响环境的动力因素非常多，如果一定要把所有因素都做全面精确的考量，其工作量将大到令人难以想象的地步，也是不现实的。而关键的驱动力将决定企业在将来可能面临的环境状态。因此把驱动力因素限制到其中最重要的 5 个因素是明智之举。

(2) 评估不确定因素和结果。针对第一个步骤明确的驱动力，确认该驱动力的关键的不确定因素，并开发出由于不确定因素而导致的该驱动力的可能的极端结果。对于每个驱动力而言，其关键问题是明确其不确定因素，以及可能导致的两个极端但现实的结果。在这个步骤中需要对由不确定因素引起的驱动力结果的不同状态进行描述，而不是描述其相似之处。

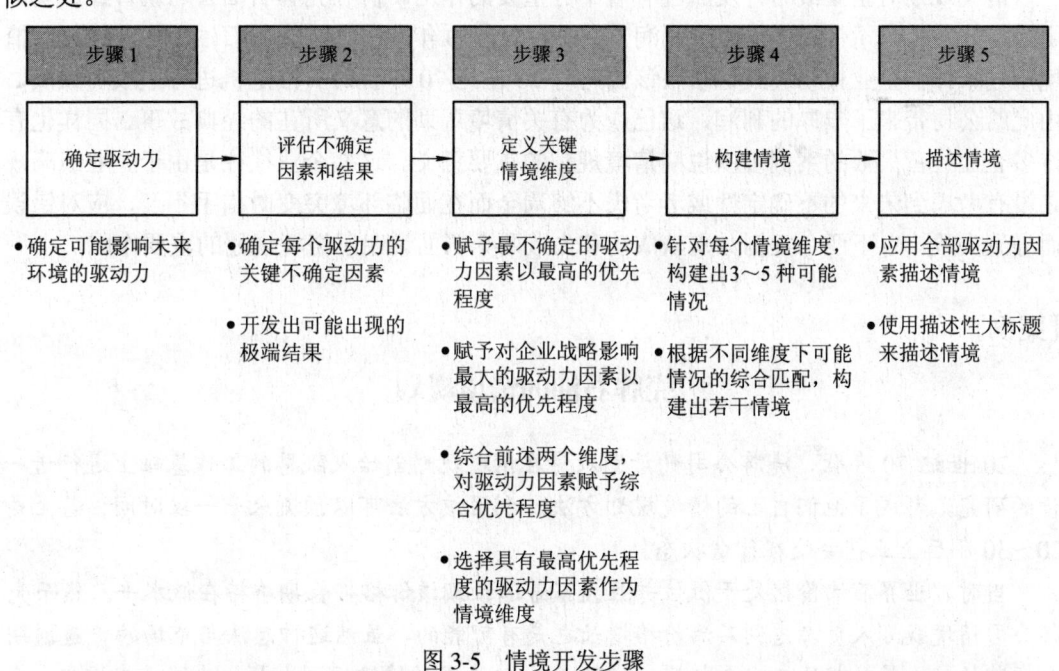

图 3-5　情境开发步骤

(3) 定义关键情境维度。应依据不确定性程度来赋予前面步骤中明确的驱动力以不同的优先程度。不确定性最高的驱动力因素将被赋予最高的优先程度，以此类推。同样，也需要依据对公司战略的影响程度来赋予驱动力因素优先程度。对公司战略影响最大的驱动力因素将被赋予最高的优先程度，依此类推。综合前述两个维度，给出综合的优先程度，那些具有高度不确定性和对企业的未来影响很大的驱动力因素将被选作情境维度。通过这一步骤的工作，可将被选做情境维度的驱动力因素限制在一定数量内，从而在一定程度上减少构建情境的复杂程度。

(4) 构建情境。针对每个关键的情境维度，构建出可供选择的 3～5 种可能发生的情况。通过对不同维度下可能发生情况的综合匹配，构建出若干情境。

(5) 描述情境。应用全部驱动力因素来详细描述情境。

在当应用情境规划方法时，企业并不寻求最可能的情境。既然情境规划是基于不确定性对未来各种可能性进行的推演，就应当以"一切皆有可能"的心态来对待各种情境。只有这样，才能以一视同仁的态度对各种情境开发出对应的战略和战略行动方案，才能达到情境规划的初衷。否则，企业可能会针对最可能出现的情境认真开发出战略和战略行动方案，而对其他情境的战略开发不予重视。

情境规划是一种系统的方法，它不是专注于对某一结果进行精确预测，而是系统化地对许多重要的不确定性进行考量，由此形成许多不同的将来情境，并对这些情境进行创造性地思考。在情境规划的管理实践中应尽量避免出现把情境设计得过分简单的情况，在这种情况下往往企业未来的内外环境要么是十分有利的，要么是十分不利的，这种过于简单的情境规划达不到情境规划的目的。同时情境规划中还应注意要对企业经营当前的思维或逻辑进行一定程度的挑战，这样才能避免落入惯性思维的怪圈之中，使情境规划能真正起到预测和规划未来的作用。

情境规划对企业战略开发流程有着十分重要的作用。荷兰壳牌石油公司就曾经成功应用情境开发为公司带来了丰厚的利润。在 20 世纪 70 年代早期，壳牌石油公司曾经使用情境规划来评估企业长期决策。结果该公司对 20 世纪 70 年代的石油危机进行了成功预演，由此给公司带来了丰厚的利润，这已成为有关情境规划的意义所在的经典故事。同样也有许多企业经营失败的案例可以说明情境规划的重要意义。这些企业往往是由于企业战略规划没有考虑到未来的不确定性或者考虑不够周全而在面临环境突变时措手不及，应对错误而导致失败。以下两个案例分别从成功和失败两个方面说明了情境规划的重要作用。

[案例]

壳牌石油的情境规划

20 世纪 70 年代，壳牌公司的计划人员在情境规划创始人凯恩的工作基础上进行进一步的研究，形成了他们自己的情境规划方法。利用该方法可以预测未来一段时间、甚至是 20～30 年后企业将会处在什么状态。

当时，世界石油价格处于低位并且大家普遍预期该价格将长期维持在低水平。然而壳牌公司情境规划人员考虑到石油价格增长也是有可能的，虽然这种想法与市场的普遍预期和壳牌执行人员的想法都完全相反。1972 年，传奇式的情境规划大师，法国人皮埃尔·瓦克领导下的壳牌情境规划小组开发了一个名为"能源危机"的情境。该情境设想一旦西方的石油公司失去对世界石油供给的控制，将会发生什么，以及怎样应对。在 1973～1974 年冬季 OPEC(石油输出国组织)宣布石油禁运政策时，壳牌因为做过此类情况的情境规划而有良好的准备，成为唯一一家能够抵挡这次危机的大石油公司。从此，壳牌公司从"七姐妹(指世界七大石油公司)中最小最丑的一个"一跃成为世界第二大石油公司。

1982 年皮埃尔·瓦克退休，接任他的是彼得·舒瓦茨(Peter Schwartz)。在 1986 年石油价格崩落前夕，壳牌情景规划小组又一次预先指出了这种可能性，因此壳牌并没有效仿其他的各大石油公司在价格崩溃之前收购其他的石油公司和油田扩大生产，而是在价格崩落之后，花 35 亿美金购买了大量油田，彼得·舒瓦茨这一举措为壳牌锁定了 20 余年的价格优势。

[案例]

尚德电力的失败

近来随着世界对能源，特别是绿色能源的关注，光伏与太阳能产业异军突起，短时间内获得了迅猛发展。很多企业抓住机遇，迅速成长起来。尚德电力就是其中的一个典型代表。无锡尚德太阳能电力有限公司(简称尚德电力)由施正荣博士于 2001 年 1 月建立，是一家集研发、生产、销售为一体的光伏企业，主要从事晶体硅太阳电池、组件、光伏系统工程、光伏应用产品的研究、制造、销售和售后服务。经过短短几年跨越式、超常规的大发展，尚德公司的产品技术和质量水平已完全达到国际光伏行业先进水平，是中国首家通过 TüV、IEC、CE 和 UL 等国际权威认证的光伏企业。尚德公司于 2004 年被 PHOTON International 评为全球前十位太阳电池制造商，并于 2005 年底挺进世界光伏企业前五强，150 兆瓦太阳能电池的制造能力，使尚德成为全球四大太阳能电池生产基地之一。2005 年 12 月尚德电力公开上市，成为第一个在纽约股票交易市场成功上市的中国民营企业，公司市值一度达到 49 亿美元。

然而此后尚德电力的经营形势急转直下。公司的负债总额达到 35.82 亿美元，资产负债率高达 81.8%，尚德电力市值从上市之初的 49.22 亿美元跌到 1.49 亿美元，华尔街投资机构 Maxim Group 对它的目标价评为 0 美元。该机构的解释是，尚德的股票一文不值，它唯一的出路就是破产重组。那么究竟是什么原因使尚德电力发生如此剧变？究其原因，既有光伏产业的整体市场趋势变化的原因，也有企业内部管理混乱、施正荣独断专行的领导风格等原因。其中企业战略混乱，没有利用情境规划进行战略开发与管理是非常重要的一个原因。光伏行业内，晶硅电池和薄膜电池两大技术阵营各有优势，分庭抗礼。不过薄膜电池由于无法突破转化率低的技术难题，一直得不到大规模推广。尚德电力投入数亿元费用解决薄膜电池转化率问题，但一直没有收到实际效果。与此同时公司在上海投资 3 亿美元建造薄膜电池工厂，但是当项目一期建好之后，公司又将此项目改建为晶硅电池工厂，在此期间损失数亿元。2006 年多晶硅价格一路狂飙，在此背景下尚德电力与美国多晶硅企业 MEMC 签署了一份长达十年的供应合同，预订在此期间尚德电力可以以每公斤 80 美元的价格采购多晶硅。随后多晶硅价格开始下行。到 2011 年，多晶硅价格已经跌到了 40 美元之下。尚德电力不得不花费 2 亿美元解除了此前签订的长期供应合同。但公司随之又与韩国多晶硅企业签订新的长期采购合同，约定尚德电力的采购价格为每公斤 35 美元。此后多晶硅价格继续下行至每公斤 20 美元左右。由于未能很好地分析、预见多晶硅市场价格趋势，导致公司采购战略持续多次失误，使得尚德电力与同行业其他企业相比背负着沉重的高采购成本压力，也就形成了尚德电力产品价格最高，而利润率又最低的奇怪现象。

当控制难以实现而且不确定性很高时，情境规划是一种有效的应对方式。情境规划虽然可能带来潜在的收益，但与其他的模型或规划方法一样都有可能落入一些陷阱。现实中有很多不同因素，诸如过分高估当前形式或者控制将来变化的能力等，都会减少我们所考虑的不确定性的范围。另外，过分依赖专家意见或者对当地情况的了解也将使情境规划受到局限，因为许多情境是在大多数人对情况不甚了解的情况下发生的。在这种情况下，由专家或者本地人士所作的预测可能会比没有专家或者本地人士参与的预测要准确，当然也可能会更差些。最后，有关情境规划的最大的陷阱是其参与者没有或无法正确理解自己的假设，或者可能的情境次序就是错的。现实中没有简易的方法来避免这些陷阱，但是保持对这些陷阱的警惕、对它们进行深入思考并参考多种观点将有助于预防这些陷阱。

情境规划是通过对相关信息的综合分析和对未来变化的综合把握，对未来可能的情境进行设想，由此找到对策。实际上这种方法早在《易经》中就已经给予了明确阐述。《易经》是中华民族在探求宇宙万物变易规律的过程中经过漫长岁月的积累而形成的智慧结晶。它是具有东方独特思维方式、集中国几千年文明智慧于一体、以探索天道人理变易规律为目的的系统学术。中国古老的农耕社会，务农捕鱼除了依靠操作经验，还要靠天时地利。在这种生活环境下，风云难测，人们就迫切要推测未来的自然和世道变化。如何应对未来变化莫测的环境是人们最关心的。伏羲以有象征意义的符号记录，用"—"代表阳，用"--"代表阴，用两个这样的符号组成八种形式，叫做八卦。后来，观察到的事物越来越广泛，卦与卦的关系也需探讨，进而出现重卦，即64卦。

由太极而始衍生出的64卦就是对大千世界、万事万物的各种现象的本质进行的综合阐释。这64卦就是对各种可能情况的总结，也就是各种不同的情境。同时这64卦通过各个卦像的爻词说明了在不同情况下应当持有的态度和方略，这些爻词也可以理解为是对各个情境下的情境描述和战略规划。《易经》与情境规划的思维相通之处再次印证了中华传统文化中蕴含的思想精髓对当今企业管理具有重要的现实意义。

5．企业战略执行

企业通过战略开发流程三个步骤的工作后，已经选定了将要给予具体落实的企业战略。确定企业战略固然重要，而有能力将其付诸实施更为重要。因此，战略流程的最后步骤是对所选战略的实施。企业战略实施是企业战略管理的关键环节，企业要动员全体员工充分利用并协调企业内部外部可以利用的一切资源，沿着已经确定的战略路径和方向，有效地贯彻执行战略，以期更好地达成企业战略目标。为了实现此点，必须要对整个战略实施中的所有必要活动有深刻的认识和理解。战略实施的基本步骤包括战略变化分析、战略方案分解与实施、战略实施的考核与激励等。战略的实施非常重要，而对战略实施达成的效果进行必要的评价和考核也是非常重要的。只有这样，才有可能对战略流程参与者进行适当的激励。也只有这样，才能总结战略流程中的经验与缺陷，进而据此修正错误并为将来的战略流程提供借鉴和参考。企业战略指明了企业行动的方向和通向未来的方式方法，也就是说企业战略是由企业由目前状态通往未来目标状态的道路。然而企业战略的落实还需要通过具体的战略执行活动将企业战略付诸实际行动。企业战略的实现需要包括提前思考、提前计划以及在执行过程中进行适当调整在内的组合。一个企业要想长久地取得成功，必须有企业战略规划和战略战术并使其得到有效执行，这样才能实现企业的愿景和使命的目标。因此，战略执行在企业战略管理中同样有着非常重要的地位。只有通过成功的战略执行，企业战略才能得到完整的实现。

成功的战略执行和完整的战略实施应包括以下步骤：全面的准备；战略执行中的沟通、考核与评估；必要时的战略调整；总结评估。

(1) 全面的准备。企业战略执行之前需要进行全面的准备，这是企业战略顺利执行的基础。

① 战略变化分析。企业环境处于不断变动之中。企业战略制定到企业战略执行开始之间往往有一段或长或短的时间。考虑到环境变化的不确定性，企业在开始执行战略之前需要对环境变化的内容和程度进行考察，确认当前环境是否偏离了已经制定的企业战略的环境基础。在此基础上确定是否有必要更换战略方案或重新制定战略方案。

② 战略计划明确和行动方案的分解。企业要有效地执行战略，必须有明确的战略计划，需要对战略执行的时间节点、阶段任务等有明确的计划，形成完整的战略计划方案，对具体目标设置、具体行动负责人、相关的责任义务、必要的资源安排和时间规划等作出明确规定。同时为了执行的方便，还有必要将该方案从时间和空间两个方面进行分解，将计划任务落实到不同部门、不同时间阶段，从而方便在战略执行过程中的测量和评估。

③ 资源准备。开始战略执行之前要根据战略需要并结合战略计划和行动方案准备必需的人力、财力和物力资源。只有有了充分的资源支持，企业战略才有可能得到切实的执行。

(2) 战略执行中的沟通、考核与评估。当企业管理层正式确认开始战略执行时，通常需要通过某种适当的方式在企业内部进行一次正式的沟通。沟通的形式多种多样，包括管理层内部邮件通知、战略启动大会等，具体需要企业结合战略需要和自身特点加以选择。其中战略启动大会是一种在实践中经常采用的方式。通常战略启动大会需要由企业高层管理者来主持。会议上应宣布该战略项目的领导者、团队成员、顾问和发起者，同时也应明确说明项目目的、目标、时间规划以及执行责任和行动方案等。

战略执行的整个周期可能持续相当长的一段时间，相应地项目管理层就可能会对项目的关注逐渐减弱，对执行流程的控制也可能逐渐放松。所以企业管理层就有必要对项目进行持续的检查、测量和评估，以便及时提出改进建议，并对项目团队进行激励。要想使战略目标得以高标准的实现，非常重要的一点是需要对战略计划的进程进行持续检查，并对战略目标的完成情况进行持续测量。这一检查流程将有助于明确现有战略是否需要调整。

(3) 必要时的战略调整。在战略执行过程中，顾客需求、产业状况和竞争形势等都可能发生显著的变化，使得原先的企业战略或者是企业战略的某些方面出现不适应环境变化的现象，此时有必要进行战略调整。相关数据显示在 1900 年构成道琼斯工业平均指数的12 家公司中，目前只有通用电气公司还继续存在。而 1990 年世界 500 强企业中 40% 的公司现在已不复存在。因此一个公司必须通过不断地检查战略来维持出众的表现。昨天的战略计划完全可能因为其太过固化，无法适应今天的动态变化而被完全否定。大多数具有深远意义的战略是基于许多智慧的假设基础之上的，企业为了取得成功，必须对未预料的、稍纵即逝的机会有所准备，以便抓住这些机会。随着时间的流逝，当形势发生变化，以前假设的情境出现时，就需要对战略进行调整。

(4) 总结评估。战略执行的最后阶段是总结评估。总结评估的过程既是对已经完成的战略执行过程的总体检查和评价，也是为今后战略开发和执行提供参考。根据总结评估的结果，企业通过采取适当的激励措施来激励和培育企业中的战略思维方式，激发更多的具有突破意义的战略性行动，使公司取得优越的成绩。

6. 蓝海战略

企业的关键战略目标之一就是通过产品、技术、服务的差异化和特殊定位来取得市场领先地位。因此在企业战略体系中，市场战略具有十分重要的地位。在企业管理实践中，有许多不同层次、不同类型的市场战略得到广泛应用，如差异化战略、集中战略、新产品或创新服务战略等。这些战略分别有其不同的特点和适应性，在企业发展过程中发挥过不同程度的作用。随着社会经济的不断发展，企业管理理论和实践也在不断发展之中。在诸多新的市场战略理论和实践中，蓝海战略占有十分突出的地位。蓝海战略强调集中尽可能多的资源、创意并付诸行动开发出新的业务方式、市场价值和客户价值，从而获取充分的市场空间，实现合理的市场利益。

蓝海战略是与传统的市场竞争战略，即红海战略相对应的市场战略。如果把整个市场看做海洋，那么它就是由红色海洋和蓝色海洋所共同组成的。红海代表的是现有的产业，是已知的市场空间；蓝海则代表的是现在还不存在的产业或者是现有产业中未被发现的领域，是未知的市场空间。红海是竞争十分激烈的现有市场，在红海中竞争的战略，即红海战略是一种传统的市场竞争战略。该战略的目标是在现有的市场中通过激烈搏杀获取市场利益，在竞争中脱颖而出。因为红海战略是在竞争十分激烈的传统市场中进行搏杀，企业需要付出相对较多的资源和努力，而可能获得的市场利益相对较小。蓝海是崭新的市场领域，虽然不能说蓝海是一个完全没有竞争的领域，但蓝海是通过价值创新而新发现或者新创造的领域，市场竞争远没有红海那么激烈，因而企业在其中可以实现更快的增长和更高的利润。蓝海战略是一种价值创新的市场战略，它对产业边界重新进行定义，由此创造了新的市场空间。蓝海战略要求企业突破传统的血腥竞争所形成的红海，拓展新的非竞争性的市场空间。所以说蓝海战略其实就是企业超越传统产业竞争、开创全新市场的企业战略。与红海战略相比，蓝海战略重新定义了产业界限，创造出了新的市场空间。因此蓝海战略又被称为"在开放的水域中畅快游泳"，而红海战略则被称为"在封闭水域中艰难谋生"。

根据现有的有关蓝海战略的研究和企业实践，企业推行蓝海战略需要遵循六项原则。其中前四项属于战略制定原则，而后两项属于战略执行原则。在遵循这六项基本原则的基础上，企业实现经营领域由红海向蓝海的转移、企业市场战略由红海战略向蓝海战略的转变。

原则一　重建市场边界

企业要从竞争激烈的红海转向蓝海，可以使用五条路径来重建市场边界，从而形成崭新的市场。

路径一：行业。红海战略关注行业内的竞争，并付出多方努力谋求成为行业内的领导者；而蓝海战略关注可供选择的其他行业，谋求在新的行业领域取得发展，获得市场利益。

路径二：战略集团。红海战略关注在战略集团内的竞争位置；而蓝海战略扩展视野，关注行业内的不同的战略集团，从而发现新的市场机会。

路径三：买方群体。红海战略专注于更好地为买方群体提供服务；而蓝海战略综合考察购买者、使用者和影响者，对行业买方群体重新进行定义。

路径四：业务范围。红海战略专注于在行业边界范围内为客户提供价值最大化的产品和服务；而蓝海战略则专注于互补性产品和服务，从中寻求未经发掘的市场需求。

路径五：时间。红海战略专注于外部趋势的改变，只关注现阶段的竞争威胁；而蓝海战略则从商业角度考察技术进展、文化潮流等如何改变顾客的价值取向，从而长期地参与到外部趋势形成过程中去。

原则二　注重全局而非具体数字

企业应该以敏锐的洞察力关注全局，寻找崭新的市场领域，而不要因过分关注某些具体的市场数据而忽略了市场整体的把握，从而丧失发现崭新市场的机会。

原则三　超越现有需求

通常企业为增加自己的市场份额努力保留和拓展现有顾客群体，由此常常导致更精微的市场细分。然而，为使蓝海规模最大化，企业需要反其道而行，不应只把视线集中于顾客，而是要超越现有顾客需求，把视野拓展到非顾客群体。这里的非顾客群体包括：徘徊在企业的市场边界，随时准备换船而走的"准非顾客"(在找到更好的选择前，只是最低限度地使用现有产品和服务，一旦有更好选择就会换船而走)；有意回避市场的"拒绝型非顾客"(因为市场现有产品或服务不可接受或者超过他们的经济承受能力而不使用)；处于远离市场的"未探知型非顾客"。企业通过对非顾客的关注，最终实现对非顾客的吸引，形成全新的市场领域，使非顾客转变为顾客。

原则四　遵循合理的战略顺序

遵循合理的战略顺序，建立有吸引力的商业模式，确保将蓝海创意变为战略执行，从而获得蓝海利润。合理的战略顺序可以按照买方效用、价格、成本、准备措施四方面来考虑。

(1) 买方效用。企业的商业模式能否带来额外的买方效用？大多数人购买企业产品是否因为某种强制性原因？

(2) 价格。企业产品或服务的价格是否容易被大多数买主所接受？这个价格能否引起市场反响？

(3) 成本。企业能否实现成本目标，从而在某个战略性价格上获取利润？

(4) 准备措施。对实现企业理想中遇到的障碍有何准备？对这些障碍和准备是否进行了明确表述？

原则五　克服关键组织障碍

通常企业在蓝海战略执行中面临着多方面的严峻挑战，其中关键一环就是组织障碍。企业组织能否适应蓝海战略的需要对蓝海战略的成功执行具有非常重要的作用。企业需要通过组织调整，甚至组织再造等克服企业组织障碍为执行蓝海战略提供组织保障。

原则六　将战略执行与战略制定相关联

蓝海战略要成功执行必须借助于企业员工的参与和行动。要让企业员工从已经习惯的红海和红海战略中走出来，转而在陌生的蓝海中执行蓝海战略，必须使企业员工真正地理解蓝海战略。因此有必要让企业员工尽早熟悉企业制定的蓝海战略，尽可能地让企业员工参与到蓝海战略的制定中去。

超出特定范围来观察世界是一种明智的做法，企业市场战略规划中的蓝海战略就是如此。企业是在同样的海洋中游泳，只有那些业绩不佳的公司一直是在波涛汹涌的红海中游泳。那些有战略、创新的、业绩上佳的公司同时在红海和蓝海中游泳，并且大部分时间是在蓝海游泳。例如：20世纪美国的产业巨头IBM公司是计算机产业的创新者，也是高效规模经济的典范。当计算机市场发生巨大变化后，IBM主动退出PC市场。华丽转身之后，变身为面向全球市场提供国际化解决方案的服务公司。这次成功的转型使得IBM现在仍然是世界上赢利能力很强的优秀跨国公司之一。即使在备受国际金融危机冲击的2009年上半年，该公司仍取得将近60亿美元的利润。乔布斯带领苹果公司持续不断地创新，在竞争激烈的传统手机行业这片红海之外，开辟出一片蓝海，引领了客户手机应用的新时代。从某种程度上说，IBM和苹果的成功就是蓝海战略的成功，就是企业战略管理的成功。

[案例]

蓝海战略的成功案例

一、优翔国际

随着生活水平的不断提高，国内消费者对旅游的需求也越来越旺盛。作为新兴的绿色产业，旅游业也获得了巨大的发展。正是盯准了日益增长的旅游需求，数量繁多的旅行社应运而生。除了传统的旅行社向客户提供旅游服务而外，现在很多其他机构，如银行、邮政、大媒体等也通过各自的渠道优势加入到旅游服务竞争中来。传统的旅游市场竞争激烈，俨然一片红色海洋。身处国内优秀旅行社，在旅游业内浸淫了十多年的周凯文决心创建自己的旅行社，他自开始就没有把目光锁定在传统的旅游市场，而是要把他的旅游服务差异化于传统业务，也就是要寻找他心目中的那片蓝色海洋。经过深入调查，他发现中国先富起来的这批人群中排在第一位的需求是健康，如果把健康与旅游结合起来提供特异化的服务一定很有市场。于是周凯文下定决心把在国外已经非常成熟的健康旅行(医疗旅行)引入中国市场。根据世界旅游组织的定义，医疗旅行就是以疾病治疗、疾病护理、康复与疗养为主题的旅游服务。这在国内确实是一片蓝海。2006年北京名仕优翔国际旅行社有限公司成立，成为中国第一家私人健康旅行服务公司。优翔国际在全球范围内挑选专业领域内顶级医疗机构、服务供应商，并根据个性独特的需求，由资深专家设计，提供24小时私人管家服务，从专业、服务、惊喜体验等方面全方位体现高端品牌价值，感悟生命之美、生活之美、世界之美。目前公司开发的产品包括瑞士抗衰老之旅、日本健康之旅、避世静修之旅、生活方式之旅等。在这片蓝海中遨游的优翔国际获得了长足发展，截至2011年公司已拥有近2000位固定客户，年收入近2亿元。

二、今夜酒店特价

"今夜酒店特价"是天海路网络信息科技有限公司开发的一款基于移动互联网的手机预订平台。每晚6点后预定当天酒店剩房，只需要付白天网络预订价格的五折。就好像面包房到晚上6点会把当天没卖完的面包半价清仓一样，合作的星级酒店会在晚上6点，将自己剩余的空房以很低的折扣放到"今夜酒店特价"平台上售卖。消费者可以根据距离远近、星级、价格、酒店风格等个人喜好，方便地查找和预订这些特价房间，以接近经济型酒店的低廉价格享受更舒适的一夜。

"今夜酒店特价"是一个典型的移动互联网的应用 app，它的两头分别联系着酒店和普通的旅客。酒店把当天晚上 6 点钟还卖不掉的剩房便宜卖给今夜酒店特价，今夜酒店特价平台再以正常预订价格 4~7 折的实惠价格卖给消费者。酒店盘活了本来会浪费掉的库存，消费者得到了高性价比的房间，今夜特价酒店则从中赚取差价或佣金，最终实现三方共赢。在公司创办刚三个月的月末，也就是 2011 年 10 月底，今夜特价酒店已成功获得首轮融资超过 400 万美金。据此推算其市值目前已经达到 2000 万美金。

在酒店预订市场，携程、艺龙占有绝对的优势地位，另外还有林林总总的网络、旅行社等中介机构提供酒店预订服务。作为一个新人，如果贸然进入酒店预订市场就如同进入一片红色海洋，势必面临残酷的竞争，而且在携程、艺龙的强大压力下存活下来的可能性很小。今夜酒店特价模式新颖，突破了早订就划算的思维，将优质资源和用户通过创新的形式更好地联系在一起，实现了价值创新。而携程、艺龙虽然是行业内的龙头，也无法轻易复制今夜酒店特价的运作模式。因为如果携程、艺龙也提供 6 点后的特价房源的话，实际上是在与自己所经营的原有传统业务进行直接竞争，也就是在消耗自己原有的客户资源。这样，今夜酒店特价就在酒店预订市场的红海中开辟出一片蓝海，为自己成功赢得了发展的空间。

7. 孙子兵法中的战略流程

如前所述，中国传统文化对谋略给予了高度重视，在《孙子兵法》的诸多论述中也同样体现出了对整个战略流程的高度关注。《孙子兵法》这本书共有 13 章，其内容涵盖了政治、经济、外交以及如何避免战争、如何作战和如何取得战争胜利等广泛的内容，详细阐述了在战争中如何成为一个强大国家的诸多方面，如军队领导、战略、战术、地形、智谋和后勤保障等，揭示了获得成功的秘密：全胜、重战、慎战、备战、善战制胜。根据孙子的观点，管理军队就如同管理国家一样。

- 全胜。战争中的最大胜利是全胜。用现代的说法来描述就是付出最少的努力而取得最好的结果。最大的胜利是不战而屈人之兵，即没有进行战争就占领了敌人的国家。

- 重战。在决定进行一场战争之前应认真考虑全部相关因素。孙子说："兵者，国之大事，死生之地，存亡之道，不可不察也。"

- 慎战。孙子说过：发动战争要十分谨慎。战争的目的是要取胜并且是有利的取胜。首先确定作战目标是十分重要的，作战目标应该体现出作为攻击者将获得的收益并且该目标应该是可以达到的。

- 备战。获取战争胜利需要两个方面的因素：领导能力制胜和完善准备致胜。充分的准备是获取战争胜利的关键所在。孙子说：要知己知彼，也要知晓自然环境和地形状况。应获取敌人信息，通过战前的讨论与评估以分析敌我双方的力量对比。

- 善战制胜。这里包含两个方面，即诡胜和变胜。孙子对善战制胜进行了详细的阐述。首先，好的战略是要在敌人松懈的时候自己无懈可击。其次，因为自然环境和地形状况是复杂多变、不可预知的，所以将领是否具有智慧、仁慈、信用、勇气和严格将对战争结果

第四章 体系和流程

"善用兵者，修道而保法，故能为胜败之政"。孙子早在 2000 年前就对体系和流程的重要性给予了强调。企业体系和流程相结合共同指导、规范和制约着企业的具体经营活动。而企业政策(管理规范)既是企业体系的重要组成部分，又是企业体系和流程的基础。企业体系内涵丰富，流程是其中一个重要的组成部分。企业流程是包括管理流程、改进流程、核心流程和支持性流程在内的广阔复杂的流程体系。企业要设计开发科学合理的企业体系和流程并创造条件使其得到有效执行。在此过程中，有一些有效的模型工具可供利用，如基准管理、业务流程再造等。组织结构也是企业体系中不可或缺的重要组成部分。企业需要根据一系列内外因素确定适当的企业组织结构，并且在企业发展过程中使组织结构在适应性和稳定性之间取得平衡。企业体系和流程的实现最终还是要落在企业员工身上。员工是企业最宝贵的资产，因此企业要取得成功，需要开展有效的人才管理。企业中的管理者和领导者是企业员工群体中的一员，同时又发挥着各自的特殊作用。企业管理者和领导者是紧密联系而又有所区别的，需要在企业经营管理实践中加以区分。

一、政策——体系和流程的基础

在企业战略管理中，战略的有效执行是一个重要环节。为了实现企业战略的顺利落实和有效执行，在企业中建立完善的体系和流程是必不可少的。在这里，企业体系是指企业运营中的基本工作方式、方法、程序、工具和指导方针的有机组合。企业流程是企业运营中将输入因素转化为输出结果的一系列相互关联和相互作用的经营活动的程序性结合，简单说就是企业做事的过程。企业流程是企业体系的重要组成部分，是对企业体系中的工作方式、方法、程序在某类经营管理活动中的流程化表述。所以企业体系所包含的工作方式、方法通过企业流程中的具体运作过程体现出来，而企业流程的顺利运转也是受到企业体系的支持和制约的。因此，企业体系和流程相结合共同指导、规范和制约着企业的具体经营活动。孙子说过："善用兵者，修道而保法，故能为胜败之政。"由此可见"修道而保法"在战争中起着十分重要的作用，而将其应用到企业管理中去就是要建立完善的企业管理体系和流程。只有建立起完善的体系和流程并将之付诸实践，使其得到有效执行，才能使企业在激烈的市场竞争中立足。2008 年爆发的世界经济危机和莱曼兄弟公司等金融机构的纷纷倒闭说明我们需要重新审视当今世界的金融体系和流程及其调节机制。现在世界各国正在商讨调整世界金融体系，构建一个强大的独立的国际金融体系调节机制。同样，作为社会经济基本细胞和市场竞争主体的企业也需要适时地审视和评估企业体系和流程，并建立适当的调节机制。

在企业经营管理中，企业首先设立起愿景和使命，再明确企业目标体系，形成和确立共享价值观，并据此进行战略开发，然后建立相关的政策、体系和流程来有效地执行战略，从而最终实现企业愿景。由此可见，企业体系和流程在企业管理各项基本要素中具有独特的地位和作用。它们是使企业管理各项基本要素得到最终落实的手段。如果没有企业体系和流程，则企业管理各项基本要素的功能无从得到最终的实现，企业整体就处于混乱之中，相应地前期的各项工作就只能是徒劳无功。这就再次印证了企业管理各项基本要素是一个有机整体，各项要素之间互相支持和制约，企业管理必须全面发挥各项基本要素的功能和作用，才能使企业得到健康有序的发展。

古语云：没有规矩，不成方圆。这句话道出了社会生活中的基本道理，即基本规范是任何社会组织有序存在和发展的根本。企业是社会经济生活中的基本组织形式，当然也一定有其基本规范。企业的基本规范就是企业政策，又称为企业经营管理规范。日常我们常常谈到的政策是指国家政策，这里所指的企业政策和国家政策本质上是相同的，都是组织的基本行为规范和行为指导。不同的是其所作用的组织形式和层次不同而已，而且不论是国家政策还是企业政策，都需要通过更加具体的规章和流程来加以执行。比如国家为支持软件和服务外包产业的发展而从国家层面上确定了支持该产业发展的基本方针和政策，随之国家各部委(财政部、国家税务总局、商务部、科技部、国家发展和改革委员会等)出台了针对技术先进型服务企业的税收优惠政策。之后各省市分别出台技术先进型服务企业的认定和管理办法，与之相配套，又明确了技术先进型企业的申报和批准流程以及该类企业的税收减免流程。企业管理中的企业政策，即管理规范同样需要通过更加具体的体系和流程来得到实现。例如企业政策(管理规范)对企业基本经营管理的行为准则做出了规定，为了在企业经营中使这些原则得到有效落实，企业还需要明确不同领域、不同职能等方面的具体工作方式、方法，如人力资源工作方针。在此基础上还要制定出相应的工作流程，如员工招聘工作流程等。企业政策(管理规范)是企业体系的重要构成部分，它构成了整个企业体系和流程的基础并渗透在企业体系和流程的方方面面。企业政策确定了企业的基本行为规则，这些规则必须与企业愿景、使命和目标相一致，并将作为实现企业愿景、使命和目标的指导方针。

企业政策是整个企业的秩序规则，影响到企业经营管理的方方面面，所以制定一项政策必须有充分依据。政策的内容说明也必须经过认真的审查，这是因为企业政策将在全企业范围内由每个员工认真遵守与执行，它将会影响到企业目标的实现与否和实现程度，也会影响到员工执行政策过程中的行为是否符合道德规范和法律要求。企业政策为整个企业制定了在各种不同情况下允许和不允许的行为，它涵盖整个业务运作环节的所有行为。企业希望通过政策规定来实现期望的结果或者阻止任何对企业不利的影响。

企业政策涵盖了企业经营管理的最基本的方面，它在不同企业中以不同的形式表现出来。如高度规范化经营的企业通常会发布一份涵盖企业基本行为规范的综合性文件，以此作为企业政策的基础。如英特尔公司就制定发布了公司行为规范(Code of Conduct)作为企业政策文件。有些规模相对较小、规范化经营程度不高的企业往往还没有一份综合性企业行为规范文件作为企业政策文件，而是通过多份文件或口头约定的形式作为企业政策的基础。

[案例]

英特尔公司企业行为规范

英特尔公司制定了一份适用于其分布在全球的所有经营机构的企业行为规范，即企业政策。这一行为规范设定了一系列标准，用以规范企业员工如何协同工作以及开发、交付产品和服务，如何确保英特尔核心价值观得到合理应用，如何与客户、供应商及利益相关方进行交流与合作。所有英特尔员工在开展与英特尔相关的公司业务时必须遵守这一系列标准，即企业政策。

这一系列的标准体现了英特尔公司的5项基本行为准则，即

(1) 诚实正直地开展业务。

(2) 遵纪守法。

(3) 平等相待。

(4) 追求英特尔利益最大化并避免利益间的冲突。

(5) 保护公司财产，维护企业声誉。

企业行为规范对每一项基本行为准则还做了详细的规定和说明。就诚实正直地开展业务这一准则而言，企业行为准则要求所有员工要通过以下方式落实该项准则：

● 开展业务过程中要互相尊重、高度职业化地进行清晰准确的沟通。

● 平等对待客户、供应商和其他相关方。

● 做负责任的企业公民，尊重人权。

● 保存准确的财务账册和记录。

以上企业行为规范对企业方方面面的经营管理行为所需要遵循的原则作出了翔实的规定，成为企业员工的行为指导方针。该行为规范发布在英特尔内部企业网络上，所有员工通过内部网络都可以随时查阅。

企业政策是企业运营行为的指导方针。该指导方针是全企业范围内的一致性规定，包括企业领导者、管理者和全体员工在内的每个企业成员都要遵守执行。该指导方针既体现了企业的战略考量和部署，也是企业日常业务活动所必须遵循的法律和道德标准。它将帮助企业员工应对日常工作中所面临的道德和法律方面的挑战。通常企业政策包括以下内容。

1. 基本行为规范

(1) 企业行为遵循法律规定。遵守法律和相关规定是企业经营管理的基本原则。企业中的每个员工都应遵守相关法律法规，在具体业务活动中时时处处身体力行。

(2) 维护企业形象的责任。在很大程度上，企业形象是由企业行为及行为方式而决定的。每个员工都代表着公司，并且主导着自己的行为。有时一个员工的不适当的举动就会给公司形象和声誉造成非常大的影响。因此，通常企业政策中都明确企业员工要承担起维护企业形象、提升企业声誉的责任。

(3) 与工作有关的标准和原则。企业在实际运营中需要遵循一系列相关标准和原则，这些原则要应用于企业内部部门之间、职能之间和员工之间的协作，也要应用于与外部伙伴的合作之中。例如：企业管理层要确保企业遵守有关工作时间的国际规定和当地规定。

还有，企业需要遵守国际公认的人权，包括个人尊严和个人隐私等。在这方面，一个在企业运营实践中经常遇到的情况就是企业雇员年龄限制问题，国际通行规则是企业不能雇用年龄小于法定标准的人员。在某些发展中国家对这一年龄限制的标准可能会有所放松，如根据138号国际组织协议，童工的年龄下限可放宽至14岁，或者有些政府授权的在职培训或学徒项目不在限制之列，因为这些项目对参与者是有益的。

(4) 管理、责任和监督。企业中每个管理人员都对其所属员工负有责任，他们必须在个人行为、业绩和社会责任等方面作出表率。他们应与所属员工达成明确的、远大的目标，并依靠信任和沟通开展领导工作，为所属员工创造尽可能大的个人责任和发展空间。如果所属员工希望与其管理人员讨论职业或个人的问题时，该管理人员就应以开放与合作的态度与所属员工进行交流沟通。同时每个企业管理人员应该履行如下组织和监督的责任：

企业管理人员必须根据个人素质和职业资质认真遴选工作人员。其严格程度应随着将授予员工责任的重要性而增加。

企业管理人员必须以精确、完整和一致的方式阐明责任，特别是要保持与法律条款的一致。

企业管理人员负责持续地对遵纪守法情况进行监督。

企业管理人员必须与员工就行为守则进行明确沟通，指出不允许违反法律规定，如有违反将承担相应责任。

2. 公平交易原则

依照公平交易原则对待业务伙伴和第三方。鼓励每个员工公平地对待企业的客户、供应商、竞争对手、业务伙伴以及这些相关方的员工。每个人都不能通过操纵、隐瞒、滥用特权信息，误传事实和任何不公平的操作来谋取优于他人的利益。每个员工都应遵守公平竞争规定和反垄断法。

3. 保密

保密信息包括所有非公开的信息，这些信息如果泄露，可能为竞争对手所用，也可能会对企业自身、企业的客户和业务伙伴造成损害。对于那些保密信息，特别是还未公开的企业内部信息，必须给予保密。对于客户和业务伙伴的任何保密信息，除非已明确允许发布，也应给予严格保密。

4. 内部交易规则

企业内部交易规则是企业所有员工必须遵守有关企业内部交易的法令性规定。

如果企业员工拥有可能影响企业证券价值的内部信息，就应严格遵循内部交易规则。企业内部交易规则禁止：为自己或第三方利益利用内部信息；把内部信息传递给第三方或通过其他方式使第三方知晓；基于内部信息推荐交易企业证券或引诱某人进行企业证券交易。

如果企业员工违反内部交易规则而其上级管理人员没有采取适当的监督措施来阻止其发生，则该管理人员可能因由此造成的损失而被追究相关责任。根据相关法规，公开上市的企业必须向外界公众公开其因职位或工作原因而掌握内部信息的所有员工的记录。

5. 执行与控制

为监督企业政策的执行情况，控制因违反企业政策行为而给企业带来的风险，企业应开展内部审计。内部审计人员不是独立存在的，而是受到来自企业领导层的授权和支持，其成员通常包括审计和风险管理、企业持续发展、人力资源、法律和专利等企业职能部门的代表。内部审计应定期开展，以形成对企业经营管理行为的长效监控。当然如有必要也可开展临时审计。内部审计范围包括企业内部所有的部门和单位。

企业政策通常以正式的书面文件形式发布。企业政策文件只有在经过授权签字代表或执行管理者签字后才能生效，而且企业政策因其作为企业行为指导方针的特殊性而必须保持长期稳定性，否则容易使企业员工无所适从，也降低了企业政策的严肃性和权威性。但这并不代表着企业政策是一成不变的，如果原先制定企业政策的意图或目标已丧失其基础时，企业就需要对政策及时进行更新或者替换。随着全球化趋势的不断发展和新兴市场的不断增长，越来越多的公司具有了国际化的规模，跨地区的经营机构也纷纷建立起来。在这种背景下，企业如何使企业政策、运作体系和流程实现跨地区的有效执行和职能协调，也是企业领导者必须解决的问题。这个问题的解决方案就是企业设计开发的企业体系和流程要与企业目标和政策保持一致，使其在世界范围内得到应用，同时要根据当地规定的要求融合当地的特殊因素。在开发或调整企业体系和流程时，使各个经营地点的企业分支机构参与到整个过程中以便及时获取当地情况也是十分必要的。由此可见，企业政策也是需要适时进行适当改变的。在现实的企业实践中，很多企业也是这样做的。以下就是某高科技公司的固定资产管理政策的部分内容，从中可以看出该政策根据企业实际情况的变化进行了多次更新。

[案例]

某高科技公司固定资产管理政策原始图表(部分内容)

Management of Fixed Assets for ABC Co.,Ltd.

Revision

Revision	Date	Item/Section/Appendix	Essential Changes
01	2006-4-14		New creation
02	2008-5-25		Definition of XXX
03	2012-11-12		Asset classes

Release:

Function	Name	Department	Contact No.	Email Address	Date	Signature
Author	Mr. XXX	ABC F AFC	+86 21 XXXXXXXX ext YYYY	XXX@ABC.com	2012.10.25	
Owner	Mr. XXX	ABC F CD	+86 21 XXXXXXXX ext YYYY	XXX@ABC.com	2012.10.31	
Owner	Mr. XXX	ABC F AFR	+86 21 XXXXXXXX ext YYYY	XXX@ABC.com	2012.10.31	
Owner	Ms. XXX	ABC F	+86 21 XXXXXXXX ext YYYY	XXX@ABC.com	2012.10.31	
Approval	Ms. XXX	ABC F AFR	+86 21 XXXXXXXX ext YYYY	XXX@ABC.com	2012.11.5	
Approval	Mr. XXX	ABC F AFC	+86 21 XXXXXXXX ext YYYY	XXX@ABC.com	2012.11.5	
Approval	Mr. XXX	ABC F	+86 21 XXXXXXXX	XXX@ABC.com	2012.11.10	
Released	Ms. XXX	ABC STS OS	+65 XXXXXXXX	XXX@ABC.com	2012.11.12	

Distribution List:

Overview

* Purpose

- Scope
- Forward
- Definition
- Capitalization Limit
  - Cost of individual asset < RMB2000/-
  - Cost of individual asset >RMB2000/-
- Asset classes
- Fixed Asset Ordering / Delivery
- Administration of Fixed Assets
- Valuation
- Fixed Asset Inventory Audits
- Transaction of Fixed Assets
  - Definition
  - Application
  - Roles and Responsibilities
  - Export Control Officer
- Reference

Appendix A – Account Codes for Fixed Assets

Appendix B – Flow Chart for Fixed Asset Ordering / Delivery / Booking

Appendix C – Fixed Asset Feedback Form

Appendix D – Flow Chart for Fixed Asset Inventory

Appendix E – Transaction of Fixed Asset Form

Appendix F – Flow Charts for Transaction of Fixed Assets

Appendix G- Authorization for the maintaining of equipment in Construction in Process

Purpose

To define a procedure for effective tracking of fixed assets.

Scope

This Rule is applicable to the following entities:

- ABC Technologies China Co., Ltd., Shanghai, China
- ABC Technologies Center of Competence (Shanghai) Co., Ltd.,

Foreword

Fixed assets form a major portion of the company's total assets, which comprise properties, plants and equipment, and therefore are significant in the presentation of its financial position. The determination of whether an expenditure represents a fixed asset or an expense has a significant impact on the company's reported results.

Definition

1. Fixed assets are tangible assets that:

(a) are held for use in the company's normal business operations and for administrative purposes, including items held for maintenance or repair of such assets, (b) have been acquired or constructed with the intention of being used on a continuing basis (with life expectancy of more than one year). (c) are not intended for sale in the ordinary course of business, and (d) valued > = RMB 2000.

3. Capitalization of fixed assets refers to the recording and registration of fixed assets into the company's fixed assets register - SAP system. This also includes fixed assets which were initially recorded under "Asset Under Construction", and subsequently transferred to their appropriate asset classes.

4. Main Assets and Sub-Assets XXXXXXXX

Capitalisation Limit

Cost of individual asset < RMB2000/-

XXXXXXXX

Cost of individual asset >= RMB2000/-

XXXXXXXXXXXXXX

Asset Classes

XXXXXXXX

YYYYYYYY

Reference

ZZZZZZZZ

企业政策作为企业体系和流程的基础，同时也是企业行为的整体规范和指导方针，因此企业政策绝不能含糊其辞，而是必须给予明确表述。同时企业政策也需要在企业管理实践中得到全面落实。在企业政策的落实方面很多优秀企业已经做出了很好的榜样。如英特尔等一批跨国企业严格遵守法律法规和企业政策，在市场交易中从不采取不正当手段谋取利益，同时还出色履行"企业公民"责任，为当地社会经济的全面发展贡献力量。与此相反，也有很多企业在企业政策落实方面还不到位，使企业经营管理水平大打折扣。另外通过仔细观察，我们可以发现中外企业在企业政策制定和履行方面有着明显差别。西方人强调制度，常常把道德规范制度化、法律化，因此西方企业在企业政策的制定和履行方面基本上持积极态度，而且收到了实际效果。而中国人强调感性，常常把法律制度道德化、感情化，因此中国企业在企业政策制定方面往往滞后，而且即使是制定了企业政策，往往在落实企业政策方面因感情因素而打了折扣。正是因为这方面的不同，造成了中国民族企业在制度化、规范化方面与西方优秀企业的明显差距。因此我们在强调中华传统文化对现代企业管理的指导意义的同时，还需要从多角度审视中华传统文化并将其与世界企业优秀文化和现代文明发展趋势进行对比，取其精华，去其糟粕，对其进行扬弃式的继承并进一步发扬光大。

二、体系和流程管理

如前所述，企业体系在企业管理各项基本要素中发挥着独特的作用，是各要素发挥其功能的最终落脚点。企业体系内涵丰富，包括企业政策、企业流程、组织结构等诸多方面。

其中企业政策是基础，而企业流程是对企业体系中的工作方式、方法、程序在某类经营管理活动中的流程化表述，是对企业体系的程序化表现。企业政策虽然是企业体系的基础，但仍然需要通过运作企业体系和企业流程来执行。因而，如果一个企业没有体系来作为运作的指导和工具，那么这个企业非常可能在混乱中消失。对企业管理层而言，为企业设计一个精炼而实际的业务体系是至关重要的。企业体系必须与企业战略保持一致，也要与企业愿景、使命、目标相协调，同时还要适应企业内外环境。优秀的企业体系和企业流程应能帮助企业实现价值创造并为企业管理层与员工之间的沟通创造良好的条件。由此企业的经营管理才能得以有效推行，从而在遵循企业政策的同时实现企业的愿景和使命。

1. 体系和流程管理的作用

一个完善、高效并且与企业愿景、使命和内外环境因素相适应的企业体系和流程在企业管理中有着十分重要的作用，主要体现在以下三个方面。

(1) 规范运营、有章可循。无论在企业规模、经营领域、发展阶段等方面有何不同，每家企业为实现其愿景、使命、目标和企业战略，都会制定各自的企业政策，明确相关的企业制度和要求。但这些制度能否得到有效执行，全靠企业体系和流程的保障作用。企业如果有一套完善、有序、高效并且适应企业内外环境要求的企业体系和流程就可以保证企业的正常运转机制，使企业的运营和管理进入良性循环。即便在经营管理过程中出现这样那样的问题，企业体系也可以迅速发挥作用，及时地纠错和弥补，以最大限度地减少企业的损失和损害。比如一家规范运营的企业明确规定了包括人才需求与供给调查、招聘、入职、培训、绩效评价、晋升、离职等程序在内的员工管理流程，并与之配套设计开发或规定了员工入职培训和在职培训课程、企业薪资调整与职级调整原则与安排、绩效评价流程、工具与标准等等。这些原则、规定、工具等与企业流程一起构成了企业人力资源管理体系，为人力资源的规范管理和操作提供了体系和流程保障。

(2) 树立形象、建立品牌。一个具有完善、有序、高效并且适应企业内外环境要求的企业体系和流程的企业，对外给客户、供应商和其他相关方乃至整个社会公众的感觉是企业运营规范、形象良好，与这样的企业可以进行卓有成效的信息沟通，容易达成互惠共赢的合作。同时这样的企业对内给企业员工的感觉是企业做事有章法，可以信赖，因此企业员工就会对公司前景抱有希望，相应地可以极大地增加企业的凝聚力和向心力。正是因为对内对外都树立了良好的企业形象，企业也就可以此进一步树立品牌，为企业的长远健康发展赢得空间，打下基础。比如通常规范运营的企业在对外签订合同之前都有一个合同评审流程，也就是企业内部与该合同相关的职能部门要对合同的内容、形式、资源的可供性和合同的可行性进行综合评估后才能对外正式签订合同。这一流程看似使合同签订时间延长，但这一流程实际上是通过事前审核为合同履行铺平了道路，可以大大提高合同的履约率。同时严格的合同评审流程本身就向合作方传递了本企业运营规范、管理严格的信息。由此可以为企业赢得重合同、守信誉的良好社会形象。另外企业体系中的一些优秀元素也可激发企业内部员工积极性，帮助企业形成强大的凝聚力和向心力。比如英特尔公司的企业办公设施中就没有为企业高层领导单独设置办公室，这项规定适用于英特尔公司分布在全球的所有营业机构。因此，包括 CEO 在内的各级公司的所有领导成员都是与下属一起在开放的办公室中办公，而且企业员工和领导之间互相都是直呼其名。这样一种平等、融洽的工作环境和氛围在企业内部也形成了良好的企业形象，对提升工作效率帮助很大。

(3) 管理有序，降低成本。有了完善、有序、高效并且适应企业内外环境要求的企业体系和流程，就可以大大降低企业管理成本，实现充分授权。完善的体系和流程可以使企业运营中的很多日常工作程序化，这样可以帮助企业管理者从繁杂的日常管理工作中抽出更多精力来思考企业发展方向和战略问题，也便于领导向下属授权。完善的体系和流程使得各级管理者责权利相符，也有利于企业内部开展轮岗工作。因为有了明确的体系和流程，新员工入职后经过培训，就可以依照企业体系和流程的规定开展工作，这样有利于新员工的快速成长，也有利于到新岗位上的员工很快适应工作。所以从整体上看，完善的企业体系和流程是使企业运营规范、管理有序的同时，将在很大程度上降低企业经营成本。

2. 体系和流程的建立

企业体系和流程对于企业管理如此重要，所以每个企业都应当高度重视并及时建立适当的企业体系和流程。不仅经营规模大的企业要有企业体系和流程，经营规模小的企业同样需要企业体系和流程。即使仅仅是一家向社区居民出售日用品的小型超市也需要有明确的运营流程，有时这些流程或许没有明确地以书面文件的形式正式向超市工作人员发布，但这些流程一定是在经营过程中得到具体运用的。无论企业规模大小，在建立企业体系和流程的过程中都需要注意以下问题：

(1) 着眼于面向未来。之所以要建立企业体系和流程，是为了保证企业的顺利运营。如企业无法顺利运营，往往是企业体系和流程的执行过程中出了问题。问题出现后，一般来说会有两种处理方法：一是对当事人进行责任追究；二是对体系进行完善。但无论采取何种处理方法，都要对问题进行总结和反思。在此过程中，要把重点放在面向未来，所有的检讨和回顾，都应出于"完善制度、建立体系、规范流程、避免重复犯错"的原则进行。只有这样，才能使各方面都能够心平气和地就出现的问题来寻求解决方案，使企业走上"面向问题、面向管理、自我纠错"的良性循环轨道上来。

(2) 针对漏洞和问题建立有效的体系和流程。建立企业体系和流程的过程中不能一味地生搬硬套其他企业的体系和流程，不能为建立体系和流程而建立体系和流程，一定是要针对漏洞和问题而有针对性地建立体系和流程。只要发现问题，就要从制度上、体系上和流程上找原因，及时对体系和流程进行补充和完善。这样，随着企业的发展，企业管理才会越来越走向正规化。通过这种方法建立的体系和流程，才会更适合企业自身的现状和发展需要。

(3) 对已建立的体系和流程进行优化。当今企业面临的挑战之一是持续的变革。相应地，企业流程也必须得到持续评估，如有需要，就要对其进行优化。流程优化需要与已明确的企业战略和政策保持一致，并依据企业具体的条件和环境具体实行。流程优化的总体目标是为了增进企业所有利益相关方的利益而改进流程并提升企业竞争力。

3. 企业流程的分类

企业体系和流程涵盖一个广阔复杂的流程体系。企业流程是企业体系中重要的内容和表现形式，仅就企业流程看就有四种不同形式，即管理流程、改进流程、基本流程和支持性流程。

(1) 管理流程。管理流程是管理流程的流程，就是有关流程计划、制定、评价、更改、执行等的具体运作程序，也称为流程的流程。它包括所有与流程的计划、控制、评价、运作管理有关的事项。企业经营管理有不同层次，包括战略、战术及操作层面。相应地，管理流程也就包括企业战略层面管理流程、战术层面管理流程和操作层面管理流程。管理流程既然是流程的流程，实际上也就管理着所有其他流程，如图4-1所示。

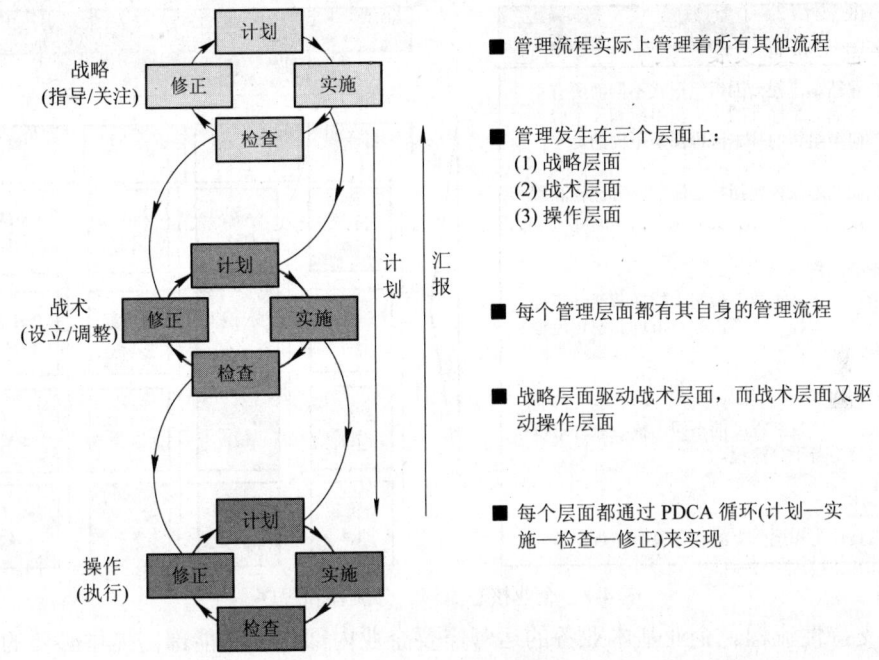

图 4-1　企业管理流程

（2）改进流程。因为企业所处的内部外部环境在不断的发展变化，企业自身也在不断地发展，随着这些环境的变化和自身的发展，企业已经建立的流程在某些环节、某些方面甚至从整体上都不再适应企业的需要，因此企业流程也需要持续的评估。如有必要及时改进，企业必须持续地对现有的包括体系和流程在内的企业组织结构、战略、组织技巧和文化价值观等进行调整。改进流程是基于已经定义的战略和政策，对企业确认、构建、控制、改进和重新定义流程的方法进行改进。改进流程的总体目标是改善企业的竞争地位并为所有企业利益相关方创造价值增值。对于具体的流程改进，应把流程与实际工作过程或价值过程进行比较，以明确该流程是否能够简化或需要进一步加强。

（3）基本流程。基本流程是指企业经营中的基本业务操作流程。企业经营过程就是把所有相互联系的活动结合在一起，从而实现企业的最终产品或服务，最后提供给客户。基本流程对企业经营过程和经营结果产生直接影响。基本流程可能因企业组织形式不同而有所不同，如一个标准的生产型组织和一个服务导向型组织其基本流程就是不同的。另外，在同一企业内部基本流程还有核心流程、分流程和程序之分。核心流程指企业内的最主要、最基本的经营活动流程，如研发流程、生产流程、市场和销售流程等。这些核心流程依据其总体复杂程度不同而又进一步细分为若干分流程，具体见图4-2。程序是在具体工作层面上的指导说明和规定等。如某芯片设计开发企业通过向客户提供设计研发服务来获取设计开发服务收入，实现企业价值。在该企业中芯片设计开发流程就是企业的核心流程之一。因芯片设计开发技术含量高，环节复杂，企业在设计开发核心流程的基础上进一步细分出概念设计流程、设计验证流程、版图开发流程、测试流程等分流程。针对每一分流程中的具体工作还规定了详细的工作方法、工作记录、必要工具、评价标准等，这些就是设计开发流程中的工作程序。

基本流程

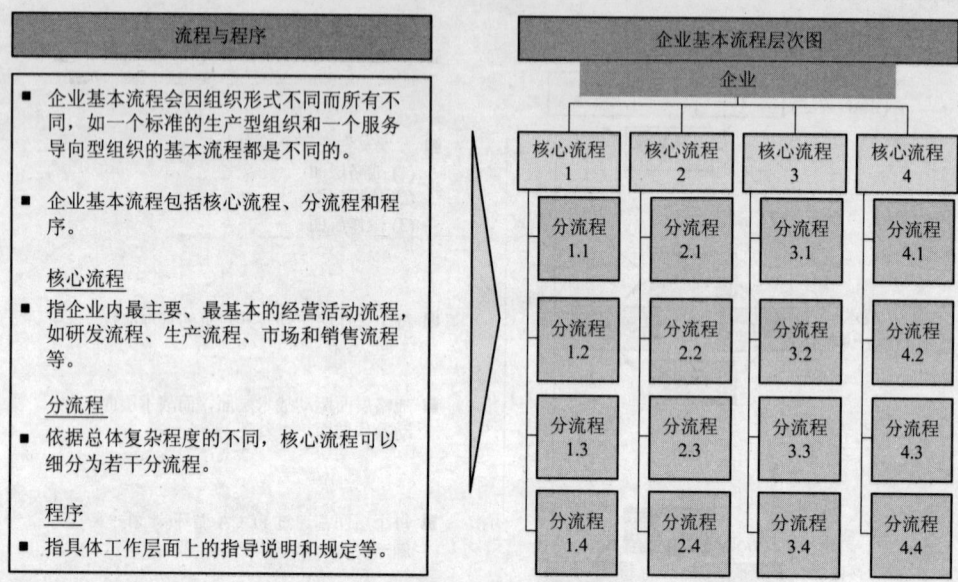

图 4-2　企业核心流程、分流程和程序

(4) 支持性流程。企业基本业务的运营需要企业内部相关职能部门提供必要的支持，这些职能部门通过提供和协调相关资源，为企业主营业务提供职能支持。通常这些职能部门包括财务、人事、供应等，随着企业规模的扩大，还会需要更多的职能支持，如信息管理职能、沟通管理职能、设施管理职能等。在企业流程体系中支持性流程也必不可少。支持性流程通过对人力、财力和其他资源的合理调节向企业基本流程提供必要的支持。支持性流程实际上是在解答企业经营管理中的两个重要问题：企业需要做什么来最优化地利用员工技能，使员工产出最大化？企业需要做什么来最优化地利用其他工具与资源？通过解答这两个问题将促成实现企业资源管理的总体目标，即随时为所有流程提供符合质量和数量要求的员工及其他资源。与企业支持性职能部门相对应的企业支持性流程包括：

➢ 人力资源管理流程
➢ 信息管理流程
➢ 设施管理流程
➢ 沟通管理流程
➢ 知识管理流程
➢ 资金与账务管理流程
➢ 供应链管理流程
➢ 合同管理流程
➢ 质量管理流程等

以上不同形式的流程共同构成了企业流程体系，它涵盖了包括管理流程、基本流程、支持性流程和改进流程在内的所有流程。它包括了企业经营过程中从供应商的输入到向客户的输出之间的所有流程关系。这一整体的流程框架实际上就是企业的价值创造和实现过程。企业总体的流程结构始于输入结果而终于输出结果，在此之间就是内容丰富、形式多样的企业流程体系，具体如图 4-3 所示。

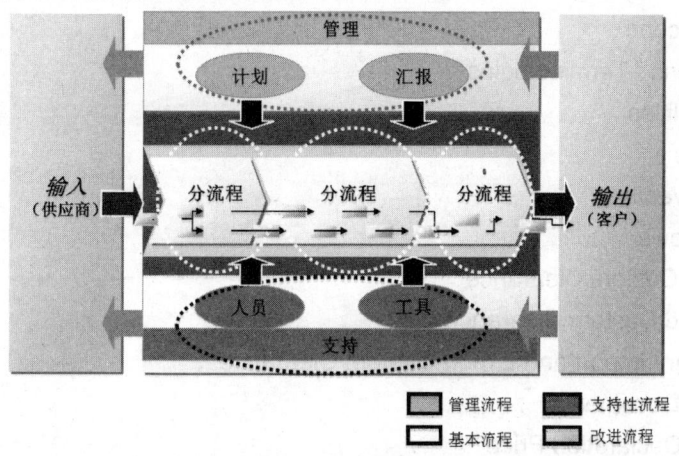

图 4-3　企业流程体系

4．企业流程的表述

企业流程是对企业运营过程的简要清晰的表述，对企业运营过程具有指导意义。企业流程表述必须是清晰明了的，不能含混不清而让员工产生不同的理解，这样企业流程的作用就将大为削弱。因此企业流程的表述应该言简意赅，对企业经营过程中的程序、资源、输入、输出进行明确说明。为了使企业流程更加容易被员工所认识和理解，可综合运用文字、图标、流程图等多种形式。而且因为企业流程可能根据企业发展和内外环境的变化而进行适当的调整和更改，所以企业流程中也应该有明确的版本信息，以便需要时可以方便地进行追踪与调查。以下就是某知名科技公司在国内一家分支机构的通关业务流程的部分内容，这一流程综合运用文字、图标和流程图的表现形式，对企业在进出口业务过程中的通关流程进行了清晰准确的说明，是企业进行通关作业的指导。

[案例]

某知名科技公司国内某分支机构通关业务流程(外企原始图表)

Customs Handling Procedure

Changes in comparison with previous edition:

Revision	Rev. Date	Item / Section	Essential Changes
A1.0	2006.3.13	All pages	Creation

Release:

Function / Role	Name*	Department	Location	Phone	Date	Signature
Author	Ms. XXX	FSS	XA	8034	Apr.,5, 2004	
Owner	Mr. XXX	FSS	XA	8002	Apr.,5, 2004	
Approval	Mr. XXX	COM	XA	8009	Apr.,5, 2004	
Releaser	Mr. XXX	QBE	XA	8178	Apr.,5, 2004	

Content

1. Mission / Scope

2. Abbreviations / Terminologies

3. Responsibilities

4. References

5. Process Overview

6. Process Flows

  6.1 Inbound Custom Clearance

  6.2 Outbound Custom Clearance

  6.3 Temporary Import and Export Custom Clearance

  6.4 Filing of Documents

  6.5 Custom Declaration Price

7   Support Materials

8. Process Elements

  8.1 Input(s)

  8.2 Output(s)

1. Mission   XXX   / Scope   XXX
2. Abbreviations / Terminologies   XXX
3. Responsibilities   XXX
4. References   XXX
5. Process Overview   XXX

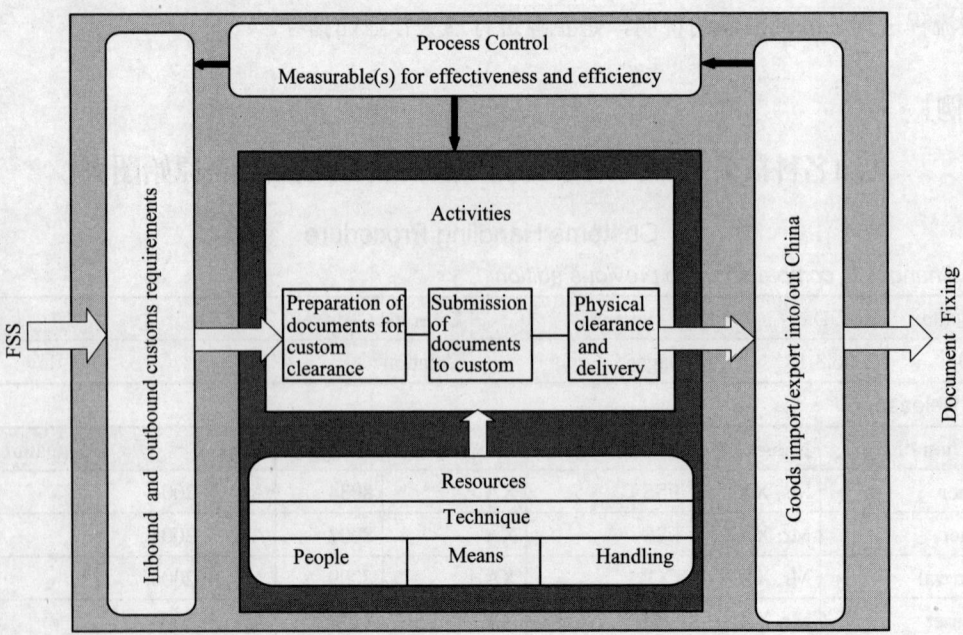

6. Process Flows
6.1 Inbound Custom Clearance

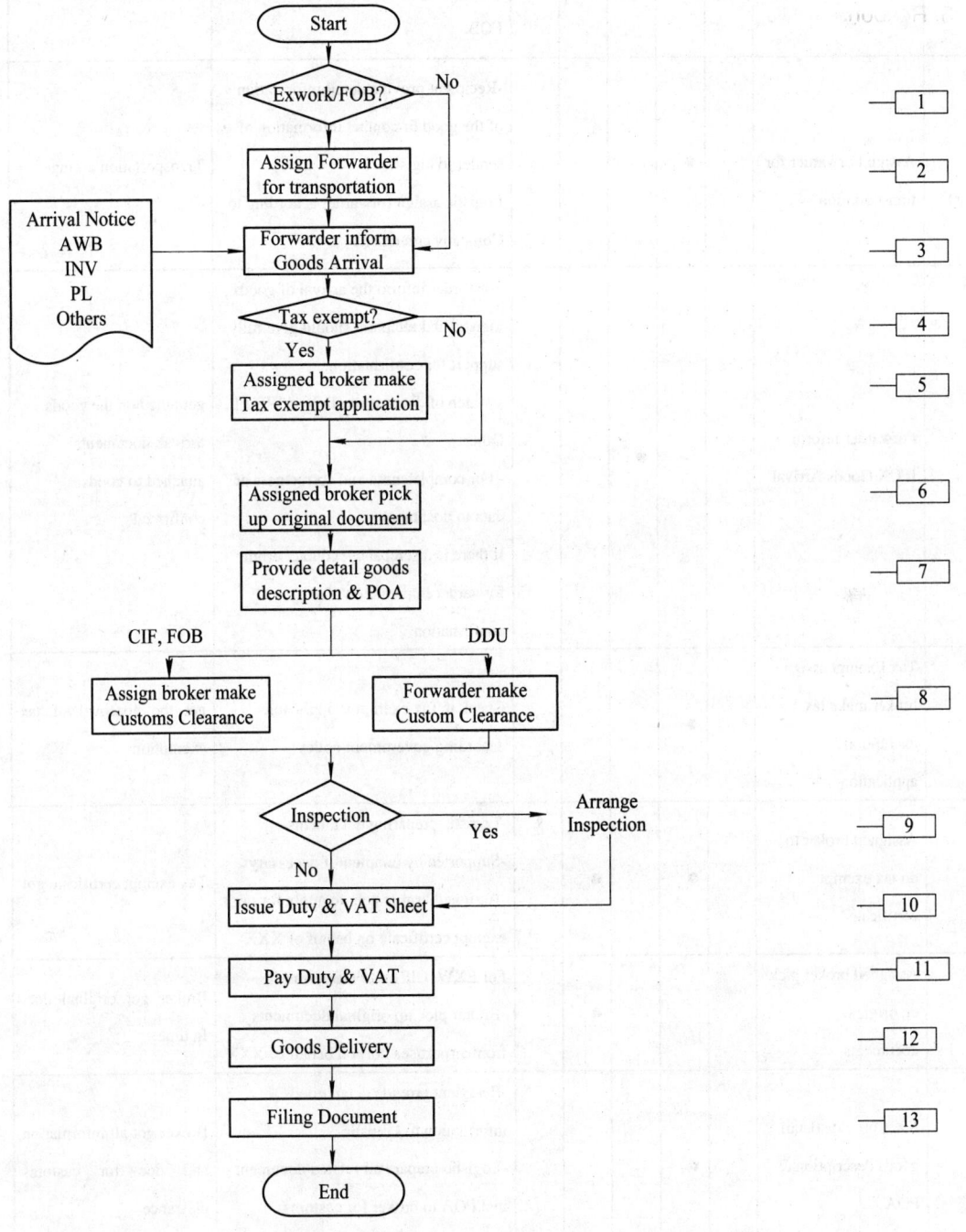

Process step		Function / Role					Task	Result
		A	B	C	D	E		
1	Exw/FOB ?	●					Recipient Check the intercom: Inform Logistic if intercom is Exw.or FOB.	Intercom checked
2	Assign Forwarder for transportation		●				-Recipient provide detail information of the good or contact information of sender to logistic Logistic assign forwarder according to Company agreement	Transportation arranged
3	Forwarder inform IFCX Goods Arrival			●			Forwarder inform the arrival of goods , logistic and recipient should give fully support for confirmation: - Match of documents (INV, AWB,PL, Others) - For completeness and correctness of data in document. If there is discrepancy, contact origin forwarder immediately, for confirmation.	get noted on the goods arrival, documents attached to goods confirmed
4	Tax Exempt assign broker make tax exemption application		●				Check if Tax exempt is applicable according government policy	get the approval of tax exemption
5	Assigned broker to do tax exempt certificate		●		●		-Logistic preparing documents -Supported by recipient if necessary -Assigned broker help to apply for tax exempt certificate on behalf of XXX	Tax exempt certificate got
6	Assigned broker pick up original documents				●		For EXW, CIF and FOB terms: -Broker pick up original documents from airport/sea port on behalf of XXX	Broker got original doc. In time.
7	XXX provide detail goods description & POA		●				-Recipient provide detail goods information to Logistic -Logistic prepare all related document incl.POA to broker for customs clearance	Broker got all information and doc for customs clearance

Process step	Function / Role					Task	Result
	A	B	C	D	E		
8 Assigned broker/forwarder make customs clearance				●		For CIF&FOB terms: -Logistic assigned broker make customs clearance For DDU terms: -Forwarder is responsible for customs clearance	Custom clearance done
9 Inspection		●				Goods be inspected on site or Logistic arrange arrival inspection if necessary,	Goods inspected and released by customs
10 Issue Duty &VAT form				●		-Customs issue Duty & VAT form -Logistic Check the Duty &VAT form	Duty & VAT form got
11 Pay Duty&VAT		●				-Logistic prepare payment request -BA make payment or Broker pay Duty&VAT then charge back to XXX	Duty&VAT paid
12 Goods Delivery				●		-Broker/Forwarder sent goods to XXX -Reception accept Goods , make registration, inform recipient to pick up. -Logistic keep related documents	Recipient got the goods
13 Filing document		●				Logistic filing all the customs documents.	Documents filed

	A = recipient
	B =XXX logistic
	C= Forwarder
	D= Broker
	E= XXX BA
						● responsible
						  participating
						  to be informed	

6.2 Outbound Custom Clearance   XXX
6.3 Temporary Import and Export Custom Clearance   XXX
6.4   Filing of Documents

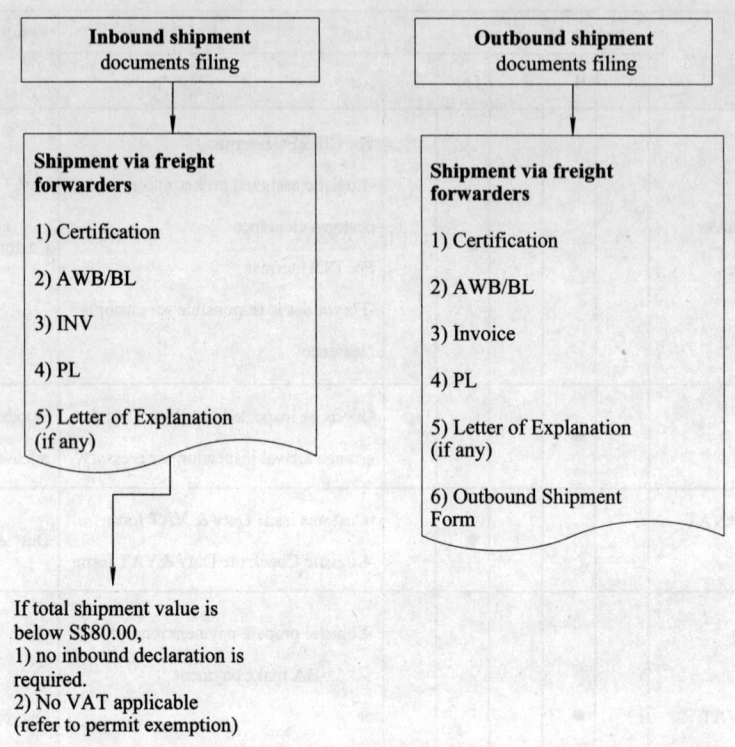

6.5 Custom Declaration Price   XXX

7   Support Materials

Support Material	Source
A) Inbound	
- Airway bill	Forwarder
- Invoice	Supplier
- Packing list	Supplier
- Non-wooden cargo certificate	Supplier
- PO	XXX
- POA	XXX
- Tax exemption form	XXX
- Duty & VAT sheet	Customs
B) Outbound	
- Invoice	XXX
- Packing list	XXX
- Non-wooden cargo certificate	XXX
- POA	XXX
- Airway bill	Forwarder

8. Process Elements   XXX

5. 企业流程的设计

企业流程在企业经营管理中发挥着重要的作用，是企业经营管理规范化的重要手段，所以企业，特别是规模较大的企业需要尽可能地为企业的业务运作过程制定流程并加以落实。但同时我们也需要清醒的认识到企业流程并不是多多益善的，企业流程的设计开发必须要有明确的目标，必须要与企业的现实需要相结合，任何多余的流程都是毫无收益的，也是对企业资源的浪费。企业体系和流程的规划设计必须具有正确的思维，即所有流程的首要目标是帮助企业实现高效运营。如果创建企业流程仅仅是为了方便控制，那将是不明智的举动。因为这种流程的出发点仅仅着眼于加强控制，方便局部工作的开展，而并不是以企业全局的长远发展为最终目标的。这种流程将挫伤具体工作中员工的积极性，也将会影响企业经营效益，造成企业资源的浪费。流程设计需要考虑创新元素、运营和成本影响等。为实现优化成本和提高业绩的目的，设计流程还需要始终考虑质量和成本。通常企业的流程设计应该包含以下五个方面的核心流程：

(1) 愿景到规划。企业愿景需要通过使命、目标、战略、体系和流程等一层层地得到具体落实。企业愿景的最终实现必须依靠企业具体业务运营的正确规划。从愿景到规划的流程是企业流程体系中最基础的部分。

(2) 市场到业务。企业价值的实现依赖于向市场提供产品和服务。从市场需求出发制定业务规划，开发产品和服务，组织生产产品和提供服务直至最终向市场提供产品和服务。这一从市场到业务的流程是企业价值实现的基本流程。

(3) 创意到技术。企业要实现长远发展必须谋求建立起独特的竞争力，而这独特的竞争力是建立在对关键性、创新性技术的掌握上的。因此企业需要构建从创意到技术的流程，这是企业构建独特竞争力的基本流程。

(4) 创意到产品。企业通过创意到技术这一流程构建起的独特竞争力最终还是要通过把技术转化为产品和服务的形式来实现的。因此企业还必须进一步构建起从创意到产品的流程，这是企业实现独特竞争力的基本流程。

(5) 需求到收入(现金)。企业要生存发展依赖于价值实现的过程，这也是企业实现企业使命、愿景，乃至企业终极目标的必要手段。因此企业必须把市场中的需求转化为企业现实的收益，为此企业需要构建从需求到收入的流程，这是企业价值实现的基本流程。

6. 企业流程的执行

企业的核心流程是流程的基本框架，指导着企业的运营过程并影响着企业的运营结果。创建了企业流程之后的关键问题就是如何使企业流程得以顺利执行。为此，企业必须做好以下四个方面的工作：明确流程中的角色和责任、开展系统化的业绩监控、培养训练有素的员工、构建适当的沟通与信息技术体系。

(1) 明确流程中的角色和责任。企业流程是对企业运营活动的程序化表述，企业员工在流程中担任着不同的角色，承担着不同的责任。为使企业流程得以顺利执行，必须明确企业员工在企业流程中的不同角色和他们所承担的责任，这样企业员工才能对号入座、各司其职、各负其责。

企业流程中具体包含以下四种角色：

流程发起者。发起某项企业流程是企业管理层的责任。企业管理层应承担起为某个企业流程进行战略定位的责任，并发起企业内部相关部门和人员来规划制定流程。

流程所有者。流程所有者响应流程发起者的号召，负责对流程的设计、控制和改进以确保企业流程得到有效执行。这一职责需要由某一具有足够威信和相当能力的企业员工来担当，也可以由一个团结高效的团队来承担。

流程指导者。流程指导者是指在流程管理过程中，对流程的设计、控制、改进和执行提供指导的人员。流程指导者应具备与流程相关的专业知识，具有一定的相关工作经验和足够的分析能力。通常流程指导者由企业管理层人员或者专业权威担任。

流程使用者。流程使用者是指企业中应用该流程开展工作的企业员工。流程使用者包含众多的企业员工，每个员工可能在流程中的不同环节、不同阶段承担着不同的任务。通过这些流程使用者的协调运作，流程最终得以有效落实。

(2) 开展系统化的业绩监控。执行企业流程的结果是得到流程中阶段性的成果输出和最终的成果输出。在企业流程执行过程中可以对这些输出成果进行全面、系统的评估，从而及时发现偏差，并在此基础上查找偏差原因，再及时进行必要的改进，只有这样才能保证企业流程得到有效的执行。对企业流程开展系统化的业绩监控实际上是对企业流程的事前控制、事中控制和事后控制的结合。通过这种全方位的监控可以及时了解流程执行效果、发现不足并在此基础上加以改进。

(3) 培养训练有素的员工。企业流程必须经由企业员工的具体运营行为才能得到最终实现。因此，企业员工的素质高低、技能熟练程度、对流程的理解程度都会对企业流程的执行程度和效果产生影响。所以企业必须根据企业经营发展的需要，结合企业流程设置和更新情况，有针对性地对企业员工进行培训，使企业员工具备执行企业流程必需的知识体系，掌握相应的技能。同时还要特别强调对企业员工开展有关企业体系和流程的培训，使企业员工真正理解和掌握企业的流程。只有这样，企业员工才能真正地在流程执行过程中适当地运用相关知识，发挥相关技能，更重要的是只有真正理解了企业流程，企业员工之间才能在流程执行过程中互相配合，实现协同工作，使流程中某一环节内和环节之间的协同性得到最大的发挥。

(4) 构建适当的沟通与信息技术体系。企业流程能否得到有效执行，在很大程度上依赖于企业是否拥有一个有效的沟通和信息技术体系。适当的沟通和信息技术体系将为企业流程的有效执行提供必要的信息支持。首先企业流程的执行需要流程中不同环节、企业内不同职能和众多企业流程使用者之间进行充分的信息沟通和交流。比如生产流程中甲车间出产的半成品需要按时按质按量地交付给乙车间进行下一环节的深加工，从而形成最终的产品，提供给市场上的客户。在这一流程中甲车间和乙车间之间必须就半成品数量、质量和交付时间进行充分及时的信息沟通，否则就会对整个生产流程的正常运转产生影响，最终可能导致无法按时按质按量向市场上的客户进行交付。同样是企业生产流程，生产车间也需要与供应部门和销售部门保持充分的信息沟通，这样才能保证及时获得生产资料的供给和市场客户的反馈。因此信息沟通是在企业流程执行中必须给予充分重视的重要一环。同时企业还需要重视企业信息技术体系的建设，这点对于经营领域广泛、经营地域广阔、经营规模较大的企业尤为重要。一个市场局限在本社区范围内，以提供家政服务为业务载体的小型服务企业对信息技术体系可能并不敏感，因为通过社区内的口口相传，该企业就能够有效地开展业务。但对于已经发展壮大，市场范围面向整个城市，业务领域已经从家政服务进一步扩展到日用品销售等多种领域的企业而言，充分利用现代信息技术体系就成为当务之急。该企业如能在企业内部建立内部网络体系，同时利用互联网对外发布产品和服务信息，这样必将大大提高包括市场推广、业务分配等在内的整个企业经营管理效率。特别是在当今信息技术日益普及、跨地域经营日渐增多的社会、经济和技术环境下，构建高效的企业信息技术体系就更加凸显出其重要性。试想那些跨国经营的行业巨头们如果没有了企业信息技术体系的支持，公司恐怕很难维持有效运转，更别说取得优秀的运营业绩了。现今企业信息技术体系极大地提高了企业对内对外进行信息沟通的效率，已经成为企业流程执行中信息沟通的重要的载体。因此为使企业流程得到有效执行，企业必须根据企业规模、行业领域、发展阶段等构建起适应企业需要的信息沟通和信息技术体系。

企业在上述四个方面进行扎实有效的工作后，基本上就为企业流程的顺利执行打下了坚实的基础。当然，除了这些基础性工作以外，企业管理层还应当定期对流程的有效性进行检查。检查的目的一方面是为了确保流程的有效性，另一方面是为了确保流程的可执行性。如果经过检查发现因企业流程参与者的过失导致企业流程输出成果绩效不佳，企业管理层必须采取适当的惩罚措施。如果发现企业流程参与者都尽职尽责地完成了各自的任务，企业流程输出成果绩效依然不佳，则企业管理层就要对企业流程进行深入研究，进行必要的调整，确保企业流程的可执行性和流程的正确性、合理性。在检查过程中企业可以采用多种不同的方法和措施，对流程进行审计是其中的一种重要方法。

流程审计是对企业流程中的经营活动和记录进行回顾和检查，以便评估体系控制是否充足，确保与企业已经建立的政策或程序保持一致，并且就控制、政策和程序等方面的必要改变提出建议。流程审计包括内部审计和外部审计。一家达到一定规模的企业在企业组织结构中设立内部审计职能是十分必要的。准备充足、公开透明的内部审计将为外部审计打下一个良好的基础。

● 内部审计。内部审计由企业内部独立部门具体执行。该部门可能是常设的审计部，也可能是根据内部审计需要临时组建的审计小组。无论是哪种形式，该审计部门都应得到企业管理层的支持，并且被赋予独立开展审计工作的完全权限。内部审计工作能够推动企业员工积极完成工作任务，承担工作责任，同时也将推动企业员工为顺利完成工作任务而持续进行学习和改进。如英特尔公司每年定期进行内部审计工作，对审计中发现的问题分为严重不合格项和普通不合格项，对于严重不合格项将通报给公司 CEO，经审计发现的问题要求在确定时间内给予整改。

● 外部审计。外部审计由外部审计机构具体执行，如大家经常见到的 ISO 质量管理体系审核。

无论外部审计还是内部审计，通常流程审计工作由四个步骤组成：

(1) 根据设定标准对流程进行审计。审计人员根据预先设定的标准对企业流程执行的过程文件、成果输出和相关记录进行审查。

(2) 辨明偏差。根据审查结果与预先设定的标准进行比照，发现偏差。

(3) 依据偏差提出改进建议。基于对偏差现象和原因的确认，与流程使用者一起制定改进建议。

(4) 流程改进的实际执行。由实际的流程使用者执行对流程的改进，并在确定的时间内对流程改进的执行结果进行检查。

7. 流程管理中的一些常见问题

现代企业在经营管理过程中对企业流程和体系重要性的认识程度在不断加深，在实际工作中制定和执行企业流程的积极性也在不断提高。然而，仔细研究当今企业的经营管理实践不难发现，在企业流程制定和执行中，相当多的企业都存在一些共同的弊病或错误，应当引起企业管理者的重视。这些共同的弊病和错误可概括如下：

(1) 有流程而无执行，流程形同虚设。企业制定的流程大多还停留在书面上，真正被用于实践中的很少。

(2) 流程与实际运作脱节。企业由于内外经营环境的变化，企业运营也需要相应地发生变化。然而企业流程没有及时进行调整与更新，无法跟上环境变化和企业运营调整的需要，无法对企业运营提供运作流程指导，或者是提供了不适当的指导。这种流程与实际运作脱节的错误不在于流程本身，而在于没有及时对流程进行调整和更新，长此以往，还容易造成企业员工对流程的误解，从而丧失对企业流程的信任，进而造成企业运营的无序化和混乱状态。

(3) 不同流程之间的不协调。这种现象特别容易出现在跨部门和跨业务单元的流程上。由于流程之间的割裂，导致企业内部存在着大量的界面冲突，于是只好借助大量的会议、更多和更复杂的流程来试图解决。这样实际上是浪费了企业资源，增加了无谓的消耗。

(4) 流程管理的两极化。有了流程管理僵化，没有流程管理混乱，即"一管就死，一放就乱"。造成这种错误的原因往往是由于企业没有真正掌握流程管理的要点。流程管理的目的不仅仅是为了控制，而是为了实现企业愿景、使命和目标而对业务进行的程序化管理。如果仅仅把流程管理理解为控制，就容易造成管得过宽过死的现象，严重影响企业员工的积极性。这一问题是目前企业推行流程管理中常见的一个重要问题。

(5) 流程繁多，层次不清。许多企业制定了大量的业务流程，但没有对流程进行体系化的分层和分级管理，以至于无法保证企业业务战略和目标的实现。有些企业为了设计流程而设计流程，导致出现很多无用的、不适当的企业流程。这些流程的存在既是对企业资源的耗费，也影响了整体企业流程体系的可行性和有效性。

8. 基准管理与业务流程再造

以上是当今企业流程管理中一些常见的问题，我们需要对其给予充分重视，尽量在企业实践中加以规避。现代企业管理实践中孕育出了许多有效的企业管理模型和工具，就企业体系和流程而言，也有一些行之有效的模型可资借鉴，如基准管理、业务流程再造等。以下就对基准管理和业务流程再造进行简要介绍。

1) 基准管理

基准管理又称标杆管理，是一个持续改进的流程。在这一流程下企业就某一可以改进的方面与业界最好的实践进行比较来评估企业业绩，从而发现这些最好的企业是如何实现他们的优异业绩的，同时使用这方面的信息来改进企业自身的业绩。企业管理中可以进行基准比较的方面包括企业战略、运营、流程和程序等。根据美国质量协会2005和PSBS 2005的资料，基准管理可以形象地表述为：学习他人以改进自己。

基准管理最初起源于20世纪70年代末80年代初。在那个时候一直保持着世界复印机市场垄断地位的施乐公司遇到了全方位挑战，特别是来自日本公司的强势竞争给公司带来了巨大的压力，施乐的市场份额在很短的时间内从82%直线下降到了35%。日本佳能、NEC等公司以施乐的成本价销售产品且能够获利，而且这些公司的产品开发周期较施乐短50%，开发人员数量也比施乐少50%。面对竞争威胁，施乐公司最先发起向日本企业学习的运动，开展了广泛、深入的标杆管理。通过全方位的集中分析比较，施乐弄清了这些公司的运作机理，找出了与佳能等主要对手的差距，全面调整了经营战略、战术，以对手的最高标准改进了业务流程，很快收到了成效，把失去的市场份额重新夺了回来。由此在美国企业界形成了一股向日本公司学习的风潮，基准管理也越来越多地在企业中得到推广和应用。图4-4就是施乐公司的基准管理流程。

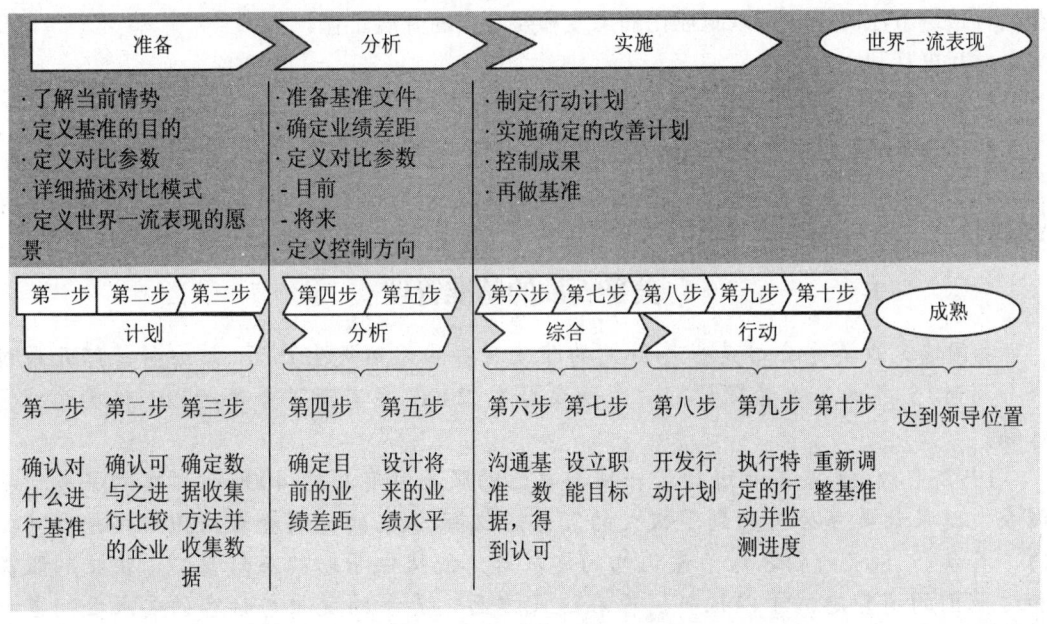

图4-4　施乐公司的基准管理流程

上图中展示的基准流程步骤包括准备、分析和实施。这些步骤不是施乐公司特有的，而是可以作为企业流程管理的基本步骤在企业中加以推广应用的。

基准管理的本质就是持续进行比较，以激发持续的改进，目标在于持续地改进质量、节省时间并降低成本。其核心就是以行业最高标准或是以最大竞争对手的标准作为目标来改进自己的产品(包括服务)和工艺流程。基准管理是一种能引发新观点、激发创新的管理工具，它对大公司或小企业都同样有用。

基准有多种不同类型：

① 内部基准。当外部组合不符合需要时，企业业务单位可以在企业内部进行信息交换。这时企业内的业务单位之间进行比较并找出最好的实践作为寻求改进的标准。

② 外部基准。企业超出自身范围来寻求只能在其他企业中找到的最好的实践，并以此作为改进的标准。

③ 战略性基准。当企业战略已变得不再适合时，就需要重新对战略进行调整以保持企业运营管理与资源和环境的协调一致。此时，企业综合分析先进企业和竞争对手的运营管理，并结合企业环境和资源条件，制定出期望达到的标准，以此作为改进的标准。这一期望达到的标准就是战略性基准。

④ 业绩或竞争基准。与其他同类企业就关键领域或运营活动的相关业绩水平进行比较，据此形成改进的标准，并进而找到弥补差距的方法。

⑤ 职能性或一般性基准。该基准是指没有可比项存在时为了改进职能性活动或服务而应用的基准。这种基准往往是在职能性表现发生急剧变化时加以应用的。

企业开展基准管理需要企业员工的广泛参与，同时在基准管理过程中也不可避免地要与企业内部或外部基准伙伴开展信息交流。为了使企业基准管理活动得以顺利开展，企业基准管理必须遵循以下指导性原则：

- 全面性与职业化：在评价业绩差距和寻求差距原因时必须进行全面的考察和研究。在执行改进方法时，必须以职业化的态度和要求全面开展工作。
- 互惠互利。
- 对所有数据严格保密。
- 只与基准伙伴进行数据交换。

[案例]

美孚石油的基准管理

美国埃克森美孚公司是世界最大的非政府石油天然气生产商。该公司曾经开展过一个历时 5 年的基准管理计划，帮助公司在 2000 年实现了全年 2320 亿美元的销售额。

1992 年初，美孚石油进行了一项与自己的服务站有关的 4000 位顾客的服务质量调查。结果让美孚公司感到了极大的震惊：仅有 20%的被调查者认为价格是最重要的，其余的 80%的顾客认为最迫切的需求是：能提供帮助的友好员工、快捷的服务和对他们的消费忠诚予以认可。而在这几方面，美孚的现状与顾客的要求之间差距还很大。调查结果使公司上层痛下决心，要使美孚公司来一个大变样。美孚组织了专业人员下到自己遍布全美的 8000 个加油站进行考察，开始考虑如何改造。讨论的结果是，一致认为应该实施基准管理。为此，公司组建了由不同部门人员组成的三个团队，分别以速度(运营)、微笑(客户服务)、安抚(顾客忠诚度)命名，以最佳实践作为公司的标杆，努力使客户体会到加油也是愉快的体验。

速度小组找到了 Penske。Penske 在 Indy500 比赛中以快捷方便的加油站服务而闻名。速度小组仔细观察了 Penske 如何为通过快速通道的赛车加油：这个团队身着统一的制服，分工细致，配合默契。速度小组还了解到，Penske 的成功部分归功于电子头套耳机的使用，它使每个小组成员能及时地与同事联系。

微笑小组考察了丽嘉·卡尔顿宾馆的各个服务环节，以找出该饭店是如何获得不寻常的顾客满意度的。结果发现卡尔顿的员工都深深地铭记：自己的使命就是照顾客人，使客人舒适。微笑小组认为，美孚同样可以通过各种培训，建立员工导向的价值观，来实现自己的目标。

安抚小组到"家居仓储"去查明该店为何有如此多的回头客。在这里他们了解到：公司中最重要的人是直接与客户打交道的人。没有专心致力于工作的员工，就不可能得到终身客户。这意味着企业要把时间和精力更多地投入到如何招聘和训练员工上。然而在美孚公司，那些销售公司产品、与客户打交道的一线员工传统上被认为是公司里最无足轻重的人。安抚小组的调查改变了公司的观念，使领导者认为自己的角色就是支持一线员工，让他们把出色的服务和微笑传递给客户，传递到公司以外。

在此基础上，美孚形成了新的加油站概念——"友好服务"。美孚在佛罗里达的80 个服务站开展了这一试验。"友好服务"与其传统的服务模式大不相同。希望得到全方位服务的顾客，一到加油站，迎接他们的是服务员真诚的微笑与问候。所有服务员都穿着整洁的制服，配有电子头套耳机，以便能及时地将顾客的需求传递到便利店的出纳那里。希望得到快速服务的顾客可以开进站外的特设通道中，只需要几分钟，就可以完成洗车和收费的全部流程。"友好服务"的回报是令人振奋的，加油站的平均年收入增长了 10%。1997 年，"友好服务"扩展到美孚公司所有的 8000个服务站。

2) 业务流程再造

当企业内外环境面临急剧变化，企业急需提高经营业绩时，往往企业现有经营流程无法适应企业发展需要，而如果仅仅对现有流程进行局部调整也无法实现迅速提升企业业绩、适应企业内外环境变化的目的。这时企业就必须摆脱原有的一些经营原则和假设对企业经营行为和企业流程的限制，进而考虑进行业务流程再造。业务流程再造(Business Process Reengineering，BPR)又称为业务流程重组、企业流程再造等，于 1990 年首先由美国著名企业管理大师迈克尔·汉默先生提出，之后在美国的一些大公司，如 IBM、通用汽车、福特汽车等得到实践并取得了巨大成功。业务流程再造的实质是构建一个全新的企业经营流程，这一流程不受现有部门和工序分割的限制，其目的是在成本、质量、服务和速度等方面取得显著的改善，使得企业能最大限度地适应以顾客需求、竞争和变化为特征的现代经营环境。企业流程再造具有以下特点：

根本性。企业流程再造所关注的是企业运营中的根本性核心问题，诸如："我们为什么要做现在这项工作"、"我们为什么要采用这种方式来完成这项工作"、"为什么必须由我们而不是别人来做这份工作"，等等。通过对企业运营中根本性问题的考察，企业将会发现企业运营中和企业流程中的关键错误。

彻底性。企业流程再造是构建一个全新的企业流程，不是对原有流程的修修补补或简单改造，而是从根本上进行彻底的重新构造。

显著性。企业流程再造所追求的不是企业绩效的略有改善或稍有好转，而是要使企业绩效实现显著地增长、极大地飞跃和产生戏剧性的变化，这也是企业流程再造取得成功的重要标志。

综上所述，业务流程再造强调以业务流程为改造对象和中心、以关心客户的需求和满意度为目标、对现有的业务流程进行根本的再思考和彻底的再设计，从而实现企业经营在成本、质量、服务和速度等方面的巨大改善。业务流程再造是在企业经营的特定时段进行的急剧改变，与企业经营中根据内外环境变化进行的持续改善在变革目标、变革程度和变革特征等方面都有明显的区别，具体见表4-1。

表4-1　持续改善和业务流程再造的区别

不同点	持续改善	业务流程再造
变革的程度	逐步持续增加	急剧
目标	较小、累计增加	急剧改进
变革的特征	逐渐变化	突然改变
对组织结构的影响	低	高
相对风险	低	高
执行	授权/自下而上	指示/自上而下
理念	维持并改进	摒弃并重建
高层管理者参与程度	前期	全面
驱动因素	全面质量管理	信息技术/组织设计
信息技术的可能应用	附带的（短期的）	非常高

企业业务流程再造是对现有流程的根本性改造，是创建全新的企业业务流程的过程，在这一过程中必然会面临来自不同方面的障碍。为了使企业业务流程再造取得成功，必须确保企业具备以下开展业务流程再造的前提条件：

最高管理层的支持：最高管理层应极力支持并持续参与。

战略性协调：确保与企业的战略方向实现战略性协调。

推动业务变革：企业管理层必须说服企业内部推动业务变革，并应有明确的可测量的目标。

有效的变革管理：企业管理层应确保企业能进行有效的变革管理，推行文化转变。

再造团队的构成：企业管理层组织业务流程再造团队，其成员应具有广泛的代表性并具备相应的知识。

一旦管理层决定开展业务流程再造，业务流程再造团队可遵循以下步骤开展工作：设立业务流程再造的组织、流程的诊断、流程的重新设计以及流程的执行，具体如图4-5所示。

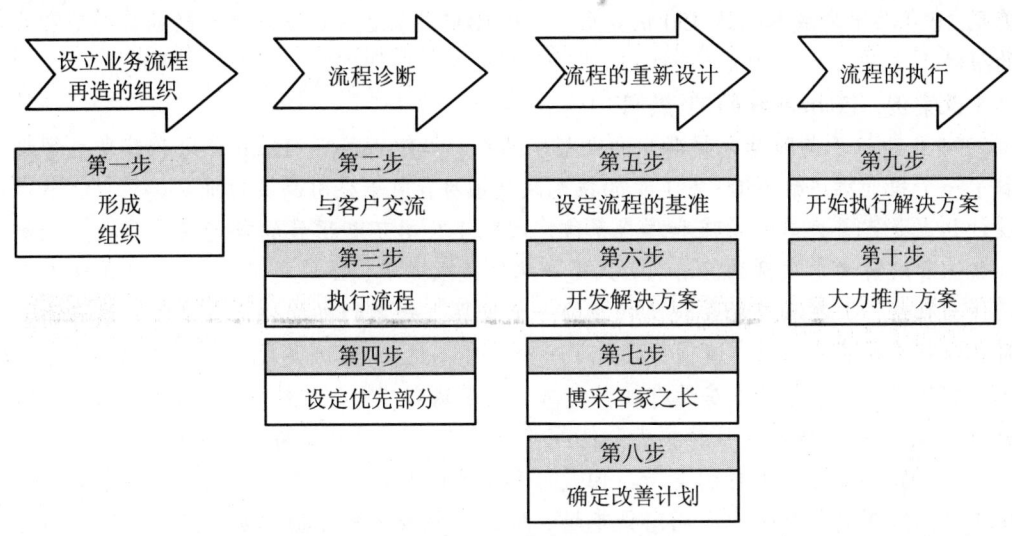

图4-5 企业业务流程再造主要步骤

企业业务流程再造的适当运用可以给企业带来巨大效益，如不当使用也可能给企业带来严重损害。所以企业需要从业务流程再造的必要性、可行性等方面进行综合考虑以确定是否进行业务流程再造以及如何进行。以下是有关业务流程再造成功与失败的案例，可以作为参考。

[案例]

业务流程再造案例

成功案例：IBM公司全球职能中心

20世纪90年代，IBM公司的市场份额持续下滑，亏损规模不断增大，企业内部充斥着臃肿而又低效的各种机构。在公司业务所至的每个国家，IBM公司几乎都有一套独立的人事、采购、财务等系统，按照各自极其不同的流程、步骤和标准开展运营。在有些职能领域，其复杂程度可以用"恐怖"来形容。比如在欧洲，IBM公司就有142个不同的财务体系，有关客户的资料无法在全公司范围内进行沟通。当时，包括甲骨文CEO埃里森、微软创始人比尔·盖茨在内的许多人都认为这个蓝色巨人已经走到了穷途末路、时日无多。当时甚至有媒体用一句话来描述IBM："一只脚已经跨入了坟墓"。

几乎没有哪个千亿美元规模的企业能够从濒死的边缘重获新生，然而IBM创造了这个奇迹。临危受命的前IBM公司董事长郭士纳通过启动一系列战略性调整举措让这家企业由举步维艰重新翩翩起舞。这其中一项重要的举措就是成立IBM全球共享服务中心，将采购、人事和财务这些原本分散在各个国家的事务，在全球范围内集中到三四个点来进行整合。为此，IBM公司在上海设立全球支付中心，在深圳设立全球采购中心，在吉隆坡设立全球财务中心，在马尼拉设立全球人力资源中心，在布里斯班设立全球援助中心和客户服务中心。通过这些共享服务中心的设立，将原本处于分散状态的采购、人力资源和财务等业务进行流程整合、集中运作。这次企业流程的根本性、彻底性变革为公司节省了大量的成本，带来了巨大的效益。在2005~2011年的6年时间里，IBM每年仅在采购方面节省的成本就达到75亿美元，6年共节省成本高达450亿美元。这对IBM摆脱困境、实现之后的业务转型有着巨大的帮助。

失败案例：Foxmeyer的IT黑洞

1994年，位于美国德克萨斯州的大型制药厂——Foxmeyer Drug公司的信息主管竭力争取了一个投资额达到6500万美元的技术改造项目，用于公司的关键业务运作。这个项目的设计初衷是完善公司的物流和库存系统，以跟上公司不断扩展的市场份额要求。但是，该信息主管没有考虑项目的经济性，只是一味地追求完美。公司花了近1000万美元用于购置硬件与软件，并把项目的管理工作交给一个世界上知名的咨询公司去完成。该咨询公司同时也以收费昂贵而出名。该项目设计了一个花费高达1800万美元的自动库房，而库房的许多功能并不实用。自动库房没有按时完工，投资越来越大，最致命的是新系统屡屡出错，给公司造成1500万美元的巨额损失。1996年8月份，公司就不得不申请破产。不难看出，流程的再造离不开信息平台的支持，但是信息平台的架构也离不开企业的具体实际。如果一味追求高配置的信息平台，而忽视市场、顾客、竞争对手、企业发展阶段等实际因素，就会为了信息化而信息化，陷入"IT黑洞"之中。

三、组织结构

企业体系包含丰富的内容，除了企业流程之外，组织结构也是企业体系中不可或缺的重要组成部分。企业全部经营管理活动都是在一定的企业组织结构下完成的。企业组织结构的形式及内容既是对企业愿景、使命和共享价值观的反映，也是企业开展经营运作，实现企业战略计划和目标，保证企业政策、体系和流程得到具体落实的保证。因此，企业组织结构在企业运营管理中发挥着独特的重要作用，一个适当的企业组织结构应当体现出"以人为本、效益为先、与时俱进"的特质。图4-6就说明了企业组织结构在企业运营中的独特地位。

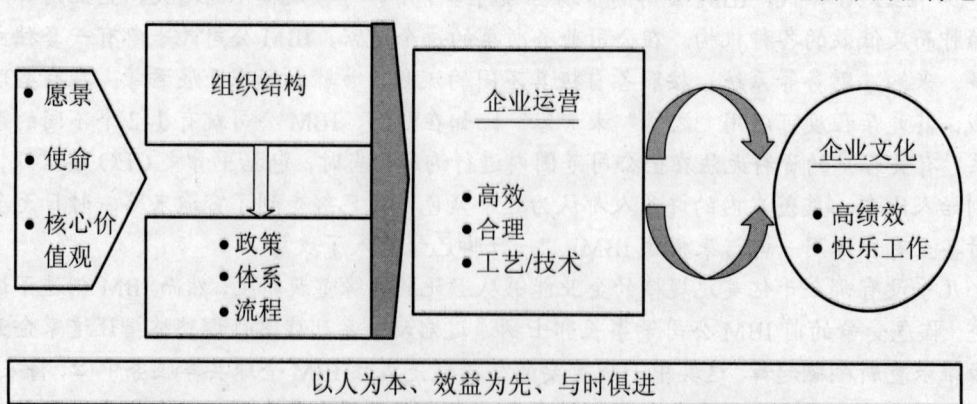

图4-6 企业组织结构在企业运营管理中的独特地位

1. 企业组织结构

企业是一个实体，相应地必须进行结构划分，制定组织结构图，并对组织结构的职能以及详细的角色和任务作出定义。公司组织结构图及其附属的说明应明确组织内部人员之间的汇报关系，并且明确具体任务如何在组织结构中分工和协作。恰当的组织结构可使组织对顾客响应最大化并且确保与公司目标保持一致。现实中没有一个广泛适用的确定的组织结构图，需要我们根据公司目标和核心业务进行具体设计。但一般而言，企业组织结构可具体分为员工结构、职能结构和组织结构。员工结构描述企业员工在哪个组织单元从事哪种职能的工作。职能结构描述组织中的所有职能及其关系。组织结构描述组织中的各个组成单元及其关系。通常组织结构应包括事业部、部门、科室和团队等组织单元，详见图4-7。

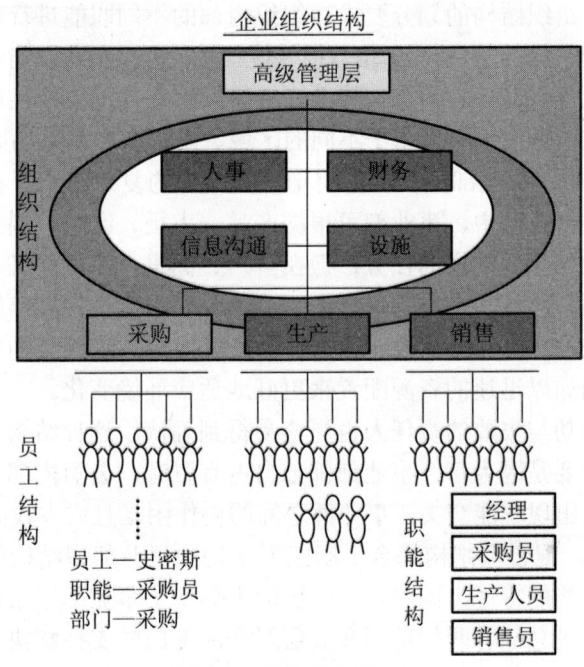

图 4-7　企业组织结构

1) 员工结构

员工结构反映出企业组织的结构需要与流程之间的高度关联性，它显示了某一员工在某职位上承担着某种任务和责任，具体可表述为以下几个主要方面：

(1) 对流程与结果承担责任。

(2) 负责有效执行流程。

(3) 支持分流程所有者实现流程结果。

2) 职能结构

职能结构描述组织内部的职能划分和具体的职能描述及其技能要求等。职能的明确与划分是招聘、工作和解聘的基础，具体包括以下三个部分：

(1) 某一职能在组织中所处位置及其工作条件。

(2) 某一职能承担的责任和具体任务。

(3) 承担某一职能应具备的知识和技能等具体的任职要求。

3) 组织结构

就组织结构而言，主要有 5 种基本的组织结构形式。每种组织结构形式有其各自特性及相应的优点和缺陷。

(1) 职能型结构。职能型结构是最常见的企业组织结构形式，它以任务为维度来划分组织结构。通常这种组织形式应用于经营环境稳定的小型企业。它的主要优点体现在避免事业部体制中不同部门间的职能交叉，可以使专门技术与特长得到充分发挥。而它的主要缺陷体现在缺乏职能间的沟通交流、难于确认企业经营成功与失败的负责人。当企业扩大到一定规模、企业组织复杂性提高到一定程度时，企业各项经营活动中的沟通交流就更加重要且十分必要，这时职能型结构就不再能满足企业需要。

在职能型结构下组织结构的划分要求对组织内部的不同职能进行明确说明。组织职能的不同分类是职能型结构的基础。例如就生产型公司而言，企业职能结构一般包括采购、生产、销售和包括人事、财务、信息沟通及设施管理等在内的支持性职能。除基本的职能划分外，这种基本职能结构也可运用于不同的区域、市场和产品下的职能划分。

(2) 事业部型结构。事业部型结构适用于更高层次的复杂组织。在这种组织结构下，企业的各项职能归入事业部中，事业部可根据产品、市场、区域、国家和战略业务单元来进行划分。每一事业部执行同样的任务，但在客户、侧重点等方面又各不相同。各个事业部内部也可根据产品、区域和市场等进行进一步细分和组织。在纯粹的事业部型结构中，每一事业部都执行全部职能，如研发、生产、市场开发等。这种结构可以通过各个事业部各自的组织行为，例如以迅速的资源配置来更好地适应环境变化。产品线之间的协作更容易实现，企业经营成功与失败的责任人也更容易得到确认。这种结构的主要缺陷体现在规模效应的缺失，这主要是因为每个事业部都独自占有资源，公司内部的权利和资源竞争明显，不同事业部之间出现职能交叉，事业部之间的协作困难且成本较高。

(3) 混合型结构。混合型结构综合了职能型结构和事业部型结构的优点，它在一个层面上体现了职能型结构的特性，同时在另一层面上体现了事业部型结构的特性。混合型结构的主要优点是：通过总部各职能部门在高层对产品部门的支持解决了事业部型结构中职能交叉的问题，借此使各职能、各部门的专长得到进一步发挥，从而使职能型结构和事业部型结构的优点同时得到发挥。然而混合型结构的主要缺陷是：因为运作模式的不同，从而导致跨级别的协作产生困难；总部的职能部门对各产品事业部没有权威，从而可能导致权利斗争。

(4) 矩阵型结构。矩阵型结构试图最大程度地发挥职能型结构和事业部型结构的优势，所以同时执行职能型结构和事业部型结构，事业部经理和职能经理拥有同等的权力和各自的汇报渠道。这种结构的优点是：综合了事业部型结构的充分独立和职能型结构的职能专长的优点。它可以有效利用人力和物力资源，也有助于提升技术水平并完善产品。然而这种结构的缺陷是：因为权责不清而产生更多的冲突，所以这种结构要求职能部门和事业部的负责人之间保持充分的沟通与协作，相应地他们之间需要有足够的信任和相互影响力。矩阵型结构也经常被称为项目组织，这是因为除了各常设部门执行各自日常任务外，还经常需要设置特殊的项目部门来完成特殊的任务。

(5) 网络型结构。网络型结构是一种相对较新的组织结构形式，它有多种表现形式。通常在网络型结构中会有一些相对较小的，半独立的部门临时或永久地与其他部门并存。网络型结构和其环境之间互相渗透，并无绝对界限。在该种结构中权威是基于专长和对资源的占用而存在的。网络型结构的主要优点体现在使结构更加具有灵活性，从而增强在快速变化的环境中的竞争力。这种结构对诸如办公场所、风险投资等资源的占用相对较少。

相对应该结构的主要缺陷是：界限不清易导致权责不清，从而引发混乱和冲突，所以该结构需要高效的协作和沟通；而且在该结构下总体质量控制更加困难，因此需要通过合同条款或其他手段实现更高层次的控制。

以上是五种基本的企业组织结构模式，而在企业管理实践中，每个企业可能结合自身特点设计出不同的企业组织结构，或许与上面五种组织结构形式在某点或某些方面有所不同，但本质上都是以以上五种模式为基础的。当今中国企业也在积极创新，寻找最适合自己企业的组织结构模式。但大体而言，目前中国公司的治理模式和欧美公司还有很大不同。中国企业的组织管理模式通常是金字塔型，高度注重命令和控制；而欧美企业的组织管理模式大多采用矩阵型，更多地注重适度授权、权益分享和跨职能、部门沟通。在汇报线上，中国企业目前还更多的是直线形式，命令与汇报通常是自上而下或者自下而上的直线制；而欧美企业的汇报线通常是网状形式，命令与汇报的渠道出现更多的交叉。图 4-8 就是金字塔型管理模式和矩阵型管理模式在汇报路线方面的比较。

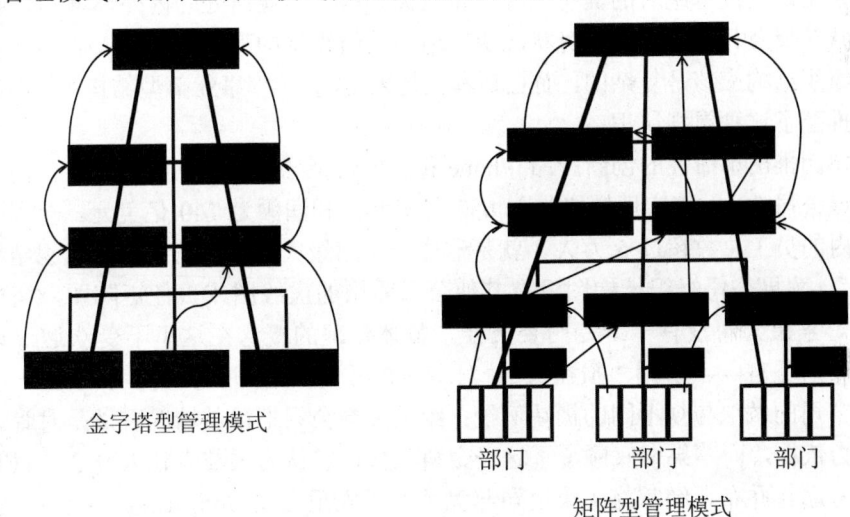

金字塔型管理模式

部门　　部门　　部门

矩阵型管理模式

图 4-8　金字塔型管理模式和矩阵型管理模式的汇报路线比较

2．企业组织结构的构成特征

虽然企业组织结构有多种不同的形式，但各种组织结构之间还是有一些共同的特征元素的，通过对这些元素的度量，就可以明确该类型组织结构的特点。这些特征元素就是企业组织结构的构成特征。就标准的企业组织模式而言，通常有三个企业组织结构构成特征，即复杂程度、标准程度和集权度。

(1) 复杂程度。衡量一个组织结构的复杂程度有三个维度：水平复杂程度指构成企业组织的组织单元的总数；一个组织或者扁平或者垂直，垂直复杂程度就是指该组织层级的深度；空间复杂程度是指人力、物力资源在空间区域上的分布。

(2) 标准程度。标准程度是指在组织规则、工作描述和工作流程等方面的标准化程度。

(3) 集权程度。集权程度是指组织决策权力的集中程度。

除了前述的组织结构形式外，组织结构也会因为一系列因素导致机械化或有机化。这些因素包括组织规模、战略方案、技术基础和运营环境等。机械化组织具有以下特性：复杂程度高、标准化程度高、决策权高度集中、组织内维系刚性关系、组织内部责任固定、沟通方式为向下沟通、决策过程中员工参与程度低,与此相适应该种组织在稳定环境下能更好地发挥作用。导致组织结构机械化的因素有很多,主要包括:企业规模较大、采用成本控制战略、技术领域宽泛、规模化生产等;而有机化组织的特性则包括:复杂程度低、标准化程度低、决策权力下放、组织内维系柔性关系、可变责任、沟通方式为向上沟通和水平沟通,由此更适应动态环境和复杂技术的要求。导致组织机构有机化的因素是:组织规模小、战略方向是创新或单一产品线、技术密集度高等。另外在过去的几十年里,经济全球化趋势的不断加强,企业之间的竞争环境更加复杂,这就要求企业以更快速度、更高质量作出决策以应对日益多样化的客户需求。与此相适应,更多企业的组织结构越来越扁平化。

3. 组织结构的变革

不同类型的组织结构形式都有各自的优点和缺点,适应各自不同的内外环境,而且有机化和机械化组织也没有绝对的优劣之分,企业需要根据企业所处的内外环境和发展阶段与程度、经营领域及行业特点等自身状况决定适当的组织结构形式。通常人们都认为大型跨国企业的组织结构应该是复杂的,而且基本上是采用混合型/事业部型结构,然而苹果公司的实践就推翻了这种常规认识。

苹果公司因推出革命性的创新产品 iPhone 和其传奇领导人乔布斯的领导特色而令人们耳熟能详。该公司 2010 年实现销售收入 652 亿美元,利润额为 140 亿美元。全球包括专卖店员工在内的员工总数超过 5 万人。就是这样一家超级大企业,它的企业组织结构特征却是"简约"。苹果公司组织结构图没有其他公司爱用的虚线图或责任矩阵图,简单得令人难以置信。苹果公司没有一个专门委员会,整体管理的概念在这里不受欢迎,只有一个人——首席财务官——掌握"损益表",对造成盈亏的费用开支负责。以下是一个可用来说明苹果公司的做法与众不同的极端例子:绝大多数公司把损益情况看做是对管理人员问责的最有力依据,而苹果彻底颠覆了这一金科玉律,它认为损益表让人分心,只有首席财务官才会考虑。乔布斯经常将苹果公司与竞争对手索尼公司(Sony)比较。他说,索尼公司的部门太多,创造不出 iPod。苹果公司没有这么多部门,而是分成各种职能。一位观察家在解读乔布斯对苹果公司运营方法的说明时说:"起作用的并非协同效应,而是我们拥有一支统一的团队。"在苹果公司,没有决策者远离乔布斯。通过联系紧密、经验丰富的高管团队,乔布斯洞察着公司的一举一动,他还时常跳出高管圈子,与关键员工一起开发重要项目。对苹果公司来说,这样做的结果是,即便公司规模很大,也能够迅捷地行动。一位前高管将这一方法形容为"持续的路线校正"。这位前高管说:"如果高管团队决定改变方向,马上就能改。大家都以为这是一个隆重推出的战略,其实不是。"比如,苹果公司的管理层据说曾在某款产品推出前两小时更改其定价。当公司遗漏了一个看来很明显的创意——比如没有预见到为打算给 iPhone 编写程序的第三方软件开发商开设网络软件商店的必要性——它会马上转向,抓住这一机遇。

因此说优秀企业的组织结构,或者说优秀的企业组织结构并无一定之规,但是它必须与企业的愿景、使命、目标、共享价值观和战略等相协调,同时它也必须在稳定性和变化性间寻求适当的平衡。一个企业的组织结构一旦确定,应在相当时间内保持其稳定性,否则企业将人心浮动,处于混乱状态,不利于企业顺利经营。但在企业愿景、使命、目标、战略等发生明显变化或企业内外部环境因素发生变化并积累到一定程度以致发生剧烈变化时，企业也必须对此做出适当的反应，对组织结构进行适当的调整或变革，以便促进企业经营管理的提升。所以企业组织结构应当与企业发展阶段、企业经营特点相适应，在保持稳定性的同时适时进行适当的改变；否则如果企业组织结构僵化，将对企业整体运营形成严重阻碍。以下是有关杜邦公司的企业组织结构变革进程的案例，杜邦公司从组织结构的适当变革中获得了良好收益。

[案例]

杜邦公司的组织结构变革进程

公司概况

财富500强企业杜邦公司成立于1802年，距今已有200多年的历史。杜邦公司在美国本土和世界上约90个国家与地区广泛开展业务，雇员数量近8万人，经营领域涉及石油化工、日用化学品、医药、涂料、农药以及各种聚合物等1700个门类，20000多个品种。2011年公司总收入达380亿美元。目前杜邦公司在全世界拥有21000多项有效专利。

组织结构变革过程

19世纪时杜邦公司还是一个家族公司，基本上实行个人决策式经营，总管理者亨利在任职的40年中以严厉粗暴的铁腕统治着公司。他亲历亲为，亲自制定公司大大小小的决策，甚至所有支票都得由他亲自开，所有契约也都由他签订。他全力加速回收账款，严格限制支付条件，促进交货流畅，努力降低价格。亨利接任时，公司负债高达50多万，但亨利后来却使公司成为火药制造业的领头羊。亨利的侄子尤金作为公司的第三代继承人，试图承袭其伯父的经营作风，也采取绝对的控制，亲自处理细枝末节，然而最终却陷入公司错综复杂的矛盾之中，心力交瘁而于1902年去世。

在亨利和尤金时期杜邦公司采取单人决策式经营，属于直线式结构，优点是董事长一人决定公司的决策，权利集中统一，有利于对公司全方位的了解与统一管理；缺点是董事长工作任务相当繁重，需要有非凡的精力才可胜任。这种管理模式在亨利时代获得成功主要是因为公司规模不大，产品比较单一，当时的市场需求变化不甚复杂，且亨利个人精力非凡，而尤金却难以承受单人决策式经营所带来的繁重工作和巨大压力。

正当公司濒临危机、无人敢接重任、家族拟将公司出卖给别人的时候，三位堂兄弟出来廉价买下了公司，并果断地抛弃了亨利的那种单枪匹马的管理方式，精心地设计了一个集团式经营的管理体制。在这种管理体制下，权力高度集中，实行统一指挥、垂直领导和专业分工的原则，由此公司秩序井然，职责清楚，效率显著提高，大大促进了杜邦公司的发展，公司的资产至1918年增加到3亿美元。在三兄弟手中杜邦公司进行了第一次组织变革：由单人决策到集团式经营。集团式经营建立了"执行委员会"，隶属于最高决策机构董事会之下，是公司的最高管理机构。在董事会闭会期间，大部分权力由执行委员会行使，董事长兼任执行委员会主席。这样做的优点是权力高度集中、决策迅速、分工细致、职责清楚，减轻了直线管理人员负担，显著提高了效率，大大促进了杜邦公司的发展；缺点是缺少灵活性和反应能力(即缺少弹性)，高层管理人员陷入日常经营，难以预测需求和适应市场变化。

此后，杜邦公司在第一次世界大战中大幅度扩展业务，逐步走向多角化经营，但其组织机构出现了严重问题。每次收购其他公司后，杜邦公司都因多角化经营而严重亏损。杜邦公司经过周密的分析，提出了一系列组织机构设置的原则，创造了一个多分部的组织结构。新分权化的组织使杜邦公司很快成为一个具有效能的集团，所有单位构成了一个有机的整体，公司组织具有很大的弹性，能适应市场需要而变化。杜邦公司这一次组织结构的变化，消除了集团化经营"缺少弹性"的缺点，是公司历史上的第二次组织变革：由集团化经营到多分部体制经营。多分部的组织结构，属于事业部制。在执行委员会下，除了设立由副董事长领导的财力和咨询两个总部外，还按各产品种类设立分部，而不是采取通常的职能制。在各分部之下，设有会计、供应、生产、销售、运输等职能部门。其优点是决策制定与行政管理分开，从而使公司的最高管理层摆脱了日常性经营事务，把精力集中在考虑全局性的战略发展问题上，研究与制定公司的各项政策，使公司经营极具效率，并且灵活性和反应能力加强；缺点是各部门的经理过于独立，高层控制乏力，且事业部间资源重叠，跨事业部合作可能出现问题。

20世纪60年代初，杜邦公司接二连三地遇到了难题，许多产品的专利权纷纷期满，在市场上受到日益增多的竞争者的挑战，可以说是四面楚歌、危机重重。为了摆脱危机，杜邦公司除了实施新的经营方针外，还不断完善和调整原有的组织机构，进行组织结构的创新。1967年底，科普兰把总经理一职史无前例地让给了非杜邦家族的马可，财务委员会议长也让别人担任，自己专任董事长一职，从而形成了一个"三驾马车式"的体制。在新的体制下，最高领导层分别设立了办公室和委员会，作为管理大企业的"有效的富有伸缩性的管理工具"。科普兰说："'三驾马车式'的组织体制，是今后经营世界性大规模企业不得不采取的安全设施。"这一次组织结构调整是公司历史上的第三次组织变革，也是最大的一次组织变革与创新：由多分部体制到"三驾马车式"体制。"三驾马车式"的组织体制类似于矩阵制结构，最高领导层分别设立了办公室和委员会，其优点是这种集体领导有利于解决企业结构日益庞大、业务活动复杂、最高领导层工作繁重、环境的变化速度快、管理所需的知识日益高深的问题，能够更加有效地利用资源，灵活性和适应性强；缺点是三重命令可能引起混乱，讨论和会议可能多于行动。此外，这种组织结构要求对管理人员进行人际关系培训。科普兰此举最大的争议点在于他打破了杜邦公司传统的家族任职，在杜邦这样一个美国典型的家族公司里，算得上一项重大变革。家族任职模式本旨在防止家族财产外溢，而这一惯例的破除却在危难中挽救了杜邦公司，使它发展成为当今世界上当之无愧的化工巨头。

回顾杜邦公司的发展历史，我们不难看出它总共经历了三次组织变革，即经历了单人决策模式—集团化经营—多分部体制—"三驾马车式"体制四个阶段，每一次组织变革都将公司从"狂澜既倒"和"大厦将倾"的境地挽救出来，并创造了新的辉煌。组织变革对这家公司的重要性不言而喻，每一次变革都适应了当时的市场环境和历史趋势，使公司获得了一次又一次新生。

四、管理者、领导者和员工

企业管理体系构成内容丰富，企业组织结构作为其重要组成部分为企业的经营管理奠定了组织基础，也为企业中的领导者、管理者和员工做出了明确的职能划分和责任限定。然而，企业组织结构功能的真正发挥还有待于各个职能和岗位上的领导者、管理者和员工的具体活动和他们主观能动性的发挥。企业领导者、管理者和员工作为一个整体，与企业组织结构就如同软件和硬件的关系，相互依托，相辅相成。它们有机结合，构成了企业体系的重要组成部分。

（一）领导者

在企业管理体系中企业领导者的重要作用不言而喻。孙子在《孙子兵法》中说："夫将者，国之辅也。辅周则国必强，辅隙则国必弱。"这句话强调了作战中的领导者的领导力对于军事斗争，乃至整个国家的重要作用。这句话同样适用于企业经营管理。企业领导者在企业建立发展过程中，特别是在一些关键的时点发挥着十分重要的作用。近几年苹果公司取得了举世瞩目的成就，大家都认为苹果公司巨大成就的取得与公司 CEO 乔布斯的领导力密不可分。但同样是乔布斯，在 20 世界 80 年代首次担任苹果公司 CEO 时因为独断专行的领导风格而导致许多决策失误，为此曾一度将苹果公司带到破产的边缘，也正是因为如此乔布斯最终被赶下 CEO 的宝座。同一个公司，同一个 CEO 在不同时间阶段内领导公司取得了截然相反的经营业绩，真是成也萧何，败也萧何。企业领导者通过发挥领导力来动员企业员工解决企业经营管理中的难题，企业领导者的领导应该而且必须是远见性领导。领导者需要具有广博的知识和敏锐的洞察力，从而在纷繁复杂的环境中寻找和发现具有远见的目标。领导者必须是企业未来之路的发掘人。乔布斯正是在技术高度发展并步入成熟的条件下敏锐地洞察到打造绝佳用户体验是未来一段时间的发展方向，从而把企业带上了正确的发展道路。要打造一个成功的企业，领导者必须明确企业欲达到的目标是什么。领导和管理团队的主要任务就是为企业创造未来。地球是圆的，而商业世界却越来越平坦。企业领导者必须考虑全球化及其变化速度，要通过整合全球资源和利用世界范围内的多种途径执行使命。要想成为这个多面世界中的产业领导者，一个企业必须能够适时改变企业经营模式。具有了这种远见，企业领导者能够带领管理团队构建具有远见的建设性企业愿景和企业使命；有了这个基础，该管理团队就能够进一步开发和培育企业精神和企业的团队效力。

1. 领导者的风格

一个企业的成功很大程度上依赖于领导者领导企业将愿景计划付诸实施的能力。领导者的"风格"会对企业实现持续高绩效产生很大影响。"风格"是企业文化的一部分，包括管理文化与组织文化，它形成了企业员工应遵循的价值取向和行为规范，也形成了他们工作的方式、彼此相互间及与客户间的交流方式。有关风格有两个重要组成部分，即高层管理者的领导风格和企业的运营风格。高层领导者的领导风格对企业运营风格影响很大，而企业运营风格又反映着企业文化，体现着共享价值观。因此说企业领导风格对企业文化、企业运营风格有着十分重大的影响力。华为公司的"狼"文化帮助华为公司在国外通信设备厂商的巨大竞争压力下以非常快的速度成长起来。华为公司拼搏竞争、纪律严明的企业运营风格就与其领导者任正非因多年军旅生涯而形成的强调纪律性、不达目的誓不罢休的做事风格有很大关系。

虽然企业领导者的领导风格对企业如此重要，但我们仍要认识到领导风格只是企业风格的一部分，从总体上领导者的领导风格应与企业风格保持一致，在发挥企业领导者领导风格的特殊作用的同时，要维护企业风格的整体性和一致性，不能因为企业领导者的更迭而造成对企业风格的完全颠覆，否则会造成企业内部经营管理的混乱，也使企业外在形象受到影响，从而影响企业的正常运营。

2. 领导者的素质

领导对一个企业来说是如此重要，然而要想成为一名合格的企业领导者，还需具备一定的素质。企业领导者既要思考企业战略和政策，也要确保战略和政策通过企业管理者和员工得到最好地执行。那么具备什么素质的领导者能够赢得员工的尊重和服从呢？有关这一点，可以引用孙子在《孙子兵法》中的论述来进行说明。在孙子眼里，将领素质应当包括以下特征或优点：智、信、仁、勇和严。具体如图4-9所示。

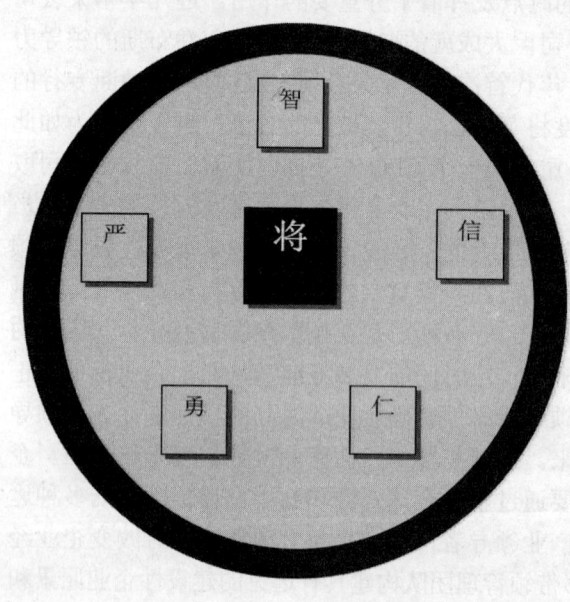

一个好的将领应该具备以下特质：

智
作战：故智将务食于敌。食敌一钟，当吾二十钟；其秆一石，当吾二十石。

信
行军：令素行以教其民，则民服；令素不行以教其民，则民不服。令素行者，与众相得也。故进不求名，退不避罪，唯人是保，而利合于主，国之宝也。

仁
行军：故令之以文，齐之以武，是谓必取。

勇
九地：投之亡地然后存，陷之死地然后生。

严
行军：令素行以教其民，则民服；令素不行以教其民，则民不服。令素行者，与众相得也。

图 4-9　《孙子兵法》对将领素质的描述

3. 领导者的角色

领导者的角色对于企业的持续成功至关重要。领导的主要角色是激励和领导企业管理者和企业员工执行企业战略计划并取得实质性成果。一方面，领导者是企业愿景与方向、价值与目标的发掘者；另一方面，领导者又要激励和推动员工来组建一个拥有共同愿景与目的的团队，从而实现企业愿景与方向、价值与目标。领导者的角色包含丰富的内容，具体来讲领导者有四个角色：探索航向、整合体系、授权自主及树立榜样。

(1) 探索航向：企业领导者的主要角色就是要为企业发现航向、描绘蓝图。伟大的领导者总是最先从澄清目标、统一思想开始着手工作。在"精神创造先于物质创造"的原则下，明确的方向指引是必不可少的。探索航向有助于明确思想与目标，为描绘蓝图提供方向指导，并且确保在行动之前计划的一致性。

(2) 整合体系：在探索航向阶段中明确了期望结果之后，企业必须将企业体系、企业流程以及组织结构等进行相应的整合。在这一过程中企业领导者同样发挥着不可替代的作用，因此整合体系又是企业领导者需要扮演的一个重要角色。企业领导者要领导企业确保实现以下六点：

① 适当的企业流程。
- 可以帮助企业员工优化沟通、顺利共事。
- 流程中要消除无附加价值的活动，最小化流程及流程间的等待时间。

② 适当的组织结构。
- 组织结构中各个组成部分之间执行正确的报告关系。
- 员工承担适当的职责。
- 需要协同工作的员工之间可以开展团队合作。

③ 适当的人员。
- 吸引、保留合适的企业员工。
- 根据企业和员工发展需要提供与企业关键职责相关的培训。
- 为企业员工发展与应用多种技能提供机会。

④ 适当的信息。
- 信息需要第一时间到达最需要依据它来作出行动的企业员工。
- 随时可得并且准确。

⑤ 适当的决策。
- 确保作出最佳选择。
- 确保由那些适当的、有相关能力的人作出决策。

⑥ 适当的奖励。
- 明确鼓励那些对满足股东、顾客需求及其他利益相关方需求最关键的行为和结果。
- 提供明确的激励，以此来互帮互助实现成功。
- 正确的奖励应该是公平公正并具有对企业经营的现实意义。

(3) 授权自主：企业领导不可能事事亲历亲为，要通过适当的授权，以此激发企业管理层和员工的积极性，这样才能团结企业员工共同谋求企业的发展。所以企业领导者要扮演授权自主的角色，主要内容包括适当授权、释放潜能、激发活力、鼓励共享，这样有助于实现企业内部高效的人力资源配置，从而进一步实现高绩效工作。如果企业内实现了真正的授权自主，就能在个体间、团队间产生有效交流，培养高度的互信。因此，领导者的重要职责之一就是创造授权的条件，为员工提供条件使其成长。以下两个小故事就说明了领导者授权并激励下属实现自主的重要性。

[管理小故事]

一、鹦鹉

一个人去买鹦鹉，看到一只鹦鹉前标道：此鹦鹉会两门语言，售价二百元。另一只鹦鹉前则标道：此鹦鹉会四门语言，售价四百元。该买哪只呢？两只都毛色光鲜，非常灵活可爱。这人转啊转，拿不定主意，结果突然发现一只老掉了牙的鹦鹉，毛色暗淡散乱，标价八百元。这人赶紧将老板叫来，问道："这只鹦鹉是不是会说八门语言？"店主说："不。"这人奇怪了，又问："那为什么这只鹦鹉又老又丑，又没有能力，会值这个数呢？"店主回答："因为另外两只鹦鹉叫这只鹦鹉老板。"

这故事告诉我们，领导者的一个重要能力就是团结下属一起努力。领导者自己的专业能力不一定要有多强，但他要懂信任、懂放权、懂珍惜，这样就能团结起比自己专业能力更强的人，从而形成比自己更强大的力量。相反许多能力非常强的人却因为过于完美主义，事必躬亲，总认为什么人都不如自己，最后只能做最好的公关人员、销售代表，却成不了优秀的领导人。

二、水手

在波涛汹涌的大海上，一艘轮船不幸失事。大副带着幸存的9名水手跳上了救生艇，在海面上漫无目标地漂流。10天过去了，大家依然看不到一丝获救的希望。大副守护着仅存的半壶水，不许那9个人碰它一下——有水就有活下去的希望，没有了水，大家就再也难以支撑下去了。大副是救生艇上唯一带枪的人，他用枪口对着那9个随时都有可能疯狂地冲上来抢水的水手，任凭他们对着自己咒骂咆哮。在这9个人当中，最凶悍的是一个秃顶的家伙。他把双眼眯成一道缝，威胁地盯着大副，用他那沙哑的破嗓子奚落他道："你为什么还不认输？你无法坚持下去了！"说着，他猛地蹿上来，伸手去抢壶。大副毫不客气地用枪对准了他的胸膛。秃顶叹一口气，乖乖地坐下了。为了保护这半壶维系着生命之希望的淡水，大副已是两天两夜没有合眼了。他告诉自己一定要挺住，否则，秃顶他们会用鲁莽的举动亲手把所有落难者推进死亡的深渊。然而，干渴和困倦折磨得他再也撑不下去了，他握枪的手一点点软下去、软下去……惶急中，他居然把枪塞给了离他最近的秃顶，断断续续地说："请你……接替我。"然后就脸朝下跌进了船舱。十多个小时过去了，黎明时分，大副醒了过来，他听到耳畔有个沙哑的声音说："来，喝口水。"——是秃顶！秃顶一只手拿着淡水壶，另一只手稳稳地握住枪对着其余8个越发疯狂的水手。看到大副满脸疑惑，秃顶略显局促地说："你说过，让我接替你，对吗？"一轮朝日终于送来了一艘救援的船。

这则故事说明适当的授权能够激励组织成员自觉地产生责任感。责任感是维系一个团队的最重要因素。许多企业领导者都觉得自己的员工对公司没有责任感，然而，造成这一困局的原因就在于领导者没有真正赋予员工真正的责任。有责任的员工才会从全局考虑，甚至可能会有惊人的责任感。

从以上两则管理小故事我们可以看出授权自主对于激发员工责任感和主观能动性方面具有重要作用，从而可以引导员工为实现企业目标而努力。在越来越多的中国高校毕业生进入企业工作，并逐步成为企业员工主力的时候，企业领导者的"授权自主"的角色对当今中国更加具有现实意义。根据人才衡量解决方案的全球领导者SHL公司的调查数据和信息，中国高校毕业生在教育背景和技能方面较之其他国家高校毕业生具有比较明显的优势，其得分为154分，远远超过全球平均水平的100分，也远远超过金砖四国80分的平均分。但中国学生在主观能动性上的得分仅为87分，比金砖四国的平均分还低2分。而且在中国，绩效前25%和后25%的人群，在愿意去做的主观能动性上得分差距非常大，达78分之多。这个差距水平与全球水平相比，令人惊讶。因此当今中国企业领导者需要给予授权自主以充分重视，采取真正有效的措施激发企业员工，特别是年轻一代员工的主观能动性。

(4) 树立榜样：企业领导者的言行对企业员工具有重大影响，往往成为企业员工言行的榜样。企业领导者通过良好的言行表现可以在企业员工中建立起对他和企业的信任，否则，可能使企业员工人心涣散。因此，企业领导者需要发挥树立榜样的作用，这也是领导者形成高效领导力的核心。领导不仅仅只是告诉员工去做什么，而是要身体力行，同时也是领导者与他人建立信任从而使其有信心信任他并服从他的一个过程。一个能力很强的人如果不能在其人格与能力间达成必要平衡或者其人格有问题的话，他将永远不会成为一个真正的领导者。领导者扮演树立榜样这一角色需要在以下方面有完美的表现：

- 品格与能力。
- 言行一致。
- 与下属建立信任。

中国传统文化经典《孙子兵法》对领导者的角色也进行了深入的解读，具体见图 4-10。

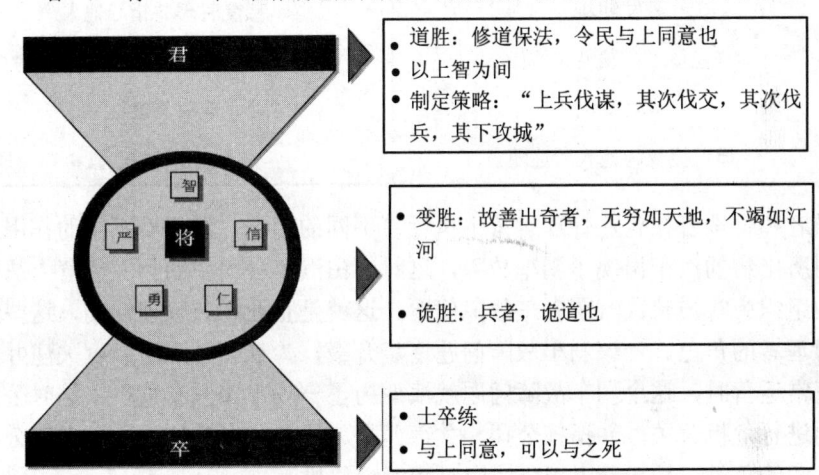

图 4-10　《孙子兵法》对领导角色的解读

以孙子的"君"和"将"作为参考，当前企业环境中的领导者必须通过引入适当的企业体系和政策来增强对企业员工的关注，同时提供培训，调动员工奉献精神以产生更好的生产力与绩效。

（二）管理者

企业管理体系中既有管理者，又有领导者。二者在企业管理中都发挥着重要作用，同时又有许多不同之处。然而在企业实务中经常会发生将管理者和领导者相混淆的情况，导致企业经营中出现一定程度的混乱。所以有必要对企业中管理者和领导者的关联和区别加以明确。

1. 领导者与管理者的区别

尽管管理者经常表现出领导者的特征，但做一名"管理者"并不等同于"领导者"。领导者是个人，他们影响着其他人去做一些没有领导者影响或引导他们就不会做的一些事情。首先，领导者选择并培养管理者。领导者制定一种方向。该方向会引出愿景，确定企业目标，建立资源和团队，同时挖掘人才潜力，培养具有共同价值观的文化等。管理者以高效率为最佳结果来经营业务。领导者和管理者均要推动企业的共同价值观，尤其是企业中互相合作、彼此依赖的价值观。这对能为企业带来更高效绩的团队效应来说是根本基础。领导者和管理者拥有共同的愿景，他们都希望通过正确的体系和最大限度的最具效率和效力地利用资源的流程来为员工提供动力。领导者需要设定具有共同价值观的蓝图,该价值观是基于被广泛接受的人类良好道德和最高价值的;而管理者则需要将其向整个企业推广。领导者和管理者的区别如表 4-2 所示。

表 4-2　领导者和管理者的区别

领导者	管理者
实现变革	维持运转
作正确的事	正确地做事
解决难题	解决技术性问题
激发创新	接受管理并指导他人
重视员工:发展和信任	重视体系和结构:维持和控制
应对变化	应对复杂性
通过授权为他人所追随	依靠职位权力

领导者和管理者在企业管理运营中执行着不同的功能,发挥着不同的作用。例如丰田汽车公司所出售的汽车出现了刹车故障,这时丰田汽车公司中的相关经营人员负责组织召回事项,组织为客户解决汽车刹车故障问题。这就是企业经营管理活动,这些经营人员就扮演着管理者的角色。当该刹车故障问题逐步升级,为社会各界所高度关注并严重影响了公司的正常运营时,这个刹车故障问题就演变为了一场丰田汽车危机。这时公司高层管理人员出面进行危机公关,并指挥公司相关部门采取措施应对危机。这时丰田公司社长就扮演着领导者的角色,领导着丰田公司应对和渡过危机。

然而,在企业经营管理实务中,有时很难将管理者和领导者截然分开。首先企业管理中的难题与技术性问题往往是交织在一起的,企业领导者在解决难题的同时也必然面临着相关的技术性问题,而管理者在解决技术性问题的同时也往往不得不面对由此而产生的难题;另外企业经营管理是一项多因素交织,多任务交织的复杂活动,管理活动需要领导的支持和参与, 而领导活动也离不开管理活动的具体落实,管理和领导也是经常交织在一起的。与此相应,企业领导者和管理者的角色有时也是交织在一起的,无法进行绝对的区分,这就需要具体情况具体分析并具体对待和处理。

在现实企业运营中经常出现只管理而不领导的现象。例如一些企业的高层管理人员肩负着引领企业积极面对市场竞争,取得市场优势地位的任务。可是他们却每日忙于处理日常的管理事务,无暇顾及涉及企业长远发展的战略部署。这些领导者往往只是名义上的领导者,实际是在执行管理者的职能。这些领导者只是占据着领导职位,而没有履行领导职责。这样一方面会危及企业的长远发展,另一方面他们只注重管理,势必会压缩其下属管理者的管理空间,不利于企业人才培养和正常的业务秩序的建立和执行。

2. 管理者应具备的能力

前文用孙子兵法阐释了领导者应有的基本素质。管理者作为企业管理体系中的重要一员,也应该具备相应的能力,具体包括以下三大能力:

(1) 技术(专业)能力。管理者需要引领团队成员解决企业经营中的技术性问题,因此管理者应具备一定的技术(专业)知识和能力，这样才能及时、高效地发现问题并采取针对性的措施。

(2) 人际(沟通)能力。企业管理是在一个体系中进行的，需要根据企业内外部不同的环境因素采用不同的措施和方法。同时企业的管理活动也是具体通过企业管理者与员工、与领导者的内部沟通和与客户、合作方、政府等相关方的外部沟通展开的。相应地，管理者的沟通能力往往对经营活动的处理方式和处理结果产生重大影响。

(3) 分析能力。企业管理者除了应具备技术(专业)能力，从而发现问题，而且通过发挥沟通能力来解决问题外，企业管理者的另一重要角色是采取正确的方法和方式来解决问题，这就需要在发现问题的基础上对问题进行具体分析，只有发挥分析能力，才能在正确分析的基础上找到正确解决问题的方法。

管理者应具备以上三大能力，然而不同的管理职位对这三项能力的要求有所不同。应该说，随着管理者职务的上升，其技术(专业)能力在三项能力中的所占比例将逐步下降，人际(沟通)能力的比例基本保持不变，而分析能力的比例则逐步上升，具体如图 4-11 所示。

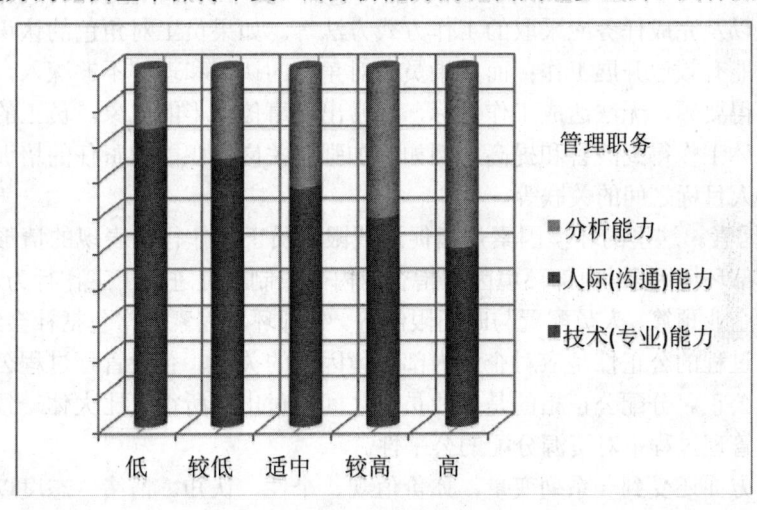

图 4-11　企业管理者能力要求构成

(三) 员工

企业中的领导者和管理者也是企业员工群体的一员。企业经营管理离不开企业员工的具体工作，只有通过他们的具体工作才能使企业的经营管理活动得到落实。企业员工的素质、能力和工作效率对企业的经营结果产生着直接的影响。员工是企业最重要的资产。高效的企业建立在高效的员工这一基础之上。如何使大部分员工成为高效的个体对企业来说至关重要。将众多个体团结为一个高效的团队也同样重要。这些都是企业管理层的主要任务和挑战，为此企业需要制定人力资源策略、政策、结构、体系及流程并将其付诸执行。

1. 影响员工行为的因素

企业需要通过一系列活动来发现和培育高效的员工，而要培养优秀的员工的一个重要前提就是要对影响员工行为的因素进行充分了解，以便做到有的放矢。MARS 模型(源自 McShane & Von Glinow 所著《组织与关系》一书)是一个可以用来对影响员工行为的因素进行分析的有效工具。MARS 模型通过对企业员工的 M(动力)、A(能力)、R(角色认知)和 S(环境因素)的考量来对影响员工行为的因素进行分析。

(1) 动力。企业员工必须有足够的动力才能高效的开展工作从而完成工作目标。动力是影响一个人行为方向的内在力量。动力能够激发努力使其完成任务，而且坚持努力直到达到目标。动力是驱动个人活力的关键力量。这种动力产生以下三方面的影响：

① 方向：明确员工努力的方向。

② 强度：为完成目标而付出的努力。

③ 坚持：持续努力直到达成目标。

(2) 能力。能力是指企业员工成功完成一项工作任务的主观条件，它是个人的天赋与习得能力的组合。员工个人的天赋包括生理和心理天赋，它能够帮助员工更快更好地学习并帮助他们更好地完成任务。因此，它影响着员工获取具体技能的能力。习得能力指一个人后天通过学习掌握相关知识和技能的能力。

(3) 角色认知。角色认知是指企业员工如何认识和理解分配给自己的具体任务、任务的相对重要性以及完成任务应采取的工作方式方法等。如果员工对角色的认识和理解达到一定程度，就能有效地开展工作；而如果员工对角色的认识和理解不够深入，在开展工作过程中往往不得要领，无法达成工作目标，经常出现事倍功半的现象。员工的角色认知可以通过一些具体工作得到改善和提高。例如，加强有关岗位职能和责任的培训、明晰工作目标与员工个人目标之间的关联等。

(4) 环境因素。这里的环境因素是指促进或限制员工工作行为表现的情形，包括外部环境因素与内部环境因素。内部环境因素指企业内部限制或促进员工工作行为表现的条件，这些因素包括企业预算、人员配置与时间限制等。外部环境因素通常包括社会经济状况等。确保企业管理过程的公正性是应对企业内部环境因素的关键。企业管理过程公正性包括分配公正与过程公正。分配公正指的是企业员工之间的付出与所得之比大体一致。过程公正是指企业经营管理过程中对资源分配的公平性。

以上这些方面还受到一系列变量，如价值观、个性、认知、情绪、态度以及压力等影响。通过对这些方面的考量就可以掌握影响员工行为的主要因素，从而对企业员工行为趋向有所了解。接下来企业就可以有针对性地开展一系列工作，努力使企业员工发展成为高效的员工。

2. 人才管理

发现和培育高效员工对企业长期持续发展具有十分重要的战略意义，因此企业需要高度重视人才管理工作。如图 4-12 所示，人才是企业的重要资产，是企业业务增长的动力，有才干的员工是企业创新的驱动力量。企业领导者应重视人力资本，并且基于组织文化和领导行为来推进员工开发，挖掘员工潜能，建立适当的激励体制使其投身到企业业务中并为企业成功发展贡献力量。为此企业需要开展人才管理。人才管理是关键的战略性项目，相应地必须由企业管理层负责并由高级管理人员来领导。企业管理者应当创造合适的条件使企业形成持久学习的氛围，以使知识不断得到强化，思维不断得到更新。企业也必须为组织结构配备灵活的体系和流程来开展人才管理项目，如业绩与工作评价体系、360 度反馈、工作轮换或工作重设、补偿与报酬、全面培训体系等。

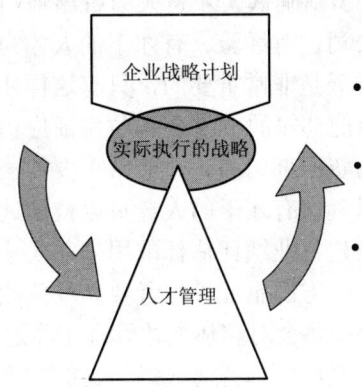

- 如果人才管理不能为战略计划提供支持，企业战略也无法取得成功。
- 只有企业具备合适的人才资产来执行战略时，企业的战略计划才能取得成功。
- 企业的战略性要求是人才管理的最重要的输入项，没有这些输入项，人才管理也只是空中楼阁。

图 4-12　人才是企业的重要资产

国家需要许多不同领域的人才，也需要不同层次的人才管理企业业务，同样地一个企业也需要各个领域的人才来经营企业。许多企业都面临着如何吸引和留住优秀人才的困难。企业领导者必须建立人力资源战略并使其与企业的愿景、使命和业务目标相一致。企业也应当具有与业务计划相适应的劳动力计划。人力资源的重要角色是组织人力资源战略的执行以开发具有竞争力的劳动力，使其具有创新精神，并且能促进革新。对企业而言，理想的状况是每个工作岗位都有合适的人才从事工作。这些合适的人需要从人才库中挖掘。为达到这种理想的状况，企业需要开展人才管理。人才管理是一项企业战略性投资计划，也是最有效的为企业开发人才资本的工具。因人才管理是推动企业盈利增长的最重要的驱动力量，人才管理应当被置于人力资源部门各项任务中的首要位置。人才管理战略是人力资源的核心，其主要运作包括：招聘、培训、人才开发、员工报酬与补偿、人才继任与保留等。人力资源部门所有管理者必须全力投身于人才管理战略。他们中的每个人都必须开发自己业务范围的战略，并使其与人才管理战略保持一致，还要认真执行。在人才管理中应有明确的职责划分，并有明确的人才开发措施，同时还要对人才开发措施的有效性定期进行评估。

通过企业人才管理项目开发的关键人才应具备正确的核心价值观和良好品格，包括自我驱动、自律、践行承诺、关注企业发展、追求卓越等。人才管理可采用如图 4-13 所示的流程，具体包括人才吸引与识别确认、人才规划、人才开发和人才发展与保留等。

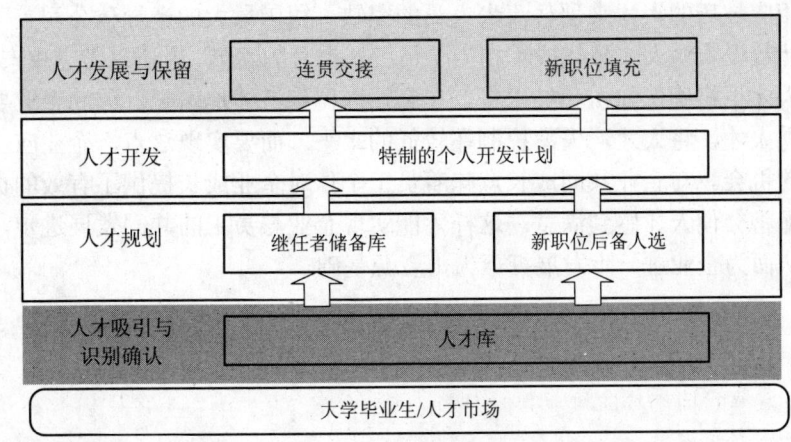

图 4-13　人才管理流程

（1）人才吸引与识别确认。吸引与发现并识别确认人才是人力资源部门的首要挑战，就是要解决为什么有才干的人要加入到你的公司；有经验、有才干的人才为什么要一直待在企业中。发现并确认人才，而且使其得到发展是非常重要的，只有这样才能加大公司人才库的储备，形成公司的人力资产。一个健康的公司的 75% 的职位空缺应由内部人才库来填补，而不是经由其他途径得到补充。对人力资源部门而言，非常重要的一点是人力资源工作应该具有创新精神，形成高质量的工作以确保有才干的人选可以被遴选至关键岗位。这样一来人才将有很高的动力。人力资源需要建立业绩评估标准用来对人才进行确认，不同特征的人才适合于不同的职能要求。因而，一方面企业管理者要高度关注人才，另一方面表现不佳的员工也应该得到适当的处理，否则将会对整体人才管理工作造成影响。

企业管理者使用评价体系来确认员工表现是出色、普通或是差劲的。管理者必须根据评价结果来惩罚业绩差劲者并鼓励业绩表现出色者。

（2）人才规划。企业需要对需要的人才进行定义并明确企业在短期和长期分别需要什么样的人才。人力资源部门应该在企业内部培养鼓励创新的文化和环境。人力资源部门应当为人才管理项目提供便利和协调，使其与企业愿景和使命保持一致，以便从各层次的管理人员中培育企业将来的领导。同时企业还要对需要人才的时间和合适人选应具备的知识与技巧进行计划，而这些计划应该与企业目标和战略计划保持一致。企业需要进行充分的人才规划，人才规划应遵循以下定律：

① 对核心人才进行深入考察。

② 提前计划是关键。

③ 在人才招聘和保留方面要开展更有想象力的工作。

④ 为人才创造企业内部市场。当为职位空缺寻找人选时，企业会首先考虑继任方案和企业内部人才库并鼓励内部申请。

（3）人才开发。企业需要对企业员工进行适当的开发，也就是要通过培训、职位轮换等多种方式使企业员工的技能、素质和工作效率得到持续的发展和提高。这既是企业谋求业绩提升的需要，也是企业开展人才管理工作的现实需求。

（4）人才发展与保留。每个优秀员工的流失对企业而言都是一种损失。人力资源管理中必须有相应战略来管理人才流失率。企业无法实现零流失率，但应该可以在最短的时间内找到具备相应技巧的人才来顶替流失人员的空缺。德国最大的半导体公司英飞凌公司的人力资源统计数据表明人才替代成本相当于员工八个月的薪酬，这还未考虑生产率的损失。保留住优秀人才也将确保知识和技术资产在企业内得到持续地增长。因此企业要想方设法努力保留优秀人才，将人才流失率控制在较低的水平。而要实现这点，企业应当为员工提供职业进步的机会。与企业共同成长意味着员工个体对企业成长提供了有效的贡献，贡献与补偿相匹配将会使人才感到满意。这样才能实现企业与员工的共同发展进步，才能保留优秀人才，从而为企业进一步发展打下人力资源基础。

第五章　变化管理

企业内外环境无时无处不在变化，相应地企业也必须适时做出相应调整以适应和利用这些变化。"易穷则变，变则通，通则久。"企业的变化能力是实现成功运营的必要能力，企业在运营管理中必须开展有效的变化管理。

企业变化管理的整个过程包括解冻、变化和重新结冻等环节，是在抑制力和推动力的此消彼长、动态平衡中实现的。企业开展变化管理效果如何受到一系列因素的影响，其中适当的沟通方式和"变"的企业文化又显得极为重要。

企业要进行持续有效的变化管理，同时也要在需要的时候进行变革。变化的量变逐渐积累并发展到变革的质变，变化为变革创造和积累条件，而变革会把变化提升到新的平台，开创和引领变化。

有变化就会有风险，风险处理不当会引发危机。风险和危机对企业经营管理会构成重大的损害，企业必须开展风险管理来识别、分析、处置和控制风险，并争取从风险和危机中发现和利用机会，化危为机，实现企业的持续增长和长久发展。

2007年8月美国次级房屋信贷危机开始显现，此后投资者开始对按揭证券的价值失去信心，引发流动性危机。即使多国中央银行多次向金融市场注入巨额资金，也无法阻止金融危机的爆发。2008年9月9日，这场金融危机开始失控，并导致多家大型的金融机构倒闭或被政府接管，并由此引发全球范围内的经济危机。

2008年9月14日，雷曼兄弟公司在美联储拒绝提供资金支持援助后提出破产申请，而在同一天美林证券宣布被美国银行收购。

2008年9月15日和9月17日全球股市发生市值暴跌的情形，形成全球股灾。

2009年1月西班牙失业率升高到13.3%，创历史新高，日本主要的汽车与电子公司财报总亏损超过2.6兆日币，德国奇梦达与加拿大北电网络均宣告申请破产保护。

2009年4月30日美国克莱斯勒汽车公司宣告申请破产保护。

2009年5月英国失业率攀升至7.3%，失业人数高达227万人，创12年来最高。美国失业率升高至9.4%，创26年新高。

2009年6月1日美国通用汽车公司宣告申请破产保护并组织重整，并由美国和加拿大两政府接管，宣布将再裁员1万人。德国百货零售与旅游业巨擘Arcandor集团申请破产保护，造成4.3万多人失业。

这场危机使世界经济遭受重大打击，许多历史悠久的大型金融机构纷纷破产，一些世界优秀企业，包括诸多知名汽车厂商也濒临破产边缘，这些长久以来为世人所敬仰的优秀企业怎么突然走向没落？是他们的管理层忽略了风险因素吗？他们并没有进行风险管理吗？他们为什么没有提前进行变化和变革来回避风险？这次危机又一次对所有企业进行了提醒：任何企业都需要考虑和开展变化乃至变革，进行适当的风险管理以规避风险，以便在危机来临时处置得当，化危为机。

　　达尔文曾说过：物竞天择，适者生存。在为了生存的奋斗中，最适应环境变化者才能最终胜出，因为他们成功地调整了自己以最好地适应环境。中华文化的总源头《易经》早已概括出"简易、变易、不易"的道理。"简易"是指无论世界上的事物多么深奥复杂，人类都可以在一定的条件下把它们转换为容易理解和处理的问题。"变易"是指世界上的万事万物每时每刻都在变化发展着，如果没有了变化，宇宙万物就难以形成。"不易"是指万物皆变的规律是不变的。由此可见，变化发展是永恒的，平衡稳定总是暂时的、相对的。世界上万事万物都是遵循这一规律的，企业经营管理同样如此。企业面临着复杂的内外部环境因素，而这些内外部环境因素又是处于不断变化中的，相应地，企业管理也需要持续进行变化，对企业经营管理诸要素进行适当调整，以便适应企业内外环境的变化，实现永续经营。就企业管理各项基本要素而言，也是要在变与不变之中谋求平衡。企业愿景、使命作为指明企业奋斗方向的要素通常是基本稳定的，而企业目标体系、企业战略、企业体系和流程往往要在企业愿景和使命的基础上根据实际情况适时地进行适当的调整和改变。当然当企业内外环境发生本质性根本变化时，企业愿景和使命也不是一成不变的，也需要根据实际情况作出适当调整。而在企业战略体系中，通常企业总体战略在一定时期内是维持不变的，而企业业务战略和企业职能战略则常常需要在战略制定、执行和评估过程中进行适当的调整。当然在必要的时候企业总体战略也是要进行适当的调整以适应内外环境的发展变化的。总之企业管理诸基本要素也是在变化中进行总体平衡，以维持企业长久发展的。正如中国古谚所言：长江后浪推前浪，不进则退。如果企业不能及时适应企业内外部环境因素变化，则无法在激烈的竞争中立足，最终势必走向被淘汰的深渊。因此企业必须不断寻求创新来进行变化，实现增长。中国传统文化同样很早就对变化的重要性给予了说明："易穷则变，变则通，通则久。"只有适时地进行变化才能保持事物的通畅，只有通畅才能长久。因此变通是事物长久生存发展的基础。相应地，企业也只有在变化中才能求得生存，只有在变化中才能寻求发展，从而实现企业的持久增长。

[案例]

麻绳专业村的起起落落

　　陕西省凤翔县南指挥镇太尉村是关中地区一个普通的乡村，然而在经济大潮的冲击下这个普通乡村也经历了一番起起落落。太尉村村民从清朝中叶就开始拧制麻绳，因麻绳质量上乘而声名远播。特别是中国大陆实行改革开放政策后，长期受到压抑的生产积极性得到极大的释放，太尉村几乎家家户户都开始从事麻绳的拧制。200多年的工艺积淀再加上村民们踏实诚信的作风，使得太尉村拧制的麻绳质量得到了充分的保证，在正常情况下可以使用几十年。正是因为过硬的质量使太尉村的麻绳受到客户的普遍欢迎，一时间行销全国，村民们也从中得到了实惠，尝到了改革开放政策的甜头。好光景持续了十来年左右，在20世纪90年代初村民们渐渐发现麻绳卖不动了，而且随着时间的推移这种情况越来越严重，以致很多人家不得不停止拧制麻绳，最后大约只剩下十分之一的农户还在勉强维持着麻绳拧制。后来经过仔细观察，大家发现实际上市场需求并没有下降，只是原先的客户大都转向临近的河南省购买麻绳了。可是太尉村生产的麻绳质量一直都是上乘的，几乎从未发生过偷工减料现象，那客户们究竟因为什么转而购买河南生产的麻绳呢？原来，客户们在关注质量的同时，也越来越多地关注麻绳的价格和交货周期。此时河南的麻绳控制基本已经采用机械化生产，因此交货周期大大缩短，能在短期内满足大量的需求。同时河南的生产者采用了灵活的生产和销售模式，根据市场需要生产不同质量的多种产品，以不同价格进行销售。这样，河南的麻绳在产品质量、价格和交货周期上就满足了客户的多样化需求，因此很快就占领了市场。应该说太尉村从控制麻绳的辉煌时期转向没落的根本原因就是没有适应市场需求的变化，没有及时在麻绳的生产方式和销售模式上进行变化。经过二十年的沉寂之后，在陕西省政府"一村一品"政策的支持下，太尉村现在又重新焕发了青春。村中几户麻绳专业户牵头成立了麻绳控制企业，准备以企业化的经营模式重新走向市场。如今太尉村麻绳产业能够东山再起的原因同样是变化。正是因为太尉村适应了产业发展趋势，改变了过去作坊式的生产经营模式，转而采用了规模化的企业经营模式，才使得太尉村的传统产业得以重新焕发生机。

面向国内市场的企业所面临的经营环境已经是十分复杂的，而以全球视野开展运营管理的企业所面临的经营环境就更加变幻莫测了。当前世界经济面临着全球化与贸易保护主义、层出不穷的信息技术与传统沟通方式同台竞争的挑战，企业要实现持续成功从未像现在这样困难。对于企业和企业领导者而言，除了要应对技术创新和市场多元化的挑战以外，如何应对持续变化的市场形势是其需要面对的另外一个重大挑战。为了实现持续增长和验证现行运作管理正确与否，企业领导者需要更多地向前看并在企业内推行持续改进项目。企业需要跳出固有的范围思考问题，避免受到传统界限的束缚，例如重新评估战略计划以实现从红海向蓝海或长尾市场的转变。相应地，企业领导者的主要任务是使企业具备适应市场多元化发展趋势的能力，使企业做好准备来改造业务模式，获取合适的市场位置。企业战略要能对新出现的挑战、威胁和机会等给予适当应对。总之，在日益复杂的经营环境下，企业需要时刻保持持续变化管理的竞争力，使企业实现持续改进。

全球知名的美国作家斯宾塞·约翰逊(Spencer Johnson)所写的《谁动了我的奶酪？》一书以生动的形式对变化的必要性进行了阐释。斯宾塞·约翰逊鼓动人们不要迷恋舒适的现有环境，每个人必须清楚竞争对手时刻准备着动自己的奶酪，对企业而言也就是掠夺自己的市场份额，而当一个人正在消费库存的奶酪时，他也应当寻找新的奶酪，见图5-1。一个企业不应仅仅想着生存，而是要进一步保持和提高竞争力。这就要求企业领导者和员工具备积极的变化思维、通过创新流程和体系来获取新技术、新方法技巧，以创新的方式来开展企业运营。为此企业领导者需要防止企业内产生自满情绪，需要为员工提供学习和培训机会并培育创新精神和变化思维，以形成"变"的企业文化。

企业愿景和使命的最终实现、企业战略或变革项目的成功执行等都需要有效的变化管理。同仁堂等百年老店之所以受人尊敬，为消费者所看重，这与其能适时进行改变，历久而弥坚不无关系。我们再放眼世界500强企业，可以发现10年前的500强排名中有很多企业在现今的排名中已不见踪影。美国道琼斯工业指数中的30个工业股，目前只有美国通用电器是唯一幸存的原始公司。如果企业没有适当的变化管理，即使企业管理各项基本要素都执行到位，企业也无法实现长久发展，企业各项经营管理活动以及各项管理基本要素的配置都无法发挥作用，从而最终是徒劳无功。因此对企业而言，变化能力是实现成功的必要能力，企业必须有效地开展变化管理。

公司不仅要生存而且要保持持久竞争力

发生变革
有人不断地动奶酪
预期变革
准备好去动奶酪
监察变革
常闻一下奶酪，这样你就知道什么时候奶酪会变化
快速适应变革
你离开旧奶酪越早，你就能越快地享用新奶酪
变革
随奶酪而动
享受变革
享受冒险的经历，也享受新奶酪的滋味！
准备快速变革，从而再次享受变革
不断地动奶酪

图 5-1 《谁动了我的奶酪？》对企业的启示

一、变化管理

1. 企业变化管理

企业内外环境的变化无处不在、无时不在。往往企业对内部环境的控制能力较强，对内部环境的变化也相对比较容易适应，而对外部环境变化，诸如经济发展水平、技术革新、社会文化演进等的控制能力较弱，对外部环境的变化也相对地比较难以适应。这些外部宏观环境因素总是处于不断发展变化之中，同时这些因素有其发展的规律，有其演进的节拍。企业在经营管理中需要踏准这些节拍，才能适应环境变化。海尔公司张瑞敏砸冰箱这一事件是大家耳熟能详的企业管理经典案例，表面上这一事件体现了海尔公司领导层加强质量管理的信心和决心，是海尔公司强化质量管理的里程碑式事件；而更深层次的意义在于唤醒了海尔公司全体员工的质量意识和市场意识，使得海尔公司跟上了中国市场经济大发展的潮流，改变了过去以产定销、生产什么就销售什么的落后的生产和营销思路，跟上了现代市场营销以至社会市场营销的步伐。可以说这次砸冰箱事件就是为海尔调好了音色和节奏，使海尔踏准了社会经济发展的节拍。正如张瑞敏所言：作好实业，就是要坚持一个原则，变与不变，不变就是要经得住诱惑，变就是要让实业随时代而变。然而并不是所有企业都能总是踏准变化的节拍，很多红极一时的优秀企业往往也因为缺乏适当的变化管理而走向没落。例如世界胶卷巨头柯达就是因为没有踏准信息化、电子化的节拍而迅速消亡。企业需要进行有效的变化管理才能正确应对变化，在竞争中立足。企业的变化管理就是在对企业内外环境变化进行评估的基础上，就企业战略、体系、政策、技术、产品、愿景、使命等方面作出实行变化的决策，并采取适当的方法执行变化，使其发挥作用。变化管理是一种应对内外环境变化的系统化方法，它包括三个基本方面：适应变化、控制变化和影

· 116 ·

响变化。

以上三个方面构成完整的变化管理体系，这三方面所表现出的企业管理方法和措施在应对内外环境变化方面的能动性是逐渐递增的。首先一个企业不得不去适应变化，否则其将无法生存；然后在此基础上企业还需要努力将变化控制在可控范围内并进而去影响变化，朝着有利于企业自身发展的方向演进，最终在变化中寻找到机遇。这是一种理想的变化管理状态，企业需要为此付出极大的努力。从另外一个角度看，企业变化管理体系中的这三个方面也可以理解为整个企业变化管理过程的三个阶段，这三个阶段是循序渐进、有序展开的。当企业面临内外环境的变化时，首先是努力适应变化，然后要通过适当的措施获得与变化之间的相对稳定状态，把变化的影响控制在一定范围内，最后要再进一步影响变化，从变化中获得收益。整个变化管理的过程与军事斗争中的战略防御、战略僵持、战略进攻过程有很多相似相通之处，其本身也是一个变化的过程。

对企业而言，变化管理意味着企业需要定义和执行一系列的程序和措施来应对企业内外环境的变化，以便从变化中实现收益。为使变化的努力取得成功，企业管理层必须对变化管理有正确而深入的理解和认识。企业管理层应当清楚变化过程需要经历一系列阶段，需要花费相当长的时间，更需要企业管理层和企业全体员工的持续努力。现实中没有立即起效的万能药，企业变化管理同样如此。变化的前提首先是企业要具有变化思维，要具备变化的基础和相关能力，其次企业变化管理要能给企业带来收益的增长、有效的体系流程以及员工收益等不同方面的企业价值。无论企业变化程序和措施的范围和强度如何，实行有效的变化管理的一项重要前提是在企业内部针对即将实行的变化进行有效的沟通。对于任何变化，企业内部不同层次、不同部门、不同职能的员工都可能以不同的方式来看待和理解，从而产生每个员工不同的行为趋向。有些员工可能会积极支持变化，而有些员工则可能极力反对。每个员工致力于变化或是不做变化，将对期望的变化结果产生巨大的影响。因此企业在开展变化管理程序和措施之前，必须使员工对变化的理解和认识给予正确的评估，要预见到员工可能采取的配合或者反对行动，从而采取适当的沟通措施使员工对变化管理的理解和认识尽可能地统一到企业整体认识的层面。当然，企业在开展变化管理时需要适当地考虑不同层次、不同部门、不同职能员工的利益，以便在此基础上尽量减少推进变化管理的障碍。

2．变化管理的力场分析模型

企业在启动和推进变化的整个过程中会有来自不同方面的支持和推动，当然也会有来自不同方面的阻挠和抑制，企业变化管理的整个过程就是在这样的推动力与抑制力的相互作用下逐渐演进的。美国社会心理学家库尔特·卢因(Kurt Lewin)50年前开发的力场分析模型对此进行了深入阐释，具体见图 5-2。

激发和推进变化的重要方式之一是减少抑制力。抵制变化是人类的本性，抑制力是那些试图维持现状的力量，包括员工对于未知世界的恐惧心理、习惯于过往运作体系和流程而产生的对变化的消极倾向等。同时为获得变化项目的成功，企业管理层还需要确保推动力的增加。这些推动力将推动组织朝着新的状态发展，例如全球化经营、设立事业部组织结构等等。这些推动力包括企业领导者对变化的支持、变化可以给企业和员工带来的现实收益等。企业变化管理就是在推动力与抑制力的动态平衡中不断推进的。在图 5-2 中，左下方推动力与抑制力两种力量之间的实线代表着当前的企业业绩水平或经营状态。右上方推动力与抑制力两种力量之间的实线代表着理想的企业业绩水平或经营状态，是企业变化管理的理想目标。两条实线之间的虚线代表变化过程中抑制力与推动力此消彼长、动态发展的过程。

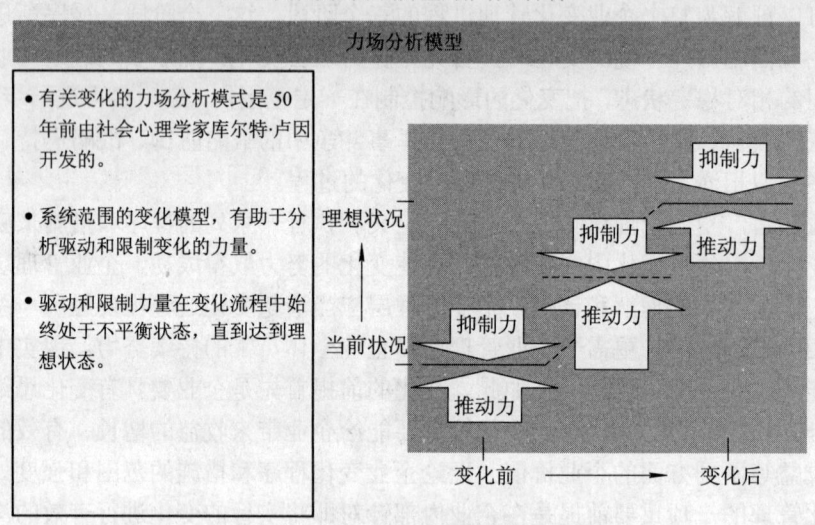

变化管理模型

企业变化受到不同力量的推动和抑制

图 5-2　库尔特·卢因力场分析模型

企业变化管理在推动力和抑制力的此涨彼消中，从平衡到不平衡，最终再演进到更高层次的平衡的过程中得到落实。企业变化管理的目标是要实现有效的变化，从而最终实现企业愿景、使命和目标体系。有效的变化要通过三个步骤来实现：解冻、移动到理想状况，即变化和重新结冻，具体如图 5-3 所示。

(1) 解冻：这是变化流程的第一部分，在该步骤中推动力与抑制力的平衡被打破。企业需要强化变化的推动力，而尽力削弱变化的抑制力，从而打破推动力与抑制力的平衡状态，开始企业的变化流程。万事开头难，要让企业员工从已经习惯了的运营体系和状态中走出来是特别困难的。此时，除了要做好沟通工作和准备适当照顾相关各方利益的方案以外，一些特殊事件对于打破抑制力与推动力的平衡。启动变化过程具有特殊的作用。2008年世界范围内的金融和经济危机对半导体产业产生了巨大影响。很多企业为了应对危机，主动采取了一系列紧缩措施，如压缩产量、削减差旅支出、减少或推迟相关福利甚至裁员等，这些措施是对企业过往运作模式的极大改变，对员工利益产生相当大的影响，必然遇到来自企业内部相当大的阻力。为顺利启动这些措施，英飞凌科技公司管理层向全体员工宣布企业管理层的月薪将削减 30%，而同时普通员工的薪资将保持不变。这一事件极大地增强了启动变化措施的推动力，对英飞凌公司顺利落实应对经济危机的变化措施发挥了重要的推动作用。

(2) 变化：通过该步骤企业将移动到理想的经营状态。在该过程中变化的抑制力和推动力将处于动态发展过程中，两种力量此消彼长，推进企业变化进程不断向前发展。需要注意的是该过程不大可能一帆风顺，企业管理层需要时刻注意观察推动力和抑制力的消长情况，并采取适当措施对其加以调整，使企业变化流程最终走向理想状态。

(3) 重新结冻：这是变化流程的后期步骤，经过前期的演化之后，变化的抑制力和推动力在新的水平上实现了平衡，企业变化到达了理想状态。然而此时企业还不能完全松懈，还需要引入新的企业体系和流程以加强和维持企业理想状态，实现企业运营管理的重新结冻。这一点是十分必要的，否则企业经营状态可能会重新回到以前旧的模式中去。在该步骤中，企业领导者必须使企业理想状态实现持久化，使其保持稳定。

企业变化的颠簸之路

图 5-3　企业变化步骤与流程

如图 5-3 所示，有效的变化需要经历三个步骤。当我们在深入观察企业变化过程，发现如果从另一个角度来看，该过程还可具体分为以下五个阶段：

(1) 第一个阶段是停滞。企业经过一定时间的发展达到了一定的经营状态，此时企业处于相对稳定的状态。但企业内外环境还是在不断的发展变化，当内外环境的变化积累到一定程度时就对企业当前的稳定状态提出了变化的要求。此时企业还没有启动变化过程，处于停滞阶段。在这个阶段有些企业清楚地认识到内外环境的变化已经到了需要企业启动变化的程度，而另外一些企业或者没有关注到内外环境的变化，或者即使发现了内外环境的剧烈变化，但主观上没有意识到启动变化过程的必要性。相应地，处于停滞状态的企业常常有不同的表现：① 意识到需要启动变化的企业积极研究内外环境变化，考虑应对策略，并认真作出启动变化的决定；② 尚未意识到启动变化必要性的企业在这个阶段通常反应迟缓、墨守成规，没有为启动变化做任何工作。

(2) 在作出进行变化的决定之后，企业进入第二个阶段，即准备阶段，该阶段企业的特征是充满焦虑。焦虑是一种模糊不清的令人不快的情绪，通常可以在对某种不清楚的事物的期待中体会到，在准备阶段企业中的焦虑既包括因对未来的不确定性而产生的焦虑，也包括对开展变化的准备工作是否合适和及时的焦虑。在该阶段中企业领导者必须在企业中创造对变化的偏爱，形成对变化的积极态度，为变化营造良好的氛围。同时企业在该阶段还要在组织、资源等方面为变化做好必要的准备。在这个阶段中企业领导者要对焦虑给予高度关注，并且通过适当措施把这种焦虑引导成为有效焦虑，即以积极的心态对变化和变化的准备工作给予高度关注，从而把这种有效焦虑落实到积极的准备工作中去。

(3) 第三个阶段是实施阶段，也就是执行变化的阶段。该阶段是变化管理中非常困难的阶段。随着变化进程的推进，企业员工对变化的影响有了越来越多的切身体会，企业领导者必须面对现实，对症下药。

(4) 第四个阶段是决心阶段。经过实施阶段的变化，企业员工因为切身对变化的体会而对企业变化有了更加切实的认识。此时要特别注意引导企业员工关注变化所带来的企业收益和员工收益，进一步坚定企业员工支持企业变化的决心。这一阶段的要点就是强化企业和企业员工坚持变化的决心。

(5) 第五个阶段是成就阶段。经过前几个阶段，最后将迎来取得成果的阶段。成果是实行变化的企业和企业员工努力付出的有效实现，是一种实实在在的、有形的、积极的回报。企业经过变化流程达到了新的理想状态，企业可以进行适当的总结和庆祝活动。然而企业还必须保持清醒，要通过新的体系和流程使企业新的理想状态得到强化和稳定，同时还要认识到变化是一个持续的过程，企业还需要时刻保持对内外环境的关注，以便下一次在适当的时候再次启动变化管理。

3. 企业变化进程的推动

企业变化进程需要企业领导者和管理层的大力支持，这是增强推动力的重要手段。然而企业推进变化过程仅仅通过自上而下的指导和支持是不够的，企业整体需要通过更加系统化的思维来寻求全面解决办法。为此，企业还需要做好以下工作：

(1) 沟通。为成功推进企业变化，沟通必不可少。企业管理层应该清楚员工可能并未感受到实行变化的迫切性，也可能并不清楚变化将怎样对他们自身造成什么样的影响。通过沟通，企业员工将理解和认识变化的必要性和变化带来的企业价值，知晓变化的推动力量和抑制力量。沟通也有助于对变化即将导致的不确定性进行澄清，使员工可以想象将来他们在企业中所扮演的角色和所处的状态。沟通使所有员工了解到变化将给他们带来的影响，因此也有助于减少变化的抑制力量。

(2) 培训。企业推进变化需要企业员工打破常规并采用新的角色模式，此时培训就显得特别重要。将员工通过培训学到新的知识和技能，从而适应变化角色，能够在变化的环境中表现得更好。

(3) 员工参与。企业变化没有员工的参与是不可能取得成功的。大多数情况下员工参与是启动变化的关键。推进变化的努力需要更多员工的承诺和积极的响应。员工的主意也有可能改进变化战略和相关决策，而且通过跨职能的团队与员工合作可以形成更好的解决方案。此外，因为员工感觉自己是制定和执行决策过程的一份子，相应地就容易激发员工的积极性，变化的阻力也相应变小。

(4) 压力管理。沟通、培训和参与都无法完全解除员工的顾虑。变化是对企业员工已经适应的工作体系、流程、组织结构、利益分配等的重新构建，可能引发企业组织的震动，导致员工的愤怒和沮丧情绪。在企业中推行压力管理有助于缓解变化引起的紧张氛围。压力管理在一定程度上能够增强员工的变化动力，使变化的抑制力量最小化。压力管理可以采用的方式有：缓解与员工自尊相关的紧张情绪，减少对未知世界和不确定性的恐惧感，排除变化导致的与员工有关的一些直接成本，如职级降低、薪资下调等。

(5) 协商。沟通可加深员工对变化的理解程度，但为了赢得员工对企业变化的最大限度的支持，减少来自员工的变化阻力。企业有必要与员工就事关员工切身利益的变化事项进行协商，谋求企业整体利益和企业员工利益的协调，从而使企业员工遵循企业变化的流程安排和具体要求。协商需要及早进行，最好是在启动变化之前就已经进行了有效协商。

(6) 高压。这是企业启动和推进企业变化中的不得已的最后选择，而且应当小心使用。只有在其他方式方法无效而企业必须进行快速变化时，才能对企业员工实施高压政策。高压政策包括经常监督员工行为以确保一致性、不断提醒员工的责任和使用制裁等方式，还包括与员工解除劳动关系等。

4. 企业成功实现有效变化的基本因素

企业无论开展以上哪项工作，都是为了推行有效的变化，而企业成功实现有效变化包括一系列基本因素，具体如下：

(1) 通过持续审视市场和竞争状况形成紧迫感，在此基础上讨论并识别潜在的危机和主要的机会。

(2) 成立强有力的变化工作指导委员会。这一委员会应有足够的权威和适当的权力来协调推进企业变化流程。

(3) 设立变化愿景。该变化愿景将成为所有变化流程和行为的共同指向，有助于指导企业具体变化行为。

(4) 开展切实有效的沟通。企业与员工就需要变化的事物和如何实现变化结果进行有效的沟通，使用一切可能的方式就变化的收益、变化的流程和变化对企业和员工的积极意义等进行深入沟通。

(5) 适度授权。通过适当方式和适当范围的授权可以激发更多企业员工的变化积极性，有助于削弱变化的阻力。

(6) 阶段性成果展示。企业在变化过程中应当及时对阶段性成果进行评估总结，并开展针对性地奖励活动。这一方面是对变化过程的实时监控，另一方面将进一步强化企业和员工对变化的信心，也是对变化推动力的进一步强化。

(7) 使变化成果制度化。通过企业变化流程达到了新的理想运营状态后，企业要及时调整或开发适当的企业体系和流程，使新的理想运营状态得以维持。

5. "变"的文化

如上所述，很多因素会影响到企业变化管理是否有效。实际上还有一个要素对企业变化管理是异常重要的，这就是企业文化。首先企业文化是企业变化管理的一部分，企业变化管理往往伴随着企业文化某种程度上的变化；同时"变"的企业文化也是企业变化管理的重要支撑条件。如果企业中已经形成了赞同变化的价值取向，则企业文化会对企业推行变化提供极大的推动力，否则将会构成极大的抑制力，形成对企业变化的严重阻碍。因而，适当的、推崇变化创新的企业文化可能成为企业变化的主要指引力量和支撑条件，而不适当的、因循守旧的企业文化将成为对企业变化的主要抑制力和阻碍条件。当对企业愿景、使命、战略进行调整或更新的时候，企业文化变化经常扮演着重要的角色，通过文化变化可以形成适当的价值观以改变员工的信仰、思维和行为方式来满足新的要求。企业推进文化转变需要完善新的计划和系统的方法。对于变的文化而言，直接关注于文化本身并不是明智之举，也并不会完全有效。实践中企业不要直接关注文化本身，如价值观、行为规范和生活方式，也不要过多关注于或者试图直接改变员工的态度，更不要期待着员工行为方式的突然改变。明智的做法是通过开展某个或某些具体项目和行动计划来证明变化是有益于企业的利益相关方、员工和企业本身的。通过这些具体项目和行动计划将潜移默化地影响企业和企业员工的行为方式、价值理念，这种影响逐渐积累将引发文化变化。这是一种循序渐进的文化变化模式，也是容易开展和能够取得良好效果的文化变化模式。企业领导者可以通过在全面质量管理框架下运行持续改进项目来培育文化变化。许多项目，诸如零缺陷项目、5S项目、质量控制循环项目、客户满意度项目等，都可以经由企业领导者来推广，并在全企业范围内加以执行。这些项目的成功事例将影响到员工行为，激励他们接受持续改进，并把其作为积极的思维方式来改善个人行为和公司行为的有效性。

　　企业文化，特别是针对变化的企业整体态度和价值取向对企业变化成功与否十分重要。所以企业要注重在企业文化建设中培育敢于面对变化并发挥力量主导变化的意识，也就是在企业中培育"变"的文化。为此，需要在企业中提倡"老鹰文化"，抑制"螃蟹文化"。具体见图5-4。

老鹰文化

　　老鹰是所有鸟类中最强壮的种族。根据动物学家所作的研究，这可能与老鹰的喂食习惯有关。老鹰一次生育4到5只小鹰。由于它们的巢穴很高，所以捕猎回来的食物一次只能喂养一只小鹰。而老鹰的喂食方式并不是依平等的原则，而是哪一只小鹰抢得凶就给谁吃。在此情况下，瘦弱的小鹰吃不到食物都死了，最凶狠的存活下来，代代相传，老鹰一族就越来越强壮。相应地企业在激烈的市场竞争也必须以积极的态度去应对变化、管理变化，争取脱颖而出，才能实现长久的生存和发展。

螃蟹文化

　　钓过螃蟹的人或许知道，篓子中放了一群螃蟹，不必盖上盖子，因为螃蟹是爬不出来的。因为只要有一只螃蟹往上爬，其它螃蟹便会纷纷地爬到它身上，结果是把它拉下来，最后没有一只出得去。企业里常有一些人，安于现状，不愿突破，常常不喜欢看到别人的成就与杰出表现，天天想尽办法破坏与打击。如果不能抑制这种现象，久而久之，企业中就会形成沉闷的气氛，变化会受到抑制，企业员工也会变成只知互相牵制而毫无竞争力的螃蟹。

图5-4　老鹰文化与螃蟹文化

　　"变"的文化中的一个重要元素就是创新，创新强调企业要不断地审视自我、针对内外环境变化做出适当的调整。在这方面，美国企业是世界的典范。美国企业的很多实践为我们展示了创新的迷人魅力，比如苹果公司洞察产业发展趋势和消费者的潜在需求，以创新理念打造出全新的移动应用平台，赢得了巨大的成功。其实中华传统文化很早也强调了不断审视自我的重要性，"吾日三省吾身"就是古代先贤对此点的概括总结。从中华传统文化看，我们不缺乏自省精神，但在创新方面主要缺乏的是洞察力、执行力。目前大多数中国企业还缺乏从纷繁复杂的环境变化中提取主要元素、发现创新要点的能力。更重要的是即使提取了主要元素、发现了创新要点，很多企业还缺乏必要的执行力来使创新得到落实。面对现实，中国企业在创新文化的营造和创新机制的构建上还有很长的路要走。然而，令人欣喜的是一些中国企业在这方面已经进行了有益的探索。比如在培养企业"变"的文化方面，中国知名企业华为就为我们树立了很好的榜样：

华为的企业精神非常崇尚狼，认为狼是企业学习的榜样，要向狼学习"狼性"，狼性永远不会过时。任正非说：发展中的企业犹如一只饥饿的野狼。狼有最显著的三大特征：一是敏锐的嗅觉；二是不屈不挠、奋不顾身、永不疲倦的进攻精神；三是群体奋斗的意识。同样一个企业要发展，也应该具备狼的特性。华为的"狼"文化可以概括如下：

学习、创新、获益、团结

华为就是在"狼"文化的指引和支持下在竞争激烈的通信设备市场上，在变化中谋求企业发展。华为通过持续学习和不断创新为企业寻找到了适合的发展路径。学习、创新都是变化的体现和要求，学习包括对内外环境的认识和评估，创新包括对环境的适应和改造。而获益则是变化的结果，是对变化的成果的确认和固化。团结是推进变化中的重要手段之一。华为作为民族企业有效地开发和发展了"变"的企业文化，为民族企业树立了榜样，也增强了民族企业开发具有自身特点、适合企业实际的变革文化的信心。

二、变化与变革

企业变化管理是对企业内外环境因素变化的主动适应和利用，涉及企业经营管理的某一因素、环节或是若干因素、环节乃至整个企业经营管理要素。企业变化是持续进行的，只不过在不同阶段、不同层面其变化范围和强度有所不同。但当企业环境发生急剧变化时，企业往往需要对企业经营管理要素进行全面的、急剧的、大幅度的变化，其涵盖范围十分广泛，有时甚至包含了企业愿景和使命在内的全部管理要素。这种变化是对企业经营管理的根本性变革，即企业变革。企业变革是由企业核心管理层主动发起，试图对企业体系、流程、组织结构和核心技术等方面进行根本性的改变，以谋求企业在市场、技术和整体竞争力方面的优势，从而对实现企业愿景和使命产生极大的帮助。在某些特殊情况下，企业变革也会涉及对企业愿景和使命的更新。企业变革需要摒弃原有的原则，改变固有的思维模式。企业变化与企业变革联系紧密，而又有明显区别。首先变革是一种特殊形式的变化，是变化的一部分；其次，持续性的变化为突变性的变革积累和创造了条件，变化的量变积累演化出变革的质变突破；最后，变革是企业下一阶段变化的开始，把企业变化提升到另外一个平台。图5-5是对企业变化与变革特点与关系的概括描述。

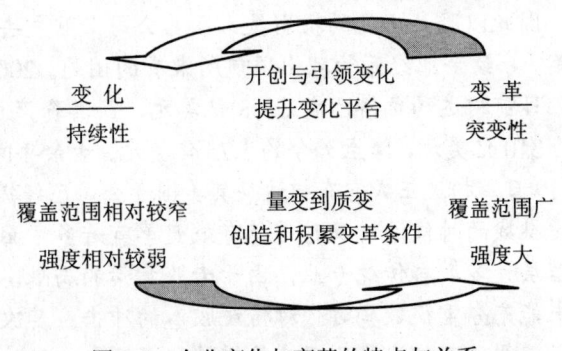

图5-5 企业变化与变革的特点与关系

企业变革是对企业现有运营状态的根本性改变，其涉及面广、改变程度深，与企业基本业务运营有着本质上的不同。变革管理关注的是企业整体经营结果、当前和将来的市场位置、企业技术和产品路线图以及企业对社会的整体贡献等方面，变革项目经常是具有革命性的；而企业基本业务运营是处理运营和项目层面的具体事项，属于企业的日常运营。2007年吉利汽车公司的管理层作出了一项革命性的变革决定。该公司将价值8亿元的第一代汽车生产设施淘汰并停止生产3个旧型号的汽车。吉利公司重新建设了价值20亿元的全自动汽车生产设施，该生产设施具有业界先进水平，装备有机器人自动焊接设施等。现在，吉利生产大量的新型号汽车，帮助公司实现销售增长。通过此次变革，吉利正努力提升自身品牌形象。企业变革影响面广，对企业的整体运营影响深刻。现实中有很多企业通过适当的变革为企业实现了巨大收益，或者在极端不利的市场环境下获得了新生，而也有相当数量的企业没能适时开展适当的变革，最终在市场竞争中败下阵来。

[案例]

传统胶卷行业巨头的前世今生

柯达(Kodak)与富士(Fuji)曾经是世界上最大的两家胶片制造商，在传统影像时代两家公司都曾经红极一时。然而在时间来到20世纪末的时候，随着数字技术的迅速兴起，人们的拍照需求和方式也发生了很大的变化，两家传统胶片公司都面临着极为严峻的威胁。时至今日，两家公司的命运截然相反，令人唏嘘不已。

柯达公司是世界上最大的影像产品及相关服务的生产和供应商，业务遍布150多个国家和地区，全球员工约8万人。多年来柯达公司在影像拍摄、分享、输出和显示领域一直处于世界领先地位，一百多年来已经帮助无数的人们留住美好回忆、交流重要信息以及享受娱乐时光。以下的一组数据见证了柯达的辉煌成就：

1880年以来，柯达公司一直是全球影像产品创新的引领者。柯达占世界摄影器材市场75%的份额，利润占据这一市场的90%。

1966年，柯达公司的海外销售额达到21.5亿美元，在《财富》杂志中排名第34位，纯利润居第10位。

1975年，柯达公司垄断了美国90%的胶卷市场以及85%的相机市场。

2002年，柯达公司的全球营业额增至128亿美元，全球员工总数约7万人。

从2000年以后，互联网促进数字技术大发展。随着数码技术的崛起，传统的胶片摄影逐渐被数字摄影取代，因此以胶片立足的摄影技术及其公司必然失去基础。然而此时柯达公司未能及时进行变革，导致企业经营管理出现前所未有的困局。2004年后柯达仅有2007年一年实现全年盈利，目前柯达的负债已高达68亿美元，而其资产总额仅为51亿美元，其市值也从历史峰值的310亿美元，降至如今的1.75亿美元。十余年间，柯达总市值蒸发超过99%。2012年1月19日，柯达正式宣布柯达及其美国子公司已经提交了破产保护申请。

柯达在面临数字化挑战的时候没能及时进行有效变革有着多方面的原因。首先在企业管理方面，柯达的管理层大多来自传统专业，由于专业背景的局限，对电子信息技术等新知的匮乏，令管理层未能充分重视数码时代对传统胶卷的冲击。其次在营销战略方面，数码相机等创新性产品所需要的营销战略体现为要搭建好产品与市场的桥梁，也就是要抓好创新型产品的市场化，让创新产品尽快成为现金流。柯达并未从胶片业务抽离资金，为转型做好准备，并开发新业务。最后在供应链方面，主营产品的转型要求企业在赢利模式、内部运营、外部物流、销售渠道、客户服务等供应链的每个环节随之转变，这样的转变需要极大地勇气和决心，显然柯达在全方位变革方面没有准备。

富士公司作为柯达长期以来最大的竞争对手，面对数字技术的挑战，却有着截然不同的路径和结局。富士公司于2000年就开始推行企业变革，实行企业转型，富士尽可能地从胶片业务抽离资金，为转型做好准备，并开发新业务，成为多元化公司。公司执行"绿富士"计划，即在将传统胶片业务压缩到收入1%的同时，在医疗器械等生命科学领域(含化妆品)、打印设备生产制造等相关领域，延续其在光学领域的技术储备。目前，富士已经确立将医疗生命科学、高性能材料、光学元器件、电子影像、文件处理和印刷等一并列为富士集团今后的六大重点发展事业。其中，医疗健康事业是富士公司新业务板块的重点。富士甚至在利用胶片渗透技术改行做化妆品。富士胶片株式会社还曾在上海高调宣布，其高端护肤品系列艾诗缇正式进军中国市场。2007年，富士公司销售收入达到了2兆8500亿日元(相当于人民币2200亿元)，营业利润也达到了2000亿日元左右，创下了历史最高纪录。2008年金融危机之后，富士顺利转型为一家多元化公司。在2009财年富士胶片2.3兆日元的全球销售总额中，有16%来自以摄影胶卷、彩色照相机、数码照相机为产品代表的影像领域，41%来自以医疗、印刷和液晶显示屏材料为主的信息事业领域，以文件处理器、复印机、打印机为主的文化处理事业领域占43%。目前富士市值将近120亿美元，全年营收接近500亿美元。应该说富士公司通过开展适当的企业变革在严峻的技术和市场情形下实现了华丽转身，投身多元化市场，为企业的长久发展打下了良好基础。

我们再把目光收回国内。传统影像时代国内胶卷产业的代表乐凯在面临数字化挑战时也大胆进行了企业变革，从而使企业获得了新生。1998年，中国政府为乐凯注入8亿元，以支持其与美国柯达和日本富士胶卷在中国的竞争。这使乐凯的业绩在2000年达到鼎盛，其净利润为2.15亿元。但一年后，胶卷巨头们迎来了共同的敌人——数码相机。为拯救利润，乐凯选择了做光学薄膜。2005年10月，乐凯第一条光学薄膜生产线在保定开工建设。光学薄膜业务看上去要比胶卷争气许多。2010年以平板显示用光学薄膜为主的膜材料的收入同比增长80.5%，占集团总营业收入的19%，利润总额同比增加9800万元，占同期集团利润总额的42%。2011年9月13日，乐凯集团宣布并入中国航天科技成为其全资子公司。现在，胶卷收入仅占公司营业额的1%至2%。

企业变革具有如此重大影响力，那么究竟什么情况下企业需要实行变革呢？这一问题没有一个全面的、唯一的答案，需要企业根据自身特点和内外环境综合考量后进行抉择。但即使这样，还是有一些具有共性的现象需要引起企业的高度关注，当企业面临以下情形时就需要考虑是否进行变革：企业业务长期停滞、缺乏增长空间；企业短时期内市场份额持续下降；企业生产效率低下、明显低于主要竞争对手水平；行业竞争结构发生明显改变；技术更新换代遇到瓶颈，新兴技术逐渐成长成熟；政策或市场发生了巨大变化以致严重影响企业运作；行业生命周期进入快速下降通道；企业文化或企业形象受到社会文化和价值的巨大冲击，等等。所有这些问题只靠对企业运营体系进行微调是无法根本解决的，此时此刻，企业需要适时地开展变革。

企业开展变革需要首先对企业变革的动因进行深入分析，只有在此基础上才能实行有效的变革。有关企业变革动因可从表 5-1 中所列的三个方面进行考量。

表 5-1　企业变革动因

外部经营环境的改变	<ul><li>科学技术发展；</li><li>经济增长速度、产业结构调整、金融政策改变；</li><li>环保的要求；</li><li>竞争加剧、市场需求变化等</li></ul>
企业自身成长的需求	<ul><li>由小企业向大企业发展；</li><li>由单一品种企业向品种多样化企业发展；</li><li>由简单产品企业向高新技术产品企业发展；</li><li>由面向国内市场向面向国际市场发展</li></ul>
企业内部条件的变化	<ul><li>技术条件的变化：如设备的机械化、自动化水平提高；高、精、尖及新产品的投产等；</li><li>人员条件的变化：人员结构的变化、人员素质的变化等；</li><li>管理条件的变化：实行了计算机辅助管理、建立了现代企业制度、改革人事制度、优化劳动组合等</li></ul>

企业变革虽然其覆盖面广、强度大，但其表现形式也并不完全相同。有些变革可能是涉及所有管理要素的全局性根本性变革，有些则是针对某一些管理要素的全面的深入变革，虽然这些变革重点是在某些要素上，但因其强度很大，也需要其他管理要素的变化与配合才能完成。具体的变革类型有很多种划分方法，例如可以划分为战略性变革、结构性变革、流程主导性变革和以人为中心的变革等。

市场战略变革就是企业变革中的一个重要类型。现实企业经营中就有很多在市场战略方面适时进行变革从而取得竞争优势的案例。

【案例】

维斯塔斯市场战略变革与产能转移

丹麦维斯塔斯公司(Vestas Wind System A/S)是世界风力发电工业中技术发展的领导者，是世界风机设备供应商之首，已在全球安装了超过 3 万台风机用于发电，在 2005 年世界风机新增容量中占有 27.9% 的市场份额。维斯塔斯风机以其先进、高效和可靠性而闻名于世。维斯塔斯还是海上风电场先行者，该公司在 1995 年开始从事海上风电场风机制造，到 2004 年 12 月 31 日，该公司占世界 54% 的海上风机份额。公司生产车间遍布丹麦、德国、印度、意大利、苏格兰、英格兰、西班牙、中国、瑞典、挪威及澳大利亚等国家。该公司新近做出一项变革决定，即将市场战略的重点改为美国和中国，为此要将大量产能从英国等欧洲国家转向美国和中国。其中一项重要措施就是关闭在英国怀特岛的工厂并因此解雇 425 名工人，同时为其在中国、美国的新工厂招收约 5000 名工人。维斯塔斯公司解释说与英国的风电厂缓慢的发展步伐相比，中国和美国的风电市场发展迅速，因而该公司要在中国和美国迅速扩张。英国的风能市场相对较小，只有0.5GW的市场容量，而与之相比美国的市场容量是8.5GW，是世界最大的风能生产者。举例来说，把风轮机叶片由英国怀特岛运往美国的运输成本要比在美国当地的生产成本高很多。中国现在是世界第四大风能生产者，根据预测中国很快会超越美国成为世界最大的风能生产者。在中国，政府要求80%的风电厂使用国产组件，为适应这一要求，维斯塔斯决定在中国开设新工厂以获取相应的市场份额。维斯塔斯于2006年在天津经济技术开发区设立了它在中国的第一家工厂。在完成控制系统工厂和加工工厂的建设以及发电机和叶片工厂的扩张后，这个生产基地已成为维斯塔斯最大的风能综合生产基地，涵盖了涡轮发动机、叶片、发电机、控制系统和机械部件等广泛领域，其新建成的风力涡轮机塔的组件供应和物流中心也将投入运营。该生产基地的完工进一步加速了其产品的本地化，同时也把具有世界先进水平的风能设备生产技术引入了中国。它将向中国和世界市场持续供应高科技高质量的风力涡轮机。

企业变革涉及方方面面，组织结构也是其中一个重要部分。当今企业组织结构的变革有两大趋势：

(1) 从机械化组织向柔性组织变革，具体见图5-6。

机械化组织

有正式的职权层级链所形成的具有统一的指挥，狭窄的管理幅度，多层次的非人格化结构，高层管理者以复杂详尽的规划对低层活动进行监控。以不变应万变，高度分工，高度复杂化，高度正规化，高度集权化。

柔性组织

松散、灵活的具有高度适应性的组织形式。成员具有熟练的技能并经过培训能处理多种复杂问题。通过教育将职业行为标准灌输到员工的头脑中，而不需要多少正式的规则和直接监督。

图5-6　机械化组织到柔性组织

(2) 从金字塔式组织向扁平式组织变革，具体见图5-7。

金字塔式组织

企业的整个组织结构像一座金字塔，以垂直方向展开企业组织结构。领导人高居塔尖，以制度和法规严格构建等级制度。明确划分职责，以能力作为选用和升迁的依据。权利高度集中，缺乏适当的授权。汇报和沟通渠道以由上到下和由下到上的直线制为主。

扁平式组织

通过破除公司自上而下的垂直高耸的组织结构，减少管理层次，增加管理幅度，裁减冗员来建立一种紧凑的横向组织，达到使组织变得灵活、敏捷，富有柔性、创造性的目的。它强调系统、管理层次的简化、管理幅度的增加与分权。组织内部适当授权，汇报层级短而多向化，沟通渠道多元化，强调团队合作。

图5-7　金字塔式组织到扁平式组织

既然企业变革对企业长久高效运营具有十分重要的意义，企业变革就要具有一定的预见性。当企业内外环境已经发生剧烈变化，而使企业经营处于十分困难的境地时，企业才不得不被动地开始变革，这并不是理想的变革。因为往往没有预见性的变革是仓促之中采取的应急性措施，缺乏精密的思虑、长期的准备，往往难以取得预期的变革效果。更重要的是这种应急性的变革主要是为了尽快解决眼前的关键性问题，往往缺乏对企业长期发展的关注。因此，也就失去了通过企业变革谋求企业长远发展的本质意义。所以开展企业变革要强调企业变革的预见性，企业要未雨绸缪，及早筹划企业将来的发展步骤和措施，为适当环境下开展变革进行策略、资源和组织上的充分准备。例如世界半导体产业巨头英特尔公司在世界半导体行业市场占有率方面长期遥遥领先，特别是在 PC 机处理器市场的占有率更是高达 80%以上。然而英特尔居安思危，时刻关注世界技术发展趋势和市场演进潮流，及时发现了移动互联市场在将来的巨大潜力和自身在该方面的局限。公司在积极投入巨资向移动互联市场渗透的同时，先后收购英飞凌公司无线通信部门和摩托罗拉移动通信开发部门，增加了公司在移动通信市场的技术实力。应该说英特尔的这一系列变革举动是具有相当的预见性的。然而同样是移动通信市场巨头的诺基亚公司就犯下了变革缺乏预见性的错误。诺基亚曾经是手机市场的龙头，特别是在 GSM 时代长期占据手机出货量榜首的位置。在 3G 和 LTE 技术走向成熟的情况下，智能手机大行其道，手机操作系统的适用性成为影响手机受欢迎程度的重要元素。但是，诺基亚没能预见到安卓系统的强大生命力，在市场普遍采用安卓系统的时候，没有开发出任何一款安卓手机。当诺基亚在智能手机市场几乎一败涂地的时候才幡然醒悟，开始进行产品系列变革，着手推出安卓系统手机。可是，这种变革是没有预见性的变革，究竟是否能够帮助诺基亚走出困境，还要拭目以待。

三、危机与风险管理

直至现在大家大都还对 2008 年的国际金融危机记忆犹新。在那场危机中众多企业纷纷倒闭，很多世界知名优秀企业也受到严重冲击，通用汽车公司就是其中之一。在 2008 年通用被丰田汽车公司超越之前，通用汽车公司是世界上最大的汽车制造商，它的生产厂遍布世界 34 个国家，一年汽车产量超过 9 百万辆。然而就是在这场危机中通用汽车公司销量急剧下滑，甚至最后不得不走向破产登记之路。此后通用汽车公司选择 ATT 前任首席执行官 Edward Whiteacre Jr 作为公司新任主席。Whiteacre 作为 ATT 的首席执行官曾带领该公司成为世界最大的电信公司，他具有对通用汽车公司而言十分关键的技能。Whiteacre 担任通用公司新任主席后，需要在美国财政部的详细审查下指挥一场大规模重构行动。通用汽车公司临时主席 Kent Kresa 这样评价 Whiteacre：他是一个具有超常创新性的人，他曾经带领一家拥有诸多先进技术的公司，并把它与一家几乎没有太多先进技术的公司进行合并。在当时情况下通用公司新的企业管理层面临着巨大的挑战，一方面他们需要完成企业重构，另一方面需要引入变革项目。2009 年 7 月份通用汽车公司从破产保护中走出之后，为了能够更加关注消费者的需求并做出快速响应，通用汽车公司将不再实行区域性业务运营的架构，也将不再设置区域总裁的职位以及区域战略委员会，以使决策过程更加贴近消费者。新通用在管理结构、业务范围以及营销模式上实行大规模的瘦身。其中，撤销原有的四个业务区，而将新成立的国际运营总部设在上海，在那里设有通用与上海汽车工业集团公司的大型合资企业，这意味着中国市场已成为新通用崛起的重要平台。新通用计划增加其在中国的设计能力。通用汽车公司在中国 2008、2009 年度的汽车销量较上一年度上升了 47%。

如上所述，通用汽车公司在 2008 年国际金融危机期间经历了一场空前的企业危机。曾经是世界汽车业翘楚的优秀企业都不得不面临破产的威胁，更多中小规模的企业更需要认真考虑如何应对危机。本章前面已经说明企业内外环境的变化无处不在、无时不在，相应企业需要开展变化管理予以应对。企业内外环境的变化有时会对企业声誉、信用和企业经营造成负面影响，这种变化对企业而言就形成了风险。企业风险是指由于企业内外环境的不确定性、生产经营活动的复杂性和企业能力的有限性而导致企业的实际收益达不到预期收益，甚至导致企业生产经营活动失败的可能性。企业运营是一个复杂的经营管理过程，涉及的内容繁杂多样，相应地企业风险的表现形式也多种多样，例如投资风险、技术风险、生产风险、决策风险、市场风险、组织风险、财务风险等都是企业风险的表现形式。从一个企业诞生之日起，在它的日常经营过程中就会面临着各种各样的风险，如自然灾害、人为灾害、政策变化、产品质量问题、财务问题、罢工等。如果企业对各种风险疏忽、麻痹、熟视无睹，或者对已经认识到的风险不采取有效的措施，未能及时应对企业风险，没有对企业风险加以适当的引导和控制，这些风险就可能对企业经营管理造成损害，风险一旦失去控制就可能在特定时间、特定环境下演变成一场危机，对企业运营产生致命性损害。所以，风险是危机的先兆，危机是风险的延续。危机如果不能正确处理，哪怕是一件很小的事情都会对企业及其产品和声誉造成巨大的损害，甚至从此一蹶不振，走向衰亡。2008 年世界经济风暴就使世界范围内许多公司陷入危机之中。当时世界各国银行危机、商业危机和政府赤字比比皆是，引发社会严重动荡。导致危机产生的关键在于危机主体缺乏风险预控意识及有效预控风险的能力，从而使风险发展为危机。一旦危机事件发生，不采取措施或者采取不正确的措施都会把企业拖入无法挽救的境地。在 20 世纪 90 年代，风靡神州大地的三株口服液创造了 7 亿瓶销量、300 亿销售收入的记录，然而它迅速衰落的直接原因也就是一场官司而已。1996 年湖南常德一位老人因病去世，其家属称是服用三株口服液致死的，在当地法院起诉三株，索赔 29.8 万元。一审三株败诉，其家属联系媒体借此大肆炒作。同时一篇长达几十页的"八瓶三株要了一条老汉的命"的文章在各大媒体转载，三株从此走向低谷。官司历时一年多，终审三株胜诉。结论为死者根本没有买过三株口服液，所开票据均系伪造，陷害原因是死者的儿子曾向三株敲诈 30 万，但企业没有理会，三株为此蒙受高达数十亿元的经济损失。如果三株能够及早对危机因素充分重视并采取相关措施，例如和公安机关合作防止恶意敲诈，这样的悲剧就不会上演。然而三株显然未能适当地控制这次官司引发的风险，也未能适当地应对此次危机。此后三株口服液从年销售 80 亿降低到一年几千万元，市场网络被迫关闭，15.7 万员工下岗，直接损失达 40 多亿。三株也因此淡出市场，几乎是销声匿迹。

【案例】

中国航空油料集团公司的期货交易危机

中国航空油料集团公司是令中国国内各航空公司不敢不敬畏的航油巨无霸。据中航油总公司的资料显示，中航油总公司核心业务包括：负责全国 100 多个机场的供油设施的建设和加油设备的购置；为中、外100多家航空公司的飞机提供加油服务(包括航空燃油的采购、运输、储存直至加入飞机油箱等)。自1997年起，作为中航油总公司唯一的海外"贸易手臂"，新加坡中航油便开始抓住了国内航空公司的航油命脉，在中国进口航油市场上的占有率急剧飙升：1997年不足3%，1999年为83%，2000年达到92%，2001市场占有率接近100%。中国航油(新加坡)于2001年12月6日在新加坡交易所主板成功挂牌上市，为新加坡交易所当年上市公司中筹资量最大的公司。然而一场因石油期货交易引发的危机却导致了这家航油巨头的衰败。

2003年下半年：中航油开始交易石油期权，最初涉及200万桶石油。

2004年一季度：油价攀升导致公司潜亏580万美元，公司决定延期交割合同，期望油价能回跌，交易量也随之增加。

2004年二季度：随着油价持续升高，公司的账面亏损额增加到3000万美元左右。公司决定再延后到2005年和2006年交割，交易量再次增加。

2004年10月：油价再创新高，公司此时的交易盘口达5200万桶石油；账面亏损再度大增。10月10日，面对严重资金周转问题的中航油，首次向母公司呈报交易和账面亏损。当时公司已耗尽近2600万美元的营运资本、1.2亿美元银团贷款和6800万元应收账款资金，账面亏损高达1.8亿美元。10月20日，母公司提前配售15%的股票，所得的1.08亿美元资金贷款给中航油。10月26日和28日，公司因无法补加一些合同的保证金而遭逼仓，蒙受1.32亿美元实际亏损。

2004年11月8日到25日：公司的衍生商品合同继续遭逼仓，截至25日实际亏损达3.81亿美元。

2004年12月1日，在亏损5.5亿美元后，中航油宣布向法庭申请破产保护。

普华永道(PwC)公布的报告表明，中航油风险管理控制松懈，公司未能对它的期权组合进行正确估价。这导致了在新加坡上市的中航油亏损5.5亿美元，发生了这个城市国家自1995年巴林银行(Barings Bank)破产案以来最严重的金融丑闻。

中航油的案例充分说明金融交易风险给公司带来的巨大损害和缺乏风险监控和管理就会引发危机，而这些危机往往对企业而言是致命性的。风险和危机会给企业带来实质损害和潜在损害，这些损害可能表现为多种形式，有时甚至会对企业造成全面的损害，如处理不当，将造成无法挽回的损失。这些可能的损害包括：

- 企业声誉受到明显损害。
- 公众对企业的信任度下降。
- 业绩下降、利润减少。
- 员工忠诚度下降。
- 员工生产力下降等。

企业可以通过多种不同的方法应对这些损害，如成本控制、员工福利制度等，然而仅靠这些日常的管理制度和措施有时无法完全有效地应对和化解风险。企业需要采用一套完整的风险识别、预防和控制措施和流程，才能实现有效的风险管理。

虽然企业面临的环境处于持续变化之中，有时甚至使企业不得不面对危机。然而风险往往又蕴藏着机会，企业如果准备充分，仍然可以按时执行为应对这种形势而准备好的措施，以便管理变化和危机，最终战胜危机实现持续增长。就如孙子所说："昔之善战者，先为不可胜，以待敌之可胜。不可胜在己，可胜在敌。故善战者，能为不可胜，不能使敌必可胜。"所以说如果企业能够适当控制和利用风险，往往还能够从风险中挖掘出机会，从而化危为机，取得更大的发展。有效的危机处理，不但可以尽量减少损失和影响，甚至可能让企业在处理过程中受益。例如英国航空公司的 108 号航班曾经因故临时取消了飞往日本的航班。除了一位老太太外，其他乘客都改乘了其他航班。最后 108 航班上十几位机组成员，用一架可乘坐几百人的飞机，专门运送这位老太太回日本。此事被世界各大媒体争相报导后，一时间英航乘客爆满。可见，得当的危机处理同样可以重新建立企业的信誉，也突显了危机预防和处理的重要性。

【案例】

正宗好凉茶：王老吉与加多宝

中国凉茶市场第一品牌王老吉引发了利益相关方的一场品牌之争。广药集团——王老吉的品牌所有者，加多宝及其母公司香港鸿道集团——红罐王老吉生产经营权的租借者，他们为了王老吉这一品牌甚至对簿公堂。2012 年 5 月 9 日，中国国际经济贸易仲裁委员会作出终局裁决，鸿道集团及子公司加多宝违规销售红罐王老吉两年，鸿道集团停止使用王老吉商标。这对于加多宝来说绝对是一场空前的品牌危机，如果处理不当，多年的苦心经营将付之东流。

在王老吉商标被要求停止使用后，加多宝果断进行地毯式广告轰炸，将加多宝与王老吉这两个新旧品牌转换的代价降到了最小。实际上加多宝对这次品牌危机早已有所准备，提前就进行了相应部署和准备。早在仲裁结果公布前的几个月红罐王老吉的罐身上就已经同时印有王老吉和加多宝的标记，而且两者字号大小相同。2012 年 3 月 29 日，加多宝就已经发布关于换装的声明，宣布全面放弃王老吉包装，强化加多宝品牌。可见，加多宝已经为与王老吉的品牌切换做足了准备。加多宝强化品牌宣传的一个重要措施就是冠名赞助浙江卫视《中国好声音》节目。该节目是 2012 年中国最受欢迎的娱乐节目，通过冠名和主持人对加多宝赞助的一长串贯口，加多宝在最短的时间快速建立起新品牌的知名度和提及率。加多宝还充分利用已有的终端推广能力和资源整合能力来重塑品牌。从《中国好声音》开播以来，加多宝便先后在北京、西安、武汉等地与浙江卫视一起开展了 10 余场推介会活动，并利用电视、平面、网络等媒体不断强化传播频次，最终促成"正宗好凉茶、中国好声音"的经典结合。据资料显示，更名后的加多宝凉茶品牌知晓率高达 99.6%，品牌第一提及率达 47.9%，销售量也大幅度攀升。加多宝用一场精彩的广告营销大战，把品牌危机转化成了品牌再造的良机，使企业从危机中获得了巨大的收益。

加多宝的案例说明企业风险和危机的有效管理对企业具有十分重要的意义。因此为了有效应对企业风险和危机，企业必须开展风险管理。企业风险管理是对企业可能产生的各种风险进行识别、衡量、分析、评价，并适时采取及时有效的方法进行防范和控制，用最经济合理的方法来综合处理风险，以实现最大安全保障的一种科学管理方法。为开展有效的风险管理，企业要能够从风险和危机中吸取教训，当面临风险时应做好失败的准备，准备好能避免企业毁灭的可供选择的解决方案或计划以便谋求企业的健康持续发展。企业还要能够管理和克服危机，然后进一步把危机转化为机会。

在当今市场全球化趋势日益增加、竞争更加复杂和困难、技术生命周期不断缩短的环境中，企业面临的风险更多，如处理不当更有可能发生危机。然而机会和风险是一枚硬币的两面，风险是与业务增长和赢利机会紧密相连的，风险越多，机会越大。在当前这种环境下企业更加需要切实开展风险管理，有效控制和利用风险。企业在决策过程中一定要引入风险管理，进行风险评估，制定应对意外的计划以便使企业陷入危机形势的危险性最小化。为此，企业管理体系中要引入风险管理流程。风险管理流程具体包括四个步骤：

(1) 识别风险，即沿着整个企业业务价值链对风险及其根本原因进行系统化识别。

(2) 风险分析和评估，在该阶段中对已经识别出的风险进行分析并对其潜在危险和风险发生的可能性进行量化，并通过评估来显现其潜在危害。风险评估根据风险发生的可能性和风险一旦发生其造成的影响程度来具体开展。

(3) 风险处置，在该步骤中企业要通过风险规避、风险降低、风险转移或者制定意外方案等方式寻找减少潜在风险的方法。同时根据风险程度来确定行动方案的优先顺序。另外还要考虑到执行额外的风险处置的成本并准备好处置风险的可供选择的方式方法。

(4) 风险控制与汇报，在这个阶段要对相关风险进行定期报告以确保严密监控和充分的管理和控制。企业管理层要确保所有的风险处置措施到位和风险管理行动方案得到开发和执行。

以上风险管理流程中，在风险处置阶段企业控制风险的同时应尽可能去利用风险，从而在风险中发现和利用机会，实现企业的长久发展和持续增长。企业通过以上流程开展风险管理，还应遵循以下基本原则：

• 全过程管理。风险可能存在于企业运营过程的方方面面，相应地企业风险管理也需要覆盖到企业经营管理的所有方面、流程和步骤，否则百密一疏、功亏一篑。

• 全员参与。企业领导者和管理层要高度重视风险管理，但这并不说明普通员工可以置身事外。风险因素往往隐藏在具体的业务之中，身处一线的企业员工更有可能在第一时间观察到这些风险因素，同时风险管理措施的落实也必须通过企业员工的具体行动才能得到切实落实。所以企业风险管理必须要求全员参与。

• 系统性管理。风险管理涉及企业经营管理的方方面面，需要全体员工的广泛参与，因此它是一项系统工程。所以企业风险管理自始至终以系统化的思维和视野考虑问题，以系统化的方案和行动应对并解决问题。

• 预防为主。虽然化危为机可能是具有经典意义的企业成就，但谁也无法保证一家企业总能化险为夷。所以理想的风险管理应该是尽早地引导风险因素，使其被控制在可以接受的范围内。因此企业对待风险管理要采取预防为主的原则，这样才能避免企业资源耗费在风险控制和危机处理当中，使得企业资源得到最大化的有效利用。

第六章 走向卓越

　　企业经营管理水平和发展程度有高有低。企业基本管理要素的有机结合与变化管理协调作用将使企业发展成为规范企业，而企业要在激烈的市场竞争中谋求优势地位，必须追求高绩效，从而使企业持续发展，成长为优秀企业。在此过程中企业需要组织开发并有效地落实一系列相关要素，如绩效观念、高绩效员工、关系管理、质量成本、品牌管理和创新等。其中创新是至关重要的因素，创新是高绩效的源泉。进而，优秀企业要成长为卓越企业还要经过漫长的历程，企业必须通过文化竞争造就高绩效企业文化，通过员工培养和开发项目得到员工普遍和充分的认可，并且通过充分履行社会责任，实现企业经济效益和社会效益的合谐统一。

　　企业经营管理需要适当运用企业基本管理要素并使其有机结合、协调作用，同时也离不开有效的变化与变革管理。然而以上这些只是企业开展经营管理的基本要求，企业不能只停留在这一基本要求层面上，而且还要争取更高的绩效，向更高层次的企业经营管理进军。

　　在整个社会经济中，根据企业经营管理水平和发展程度的高低，可以将企业分为四个等级，这就是所谓的企业成熟度的四个等级，具体如图 6-1 所示。这四个等级分别为：救火型(一般企业)、初始系统型(规范企业)、高绩效型(优秀企业)、融合型(卓越企业)。所谓救火型(一般)企业是指在经营管理中没有有效运用企业管理基本要素，未能适当开展变化管理的企业。通常这类企业运营体系中缺乏适当的组织、流程等，企业总是头痛医头，脚痛医脚，没有一个系统的规范，企业的目标也不是太清楚，管理的特点往往是人治。大部分刚创办的企业和一些中小企业基本上都是这种状况。这也是大部分企业发展过程中都要经过的初级阶段。初始系统型(规范)企业是指在经营管理中适当运用了企业管理基本要素，使其有机结合、协调作用，并且有效开展变化管理的企业。这类企业已经制定了明确的战略和数量化目标，主要的业务流程和规范已经规定清楚，而且能够对这些流程进行适当的评估和改进，企业内部各部门之间能够协同运营。初始系统型(规范)企业是企业发展进程中的重要阶段，相当数量的一般企业没有及时规范企业经营管理就被残酷的市场竞争淘汰了；而已经发展成为规范企业的企业还需要更进一步，争取再发展成为优秀企业才能在激烈的市场竞争中取得优势地位，否则，不进则退，最终也无法逃脱被不断发展的社会经济淘汰的命运。高绩效型(优秀)企业能够在规范经营的基础上获得相对较高的绩效，从而确保企业的关键战略和目标得以实现，企业运营关键流程能够得到及时强化和适当调整，各部门之间产生高效协同并且及时分享改进经验。这类企业在市场竞争中处于优势地位，往往是行业中的领头企业或优势企业，相应地这类企业的数量相当有限。企业发展的最高阶段是融合型(卓越)企业，这类企业是优秀企业进一步发展的结果，是能够长久保持高绩效的企业。事实上很多高绩效企业曾经红极一时，然而真正能长久保持高绩效的企业却是凤毛麟角。只有在高绩效企业基础上通过文化竞争而长期保持高绩效，并且充分履行相应的社会责任，使企业的经济效益和社会效益相统一的企业才能最终成为卓越企业。

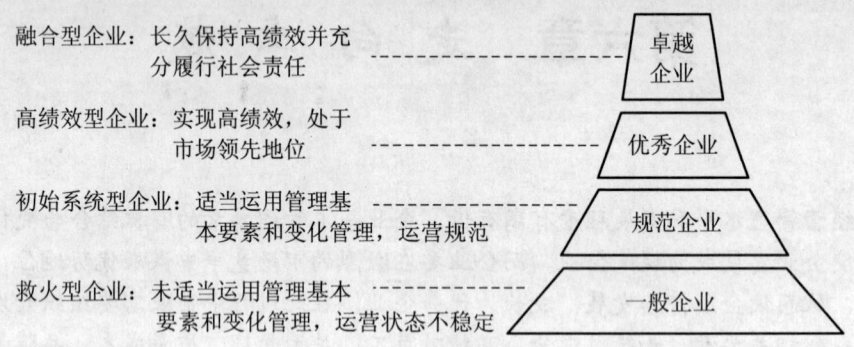

融合型企业：长久保持高绩效并充
分履行社会责任 ---------------------- 卓越
企业

高绩效型企业：实现高绩效，处于
市场领先地位 ---------------------- 优秀企业

初始系统型企业：适当运用管理基 ----------------------
本要素和变化管理，运营规范 规范企业

救火型企业：未适当运用管理基本 ----------------
要素和变化管理，运营状态不稳定 一般企业

图 6-1　企业成长金字塔

一个企业要发展成为卓越企业，一般要经过这四个阶段。所以说企业发展的这四个阶段也可以理解为企业成就卓越的路线图。从一般企业成长为规范企业，相对来说要容易一些，从规范企业成长为优秀企业就比较困难，而要由优秀企业成长为卓越企业，会是一件非常困难的事。但是企业不应因为成长路途上的困难就畏缩不前，而是应当通过不懈努力谋求企业的不断成长，因为只有不断进步才能使企业长久生存发展。虽然成为卓越企业的道路是漫长而艰险的，但一旦成为卓越企业获得的回报也是相当丰厚的，而且往往是完全超出原先的想象的。

一、高绩效企业及其要素

当一家企业适当运用了企业管理基本要素并使其有机结合、协调作用，同时有效开展了变化管理时，这家企业就发展成为规范企业，为实现企业愿景、使命打下了良好基础。然而企业不应仅满足于成为一家规范型企业，而是需要努力向高绩效企业发展。高绩效将更好地为企业实现其愿景、使命乃至其终极目标提供有效的支持，使企业向更高层次发展。在现代市场竞争中，企业面临着来自方方面面的竞争压力，不进则退。有了高绩效的支持，企业就可以在市场竞争中脱颖而出；如果没有高绩效，即使一家企业是规范型企业，也可能在残酷的竞争中落败。

低绩效的企业抗御危机和有效应对与管理变化的能力都较弱，而高绩效的企业则具有相应的能力和资源来应对激烈的市场竞争中的不确定性，通过高绩效取得竞争优势，成为市场上的领先者，并为进一步发展得更为强大打下坚实基础。市场中的成功企业往往遵循着共同的原则，那些高绩效的企业往往能够经受来自各方面的冲击，而且常常能够利用危机来改进它们的竞争地位；而低绩效的公司在外部冲击面前的表现是脆弱的，更无法经受市场竞争基础上额外的政治和金融危机的冲击。2008 年国际经济金融危机是一场全球性危机，没有哪个主要国家能够幸免。大量业绩不佳的企业纷纷倒闭，而同时也有相当数量的高绩效企业经受住了这场严峻考验，其中还有一部分高绩效企业应对适当、化危为机，使企业的运营在危机过后取得了更大的发展。

（一）高绩效的追求

那么究竟如何追求高绩效呢？《孙子兵法》从军事斗争中争取全胜的角度出发给出了答案，见图6-2。

孙子(公元前467—221年)
中国最伟大的军事战略家

胜兵先胜而后求战
败兵先战而后求胜
-孙武

知己知彼 知天知地
百战百胜
-孙武

图6-2 《孙子兵法》争取全胜之道

《孙子兵法》指出："故知胜有五：知可以战与不可以战者胜；识众寡之用者胜；上下同欲者胜；以虞待不虞者胜；将能而君不御者胜。此五者，知胜之道也。"这段论述指出了决定战争胜负的基本要素。同时孙子还指出要在战争中争取全胜，必须重视"五事七计"。《孙子兵法》的"五事七计"是获得全胜的基础，是在战争中取胜的战略战术。"五事七计"在军事战争中发挥着支配性作用，详见图6-3。

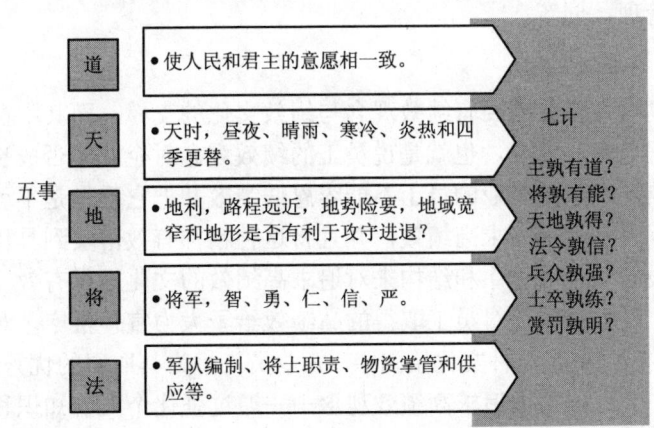

五事
- 道 • 使人民和君主的意愿相一致。
- 天 • 天时，昼夜、晴雨、寒冷、炎热和四季更替。
- 地 • 地利，路程远近，地势险要，地域宽窄和地形是否有利于攻守进退？
- 将 • 将军，智、勇、仁、信、严。
- 法 • 军队编制、将士职责、物资掌管和供应等。

七计
主孰有道？
将孰有能？
天地孰得？
法令孰信？
兵众孰强？
士卒孰练？
赏罚孰明？

图6-3 《孙子兵法》五事七计

五事：

(1) 道：指挥官严格根据规则来领导军事组织成员，由此他们将会尊敬他们的指挥，不惜生命，不惧危险。

(2) 天：自然环境、时间、季节和天气状况，这些都是在不断变化的。

(3) 地：地理形势、相关地方的地理状况，包括地形、距离、路况是危险还是安全、是阻塞还是畅通等。

(4) 将：指挥官的领导能力和领导质量。

(5) 法：相关原则、规定和方法。

七计：用于评估敌我双方实力和准备状况的方法，具体包括：

(1) 主孰有道：哪方更加有道，即政治更加清明。

(2) 将孰有能：哪方将帅更加高明。

(3) 天地孰得：哪方占有天时地利。

(4) 法令孰信：哪方法纪严明。

(5) 兵众孰强：哪方武器和军事组织优良。

(6) 士卒孰练：哪方士兵训练有素。

(7) 赏罚孰明：哪方赏罚分明。

（二）如何成为高绩效企业

把《孙子兵法》对全胜的追求引申到企业运营管理中，则可以理解为对高绩效的追求，"五事七计"则是追求优秀的战争结果的方法和要素。从这个角度看，《孙子兵法》给出了企业追求高绩效的战略思维。然而在当今企业运营中，究竟如何运用《孙子兵法》的战略思维，如何使规范型企业进一步发展成为高绩效企业呢？首先企业追求的高绩效必须与企业愿景、使命密切相关。如果企业运营业绩与企业战略目标不一致，则无论业绩如何良好，它对企业而言都毫无价值，反而是对企业资源和劳动的浪费。其次企业追求高绩效必须将一系列绩效相关要素切实落实到企业运营中去，只有有效地执行和落实绩效相关要素才有可能实现高绩效。在企业经营管理实务中，企业为了追求高绩效，需要在规范型企业的基础上着重开发以下要素并有效落实：绩效观念与绩效文化；高绩效员工队伍；关系管理；质量成本；品牌管理；创新。

1. 绩效观念与绩效文化

与绩效文化高绩效企业需要有绩效观念与绩效文化的支撑，而其中员工有关工作行为和业绩标准的认识是中心内容。也就是说员工的绩效观念对企业能否成长为高绩效企业具有十分重要的影响。高绩效企业的员工不能容忍低绩效并把它看做是不可接受的，而且更重要的是员工还积极主动地追求高绩效，并且将这种精神有效落实到具体工作中去。企业管理层应当开发设置适当的体系和结构来对追求高绩效的文化提供有效支持。管理层需要激励员工，其中一种方法就是对员工取得的高绩效给予大力宣传推广，对取得高绩效的员工及时给予优厚的奖励。在这种文化氛围中，企业员工将为其取得的优秀业绩而感到自豪，由此在企业员工中会形成努力追求高绩效观念——通过强化个人的知识和技能并高质量地开展工作，以便为实现高绩效企业多作贡献。

在绩效文化和提倡推崇绩效观念的氛围下，企业员工的观念和行为会体现出以下特点：

(1) 高度业绩导向：以追求高绩效为工作准则。

(2) 密切协作：互相依存、通力合作、共担风险与责任。

(3) 高度规范和互信：严格遵守和执行企业中的原则、规范和流程等，由此形成部门之间、员工之间、上下级之间的高度互信。

(4) 质量至上：高度关注产品、服务和工作质量，为高绩效形成坚实基础。

(5) 积极主动：具有高度责任心、认真理解并积极执行企业相关决策，从而在企业内部形成推动发展的合力。

为了促进企业向优秀企业发展，企业需要着重培育绩效观念和绩效文化。在此过程中需要特别注重企业内部信任度的培育和维护。只有企业内部具有高度的互信，企业才能将内部资源和力量有效地凝聚在一起，发挥出事半功倍的效力，从而实现高绩效；否则，如果企业内部缺乏互信，企业决策将难以得到有效执行，企业运营耗费大量资源而事倍功半，从而无法实现高绩效。另外企业高绩效的取得源自于市场的认可，离不开客户的支持，相应地企业绩效文化也应当体现出对客户的高度关注。为此，企业员工应形成追求客户满意度的意识，相应地在日常工作中应体现出以下方面的习惯和观念：

- 理解客户的需要。
- 为客户的成功而努力。
- 对客户的问题反应迅速。
- 信守承诺。
- 高质高效的执行。
- 提供高性价比产品和服务。
- 每天不断改进。

2. 高绩效员工队伍

企业的绩效观念与绩效文化最终都要通过企业员工落实到企业的具体经营业务中去。因此企业员工队伍综合素质和能力的高低直接影响着企业绩效观念和绩效文化的落实程度，并最终影响着企业能否发展成为优秀企业。为此，企业需要开发和培养高绩效的员工队伍来实现企业的高绩效运营。这里所指的企业员工不只是企业普通员工，而是包括企业领导者、管理者和普通员工在内的全体员工。企业的高绩效需要高绩效的领导者、高绩效的管理者和高绩效的员工以及他们之间的高绩效协作，任何一个群体的低绩效都将影响到企业整体，对企业实现高绩效带来严重影响。

(1) 高绩效企业领导者。本书前面提到企业领导者必须承担起探索航向、整合体系、授权自主和树立榜样的角色，而高绩效的企业领导者除了承担这些基本角色外，还必须能够有效激发创新、应对变化、解决事关企业运营全局的难题，并且在必要时能够有效领导企业实施变革。要实现这些，除了需要企业领导者具备基本的领导素质和能力以外，还要特别强调领导者的分析、判断和决策能力。同时高绩效的企业领导者必须要通过追随他的管理者和员工实现企业运营，因此与企业员工建立高度互信也是高绩效企业领导者必须面对的课题。

(2) 高绩效企业管理者。企业管理者在企业领导者的指引下在企业运营管理中发挥着中流砥柱的作用。企业管理者的素质和绩效高低，在很大程度上影响着普通员工的工作行为，甚至关系企业发展的成败。一家企业在向优秀企业发展的过程中，离不开高绩效的企业管理者。高绩效的企业管理者应表现出以下特质：

① 主动性。高绩效企业管理者在工作中积极主动，不惜投入较多的精力，善于发现和创造新的机会，并有计划地采取行动提高工作绩效，避免问题的发生并创造新的机遇。

② 高度执行力。企业领导者的方向指引和战略决策都需要通过企业管理者得到具体执行。企业管理者经常承担着决策者、领导者和执行者的多重角色，发挥着承上启下的重要作用。企业管理者的执行力对企业员工的执行力产生切实而广泛的影响。高绩效企业需要企业管理者的高度执行力。

③ 关注细节。任何事情从量变到质变都不是一个短暂的过程，如果人们没有持之以恒地做好每一个细节的务实精神，就达不到"举重若轻"的境界。同样企业管理者也需要保持对细节的关注。特别是对于追求高绩效的企业而言，运营过程中的细节往往决定着企业能否取得激烈市场竞争中的优势地位。如果企业管理者只认为宏图大略才是当务之急，而不关注细节，就很可能要面对一堆"小事"带来的一连串麻烦，最终影响企业整体绩效。

④ 影响力。高绩效企业管理者需要充分发挥管理者的领导作用，通过其影响力来组织和带动企业员工实现高绩效。高绩效企业管理者更多的是通过自身的威望、才智来团结和影响企业员工并取得他们的信任，从而引导和影响他们高效地完成企业目标。事实证明，通过影响力来实施管理职能的企业往往能取得较高的绩效。所以高绩效的企业管理者在管理岗位上组织自如、得心应手，能带领队伍取得良好的成绩；相反，一个影响力很弱的企业管理者，过多地依靠命令和权力来开展工作，是不可能在团队中树立真正的威信的，也很难组织团队成员长久地取得高绩效。

(3) 高绩效企业员工。究竟什么样的员工才是高效的员工呢？针对这一问题可能有很多种回答，而 Steven R. Covey 在其所著的《高效人士的七种习惯》一书中给出了很好的回答。作者从西方人的角度和经验对高效企业员工应具备的特质进行了提炼总结，而他总结的这些特质在中国传统文化中基本上都已有所反映，和东方智慧的修身之道有很多相通之处。

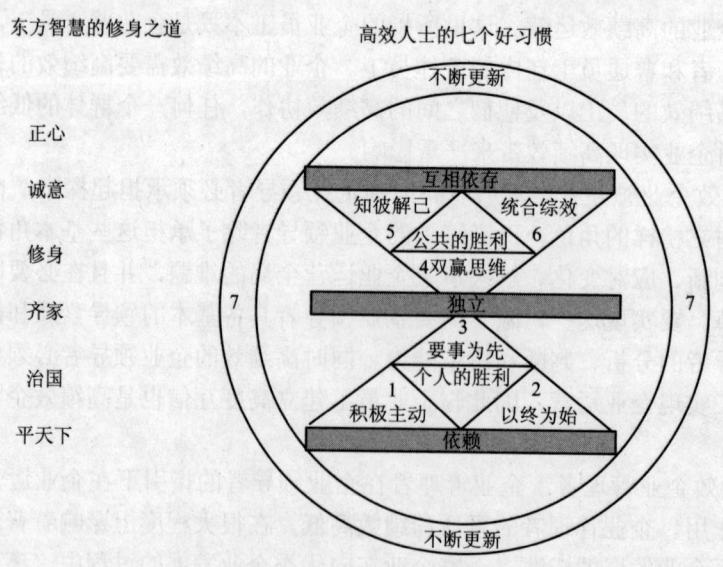

图 6-4　高绩效企业员工的必备特质

图 6-4 总结了高绩效企业员工的七个好习惯，其中前三个习惯着重于个人自律：

第一个习惯是"积极主动"。员工个人要有自我和自主意识、具备个人愿景及责任感，要以积极主动的态度去处理工作、进行沟通，要努力影响事物发展而不是仅仅对外部因素做出被动反应。

第二个习惯是"以终为始"。高效员工应该是能够保持持久的努力和向前向上精神的，他应该永远向前看，而不是停留在过去的成就上。所以在高效员工的思维中应该永远没有终点，任何工作或任务的终结都只是阶段性的，都是下一阶段的开始。正如华为领导者任正非所说："在华为永远没有成功，只有成长。如果有朝一日我们只知道庆祝成功，那我们就离失败不远了。"

第三个习惯是"要事为先"。这是围绕角色与目标管理的时间和顺序原则，即安排工作时总是把最重要的事情放在第一位来处理。

前三个习惯被认为是"个人的胜利"，当实现了个人胜利即前三个习惯后，一个人就可以从依赖走向独立。接下来的三个习惯可以让员工在组织网络中做得更加出色，从而实现"公共的胜利"。这时，员工就又从独立进一步走向了互相依存。

第四个习惯是"双赢思维"。这是寻求互利的原则，包括寻求建立互惠互利的关系，达成互惠互利的协议。

第五个习惯是"知彼知己"。这是同感交流的原则，即首先寻求去理解别人后再寻求被别人理解。这点的关键元素是体谅，即首先将你自己置于他人的角度去思考问题。这一点在人际关系处理中极其重要。

第六个习惯是"统合综效"。这是创造性合作的原则。这一点中的根本元素是创造性，使整体形成大于局部的集合。此点基于互相信任与理解，然后可以使冲突得以解决，找到第三种或更好的解决办法。

通过以上六个习惯企业员工实现了从依赖到独立再到互相依存的发展，实现了"个人的胜利"和"公共的胜利"。东方智慧修身之道与此相通，正如要求正心、诚意、修身是个人的胜利，此后还要以此为基础进一步谋求齐家、治国、平天下的公共胜利。然而要维持独立与互相依存，保持持续的胜利，还要有赖于第七个习惯。

第七个习惯是"不断更新"。这是持续改善的原则。它注重通过持续改善构建起员工个人的不断提升发展的生产力。

应该说以上七个习惯不只是高绩效普通员工的行为标准，也是包括企业领导者、管理者在内的所有企业员工的行为准则，是高绩效企业员工队伍的行为准则。

(4) 企业领导者、管理者和员工之间的高绩效协作。有了高绩效的企业领导者、高绩效的企业管理者和高绩效的企业普通员工，但企业员工队伍整体不一定是高效的。只有在企业领导者、企业管理者和普通企业员工之间形成了高度的互信和有效的协作，企业员工才能凝聚成为一个高绩效的企业员工队伍。只有这样才能真正实现各司其职基础上的高效协作。

3. 关系管理

企业关系管理是指探索、建立和维系企业在市场经营中与诸多相关方关系的行为，是巩固和发展企业与消费者、供应商、合作伙伴、金融与政府部门以及企业内部员工的良好关系的一系列活动。在市场竞争日趋激烈的环境下，完善到位的企业关系管理对提升企业竞争力，从而谋求高绩效具有十分重要的意义。因此企业关系管理是规范型企业向高绩效型企业发展的必要要素之一。

孙子说过："知己知彼，百战不殆。"这一军事斗争原则应用在企业的市场竞争中则可以解释为：充分掌握了企业自身情况，同时很好地了解了客户和竞争对手，就会赢得更多的订单。比如说全面理解客户的组织结构，进而理解客户的决策结构对赢得订单将是十分关键的。仅仅知道客户的组织结构图是不够的，企业需要清楚地知道客户内部不同人员分别承担什么样的责任，要做到这点，需要与客户方面保持适当的接触和良好的关系。因此许多企业都设置有客户经理的职位，由其负责管理和维护与某一或某些客户的关系。通过细致的调查，企业可以勾画出本企业与客户之间的关系结构图。通过该图明确了企业与客户之间的联系链条，即本企业某部门的某一或某些相关人员应分别与客户的某部门的某一或某些相关人员建立和保持良好的关系。通过各个联系链条上的关系维护与发展，促进企业与客户之间的关系的巩固和发展，有利于与客户方的决策制定者和影响者建立起关系并进而影响客户方面的决策。

客户关系管理是企业关系管理的非常重要的组成部分，其职能往往由企业的市场部门承担。然而企业关系管理的范畴绝不仅仅局限于客户关系管理。企业如果要达到高绩效，需要在内外部环境的方方面面得到支持。这就需要企业除了要开发和维护客户关系以外，还需要注重内部员工关系和外部关联方关系。例如企业发展离不开政府的政策环境支持，这就需要企业及时了解和掌握政府的政策动向；企业需要充足的人力资源供给，这也离不开相关高校的支持；企业需要在标准化和行业规范方面有所建树，这就要求企业开展与相关协会和组织的合作。内部员工关系管理是企业人力资源部门的主要职责，而企业其他外部关联方，如政府、高校、社区和金融机构等的关系管理则往往由企业内部不同部门分别负责，如行政部负责与政府的关系管理、人力资源部负责与高校的关系管理、财务部负责与金融机构的关系管理等。然而这种企业关系管理模式容易受到部门视野和利益局限性的影响，因此在追求成为优秀企业的过程中，很多企业在整体层面上成立了企业关系管理委员会，对企业与外部关联方的关系管理进行统筹安排。还有很多企业专门成立了对外关系管理部，专门负责与外部关联方的关系建立、维护和管理，为企业实现高绩效提供支持。总之，企业与相关方的合作涉及方方面面，并且相当复杂，需要企业给予高度重视。图6-5就是某外资世界知名高科技企业在中国设立的研发型企业(在以下各图中简称 LCX)对外关系管理框架，可供读者参考。应该说不同企业因为其经营领域、运营区域、发展阶段等方面的不同，其企业对外关系管理的侧重点也有所不同，各个企业应结合自身实际情况制定合理的企业对外关系管理框架和组织。图6-5～图6-8为外企原始图。

图6-5　LCX 对外关系管理总体框架

Objectives	Approaches and Actions
■ **Promote LCX's Recognition by local governments** ■ **Seek for policy support and incentive program from governments** ■ **Facilitate local business operation**	■ *Contact building & relations maintenance* - *Identify related key government departments and key persons in the departments.* - *Establish and maintain good relations with the identified departments and persons.* ■ *Organize/participate in activities for promoting LCX's Recognition by local government* - *Organize activities such as technology publication, technology workshop, etc.* - *Publicize LCX's activities (not only technology competence, but also corporate citizenship activities) through press release* - *Participate in/sponsor activities organized by governments* - *Become much more involved in government organization, such as top management from LCX join the International Senior Economic Consultative Conference of ×××Provincial Government.* - *Utilize every possible occasion to explain LCX's competence and concern to persons from local government* ■ *Timely communication with local government* - *Get to know the incentive program / preferential policy as early as possible* - *Influence policy maker to stipulate the policy benefiting LCX's business operation* - *Get key persons' guidance/support in the process of applying for incentive program/preferential policy* ■ *Regular exchanges with some specific department ××× Commercial Encryption Administration Committee, etc.)* - *Master latest information of some specific policy/process* - *Facilitate LCX's application for specific documents, such as export permit, encryption permit, etc.*

图 6-6　LCX 政府关系管理框架

Objectives	Approaches and Actions
■ **Brand Promotion** ■ **Talents development** ■ **Potential Business Opportunity**	■ *Contact building & relations maintenance* - *Identify key universities, key schools/departments and key professors* - *Establish and maintain good relations with the identified universities, schools/departments and professors.* ■ *Organize/participate in the below activities* - *Scholarship & Campus recruitment* - *Lectures & Courses* - *Internship* - *Technical seminar/conference* - *Joint lab* - *Students exchange program* - *Donation* - *Site visit* - *Innovation Fund* - *Electronics Design Contest* - *Students activities* - *Project cooperation*

图 6-7　LCX 高校关系管理框架

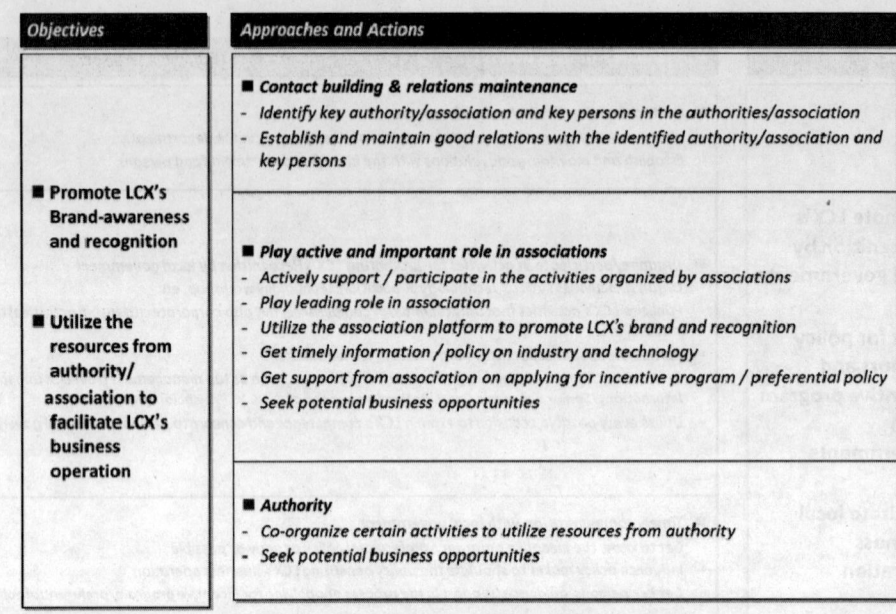

Objectives	Approaches and Actions
■ Promote LCX's Brand-awareness and recognition ■ Utilize the resources from authority/ association to facilitate LCX's business operation	■ *Contact building & relations maintenance* - *Identify key authority/association and key persons in the authorities/association* - *Establish and maintain good relations with the identified authority/association and key persons* ■ *Play active and important role in associations* - *Actively support / participate in the activities organized by associations* - *Play leading role in association* - *Utilize the association platform to promote LCX's brand and recognition* - *Get timely information / policy on industry and technology* - *Get support from association on applying for incentive program / preferential policy* - *Seek potential business opportunities* ■ *Authority* - *Co-organize certain activities to utilize resources from authority* - *Seek potential business opportunities*

图 6-8　LCX 协会、权威组织关系管理框架

4. 质量成本

一家规范型企业要进一步追求高绩效，就需要更加强调产品/服务质量，借此可以凸显企业的竞争优势，赢得市场优势地位。为此高绩效企业需要开展质量成本管理，使质量成本意识深入人心并内化到企业员工具体工作中去。质量成本的概念是由美国质量专家 A.V. 菲根堡姆(Feigenbaum)在 20 世纪 50 年代提出来的，是指企业为了保证和提高产品或服务质量而支出的一切费用，以及因未达到产品或服务的质量标准，不能满足用户和消费者需要而产生的一切损失。质量成本支出可以分为三方面：预防性支出、评估性支出和补救性支出。预防性支出是企业的计划性支出，专门用来确保在产品交付和服务的各个环节不出现失误。预防性支出项目包括教育与培训、持续的质量改善工作、流程控制、市场调查、实地检测以及预防性维护。评估性支出是指在交付和服务环节上对产品或服务进行检查、监测或评估的支出。这类支出项目包括进货检查、内部产品审核、产品检查、库存清点、供货商评估与审核等。如果产品交付或服务不能满足客户的需求，导致产品的维修与更换或重复服务，企业就需要支付补救性支出。补救性支出还可以细分为两类：内部补救支出与外部补救支出。内部补救支出是指产品在送达客户之前发现问题的补救支出，涉及的方面包括废品、返工、库存、维修、重新设计、运输救援，以及因产品或服务不合要求导致的延误。外部补救支出则是指因客户发现问题而由企业承担的补救性支出，包括的项目有保修、接待客户投诉、产品更换、产品回收、运费、担保数据分析、客户跟踪调查等。可见，质量成本涵义并不限于产品质量，而是涵盖了企业经营和运作的大部分流程。企业在运营中要根据日常质量会计核算资料归集、加工、汇总形成企业产品质量成本报告。质量成本报告披露的内容一般有：各成本项目的实际金额与比较标准、各成本项目的比例关系、以往各期质量成本的数据资料、质量成本与销售额、销售成本(制造成本)、直接人工工时、固定资产等的比例关系、质量收入、质量损益、与同行业或竞争对手的比较资料、特殊或

重大项目的分析说明以及其他等。质量成本报告可依重要性原则，按年、季、月编制，从而为企业员工认识运营行为产生的质量结果提供依据，为企业开展质量决策提供参考。

高绩效企业需要开展质量成本管理。质量成本管理是对产品/服务从市场调研、产品设计、试制、生产制造到售后服务的整个过程进行的质量管理，是全员参加的对生产全过程的全面质量管理。具体来说，质量成本管理一般包括以下几个方面：产品开发系统的质量成本管理、生产过程的质量成本管理、销售过程的质量成本管理和质量成本的日常控制。企业开展质量成本管理应遵循以下基本原则：

(1) 全员参与质量成本管理。要以"全员参与质量成本管理，全力进行质量成本优化，全过程落实质量成本控制，全方位实现质量成本效益"为内容开展质量成本管理活动，才能有效落实质量成本管理的目标规划，才能实现有效的质量成本管理。

(2) 以寻求适宜的质量成本为目的。企业的质量成本应与其产品结构、生产能力、设备条件及人员素质等相适应，也就是说要根据本企业的特点，建立质量成本管理体系，寻求适宜的质量成本目标并实施有效控制。

(3) 以真实可靠的质量记录、数据为依据。实施质量成本管理过程中，所使用的各种记录、数据务必真实、可靠。只有这样，才可能做到核算准确、分析透彻、考核真实、控制有效；否则，质量成本管理势必流于形式，无法获取效益。

(4) 把质量成本管理的职责明文列入各相关职能部门。质量成本管理是生产经营全过程的管理，因此涉及各相关职能部门，如财务、检验、生产、售后服务、仓储等部门。只有把质量成本的统计及分析纳入其质量职能中去，才能坚持不懈地开展这项工作，否则仅靠质量部门是开展不了质量成本管理工作的。

(5) 建立完善的成本核算体系。要对成本进行控制，就要对成本的核算有统一的口径，对人工的工时、成品的加工成本、损失成本、生产定额等有统一的核算和计价标准。只有这样，对于质量成本的计算才能快速、及时、准确，并且可以减少相关职能部门统计数据的主观性。

5. 品牌管理

规范型企业在运营中常常发现在竞争日益激烈的同时，竞争也越来越同质化。也就是说企业采取的竞争策略、手段和方式方法有着非常明显的趋同趋势，即使某家企业在某个时点推出了创新的竞争策略和手段，也往往很快就被模仿或超越。这已经成为规范型企业形成竞争优势、追求高绩效的障碍。如果此时企业能有效地开展品牌管理，就有可能为企业带来品牌效应，从而在竞争中脱颖而出。很多竞争策略和手段都非常容易被模仿，而品牌则非常难以被竞争对手模仿，良好的品牌可以为企业带来以下一系列品牌效应，品牌的价值将长期影响企业，为企业追求高绩效提供有力的支持。

1) 品牌管理效应

① 聚合效应。品牌管理成功的企业获得消费者和社会的认可，社会的资本、人才、甚至政策等都会向这类企业倾斜，使企业有机会聚合大量优质的人、财、物资源。

② 磁场效应。品牌管理成功的企业拥有较高的知名度和美誉度，从而在消费者心目中树立了良好的形象，赢得了高度的信任，使消费者表现出对品牌的高度忠诚。这样企业及其产品会像磁石一样吸引消费者，使其不断重复和强化购买行为。同时其他同类企业或产品的消费者也会在名牌企业或产品的吸引下开始使用企业产品并逐步发展成为企业及其产

品的忠实消费者。

③ 衍生效应。品牌管理成功的企业有机会聚合足够的资源，从而有能力进一步衍生出更加丰富的产品和服务，使得企业不断开拓市场、占有市场，实现企业的快速高效增长。

④ 内敛效应。品牌管理成功的企业通常具有较高的企业凝聚力。良好的企业形象可以提升企业员工士气，使在其中工作的企业员工产生自豪感和荣誉感，从而更加努力认真地工作。

⑤ 带动效应。品牌管理成功的企业不仅仅能给企业带来诸多品牌效应，也会对企业所在地、所在国家的经济社会发展发挥带动作用。品牌带动效应的发挥也必将使企业受到政府和社会的高度重视，从而在企业与消费者、政府和社会整体之间形成良好的互动效应，最终也必将促进企业的进一步发展。

正是因为品牌管理能为企业带来诸多品牌效应，很多企业越来越重视品牌管理。而且相当数量的企业在实践中认识到了品牌的重要性，也已纷纷开展品牌管理来提升企业竞争力。正如海尔集团领导人张瑞敏所说：海尔所在的行业是充分竞争行业，利润像刀片一样薄，要想有利润就只有一条路，就是品牌。

[案例]

品牌管理助力企业发展

一、由淘宝商城到天猫商城

淘宝作为中国著名电子商务企业阿里巴巴的网上交易平台已经成为国人网上购物的首选。同时阿里巴巴也推出了淘宝商城这一平台，将其定位为有别于普通淘宝平台的有完善品质保证的商务交易平台。然而实践情况并不尽如人意，淘宝商城给人的感觉与淘宝非常类似，只是商品价格稍贵一些而已。为改变淘宝商城的这种形象，阿里巴巴公司将淘宝商城更名为天猫商城，并投入三亿资金重金打造天猫品牌，为天猫注入猫的特性：精致、挑剔、高贵。天猫品牌化身成为时尚、潮流、品质、性感的代名词，一改从前淘便宜货的感觉。同时这次争议性的改名，在互联网掀起热议，最终在短短三个月的时间，天猫品牌价值得到迅速提升，天猫知名度高居 B to C 电子商务排名之首。阿里巴巴公司从中取得巨大收益。

二、鄂尔泰品牌主导普洱茶走向世界

云南普洱茶，融汇了数千年中国传统茶文化的精髓，是云南的瑰宝，是中国劳动人民智慧的结晶。鄂尔泰是云南普洱茶进贡的创始人，有鄂尔泰印的贡茶曾是清朝皇宫贵族的入室之宝，代表了云南顶级的普洱茶制作工艺。有鄂尔泰印的顶级普洱茶，不但深受雍正皇帝喜爱，"誉满京城"；更成为大清帝国赠送给各国皇室的邦交国礼，一度风靡欧美，深受英、法、德、意等国皇宫贵族的喜爱，在欧美国家有"东方瑰宝"、"美容茶"、"修体茶"的美誉。然而鄂尔泰这个品牌随着清朝没落而逐渐消逝。不过，这一曾经消逝的品牌在今天得到了重生。2008 年，云南普洱茶传统加工制作技艺保护单位云南易武正山茶叶有限公司开始通过事件营销和品牌管理，为鄂尔泰重铸辉煌之路。经历了一个世纪的沉寂之后，鄂尔泰品牌参展了北京奥运会、上海世博会等国际顶级盛事，多次代表云南、代表中国作为国礼赠送给各国元首政要和皇室贵族。如今，鄂尔泰已成为世界高端人群认可的中国高端茶叶代表之一。因鄂尔泰只选用稀缺的千年古树茶叶为原料，并沿用古法，一棵古茶树仅压制一饼鄂尔泰，年产量只有区区数千饼。虽然其品牌普洱茶仅在社会上流人群流通，在普通群众中知名度并不高，但鄂尔泰品牌从清末没落消逝时的"一文不值"到如今品牌估值高达三千万的重铸辉煌之路，再一次印证了品牌管理的巨大效应。

2) 品牌管理的步骤

品牌管理是企业为培育品牌资产而展开的以消费者为中心的规划、传播、提升和评估等一系列战略决策和策略执行活动，是建立、维护、巩固品牌的全过程。通过品牌管理，企业有效监管控制品牌与消费者之间的关系，最终形成品牌的竞争优势，使企业运营始终与品牌核心价值保持一致，从而使品牌保持持续竞争力。为了实现在消费者心目中建立起个性鲜明的、清晰的品牌联想的战略目标，品牌管理的职责与工作内容主要为：制定以品牌核心价值为中心的品牌识别系统，以品牌识别系统统帅和整合企业的一切价值活动(展现在消费者面前的营销传播活动)，同时优选高效的品牌化战略与品牌架构，不断地推进品牌资产的增值并且最大限度地合理利用品牌资产。

品牌管理是个复杂的、科学的过程，包含多个环环相扣的步骤。企业在品牌管理过程中不可以任意省略任何一个环节。下面是成功的品牌管理应该遵守的四个步骤：

第一步：勾画出品牌的"精髓"，即描绘出品牌的理性因素。

首先把品牌现有的可以用事实和数字勾画出的，看得见摸得着的特征资源找出来，然后根据目标再描绘出需要增加哪些人力、物力和财力才可以使品牌的精髓部分变得充实。

第二步：掌握品牌的"核心"，即描绘出品牌的感性因素。

品牌和人一样除了有"躯体"和"四肢"外还有"思想"和"感觉"，所以在了解现有品牌的核心时必须了解它的文化渊源、社会责任、消费者的心理因素和情绪因素并将感情因素考虑在内。根据要实现的目标，重新定位品牌的核心并将需要增加的感性因素一一列出来。

第三步：寻找品牌的灵魂，即找到品牌与众不同的求异战略。

通过第一和第二步骤对品牌理性和感性因素的了解和评估，升华出品牌的灵魂及独一无二的定位和宣传信息。人们喜欢吃麦当劳，不是因为它是"垃圾食物"，而是它带给儿童和成年人的一份安宁和快乐的感受。人们喜欢去 Disney 乐园并不是因为它是简单的游乐场所，而是人们可以在那里找到童年的梦想和乐趣。所以品牌不是产品和服务本身，而是它留给人们的想象和感觉。品牌的灵魂就代表了这样的感觉和感受。

第四步：品牌的培育、保护及长期爱护。

品牌形成容易，但维持却是个很艰难的过程。没有很好的品牌关怀战略，品牌是无法成长的。很多品牌只靠花掉大量的资金做广告来增加客户资源，但由于不知道品牌管理的科学过程，在有了知名度之后，不再关注客户需求的变化，不能提供承诺的一流服务，失望的客户只有无奈地选择了新的品牌，致使花掉大量投入得到的品牌效应昙花一现。所以，品牌管理的重点是品牌的维持。

3) 品牌管理的深化

在实践中很多企业简单地把品牌混同于产品，使品牌管理简单化。现实中我们经常看到有的企业在辉煌时期，产品非常畅销，但因为没有将自己的市场优势转化为品牌价值，或不能及时、主动地通过推出新产品，保持品牌的鲜活形象，最终使产品和品牌一起退出市场，导致企业经营失败。因此追求高绩效的企业需要对品牌管理有深入全面的认识。为了强化企业品牌管理意识，企业可以从以下几个方面入手：

(1) 以质量为立足点树立全面的品牌意识。产品的竞争，品牌的较量，首先是质量的竞争。质量对产品的效能具有直接影响，与顾客价值和满意度密切相关。企业要想在竞争中生存，除了接受质量观念外别无选择；要想在竞争中取胜，除了不断提高产品质量别无出路；要想建立名牌，必须以高质量的产品为基础。

(2) 以知名度为催化剂，注重品牌个性化与差异化。消费者越来越理智成熟，传统消费方式正逐步向个性化消费方式过渡。人们的消费需求已从生活基本需求向更高级的需求转变，已不再是商品从无到有的过程，而是享受购物服务、追求完善和展现个性，达到精神上的满足。在个性化消费时代，消费者更注重的是心理需要，以心理感受作为衡量消费行为是否合理、商品是否有吸引力的依据，消费时追求个性、情趣；强调商品内在特质的要求，注重商品购买过程中、使用后的服务与信誉，关注商品的时尚性、独特性和安全性；注重消费的文化内涵，注重商品的欣赏价值和艺术价值，追求名牌所蕴含的文化特质，以满足自己的个性化要求。因此企业需要不断提升企业和产品知名度，通过满足客户的个性化和差异化需求实现企业价值的增长。

(3) 以文化为根本打造知名品牌。文化是根植在一定的物质、社会、历史传统基础上形成的特定的价值观念、信仰、思维方式、习俗的综合体。文化具有连续性和稳定性，是环境因素中的最深层，其变化是最慢的。但文化并非一成不变，现代世界不同文化既在努力保持各自的特色并发展自己，又在不断地相互交融和渗透。企业要在竞争中立于不败之地，必须将产品与文化结合起来，必须了解自己所面对的顾客的文化以及他们的消费行为在多大程度上、哪些方面受到其文化的影响，从而调整自己的产品，使产品形象体现出的文化适合消费者的心理需求，强化自己产品的诉求能力，使消费者产生愉快感、信赖感、可靠感、安全感，形成有特色的品牌文化。

中国企业经过三十多年改革开放的锻炼，已经逐渐成长起来。很多企业也纷纷将产品销往国外。然而中国企业要真正长久立足国际市场，在国际市场上真正实现优良的业绩，还需要进一步强化品牌管理。这将成为中国企业国际化发展的一大驱动力。为此中国企业还需要在多个方面大力工作，如持续不断的研发投入、以创新的产品和服务占领市场、以国际化视野组织品牌管理工作等等。格力电器是中国企业在这方面的佼佼者。近年来格力电器相继研制出全球第一台高效直流变频离心机组、1 赫兹变频技术、R290 环保冷媒空调等多项核心技术，其主要指标已超越美、日、欧同类产品，使格力电器的行业影响力大增，为其在国际市场上攻城略地打下坚实基础。就是在代表空调行业最高技术的中央空调领域，格力电器也实现了国际市场份额的突破，连续中标 2010 年南非世界杯主场馆、2014 年俄罗斯索契冬奥会配套工程等。

6. 创新

创新与高绩效关系密切，创新是企业产生高绩效的关键推动力，企业在从规范型企业向高绩效企业发展的过程中必须充分重视和落实创新工作，以下将专辟一节详细进行说明。

以上指出了企业发展成为优秀企业的若干重要因素，企业需要在运营管理中切实运用和落实这些要素，才能发展成为高绩效企业。然而在运用和落实这些要素时，企业还必须掌握适度原则，注意物极必反，不可盲目追求这些因素的尽善尽美，要在企业资源、能力和高绩效因素之间取得适度平衡。例如高绩效企业需要高绩效的员工队伍，而高绩效的员工队伍并不意味着每一个员工都要具备最高的技术能力和最优秀的素质，而是要使员工队伍具备与企业发展需要最适合的能力和素质及其组合。

二、创新与高绩效

企业创新的成功开发与实施对企业发展成为高绩效企业至关重要。企业创新是企业在企业管理构成要素和经营活动中运用差异化的方式方法开展活动，形成企业在产品、技术、组织、营销和管理等方面的差异化竞争优势，从而赢得市场利益，获取企业价值的综合过程。企业创新的最主要特点是新颖性和价值性。企业创新使得企业在产品、服务、流程等方面产生不同于以往、不同于其他企业的正向差异，即新颖性。这种正向差异使企业在某一方面或某些方面产生竞争优势，这种优势最终将转化为实实在在的市场利益，为企业带来价值，即价值性。由于企业创新具有的新颖性和价值性特点，由此也为企业实现高绩效创造了条件。创新为高绩效创造条件、提供基础性动力，而在当今竞争日益激烈的环境下企业创造高绩效也离不开创新，需要通过创新实现差异化市场优势，从而最终获得市场价值。创新是企业的生命，创新是带有氧气的新鲜血液。创新是企业由规范型企业向高绩效企业发展的关键因素。纵观当代企业，只有不断创新，企业才能在竞争中处于主动，立于不败之地。适当的创新将为企业带来巨大收益，很多企业的实践已经充分说明了此点。而现实中还有许多企业之所以最终走向失败，就是因为在创新方面做得不够。企业创新的层次、范围和内容十分丰富，在不同发展阶段、不同环境和资源条件下企业应当推行的创新战略、创新方式也会有所不同。企业需要结合自身特点和环境条件选取适当的创新战略和内容。

[案例]

小米手机的开放式创新和腾讯的渐进式创新

在智能手机大行其道的背景下，各大公司纷纷倾注全力于智能手机的推陈出新。而就在来自苹果、三星、华为、中兴等国内外大型厂商的巨大竞争压力下，以往名不见经传的北京小米科技有限责任公司推出的小米手机却在市场上掀起不小的浪潮，赢得了相当数量的"米粉"，取得了相当不错的市场业绩。而这一成绩的取得很大程度上归功于它的开放式创新经营模式。小米科技公司董事长兼 CEO 雷军指出小米倾力打造的是一个包括消费者、合作伙伴、竞争对手和小米公司在内的特色生态链，其中消费者被放在首要位置。小米改变了传统的以企业为核心的价值观，改变了把消费者定位为销售对象的传统模式，转而形成以客户体验为核心的价值体系，把消费者视为价值共创者。为此，小米通过网络平台让消费者参与到手机系统的开发，并根据消费者的反馈意见不断改进，每周更新。小米公司此举也赢得了众多消费者的追捧，据统计超过 60 万的"米粉"们参与了小米 MIUI 操作系统的设计和开发。例如在小米论坛上一篇简简单单描述怎样能够调整设置使手机运行加快的帖子，竟然从晚上9点到第二天早上 9 点就有了 9670 篇回复。正是在众多消费者的参与下，小米手机上诞生了一项项符合国人使用习惯的创新，小米手机也因此得到了众多消费者的认可。小米手机 2 代开放购买的当天，10 万台手机两分半钟被抢购一空。2012 年 9 月小米科技获得 2.2 亿美元融资，为公司进一步发展提供了巨大的资金支持，此时小米科技公司估值已达 40 亿美元。

相应地企业也需要系统化地开展创新管理。如图 6-9 所示，企业创新的总体目标是识别有前景的创新机会并通过创新流程对机会进行跟踪，最终有效地实现创新，获取创新收益。为使企业创新流程有效地发挥作用，企业应当配备高效率的创新信息团队以便持续地从企业内部和外部市场上获取有关创新机会的信息和资源。

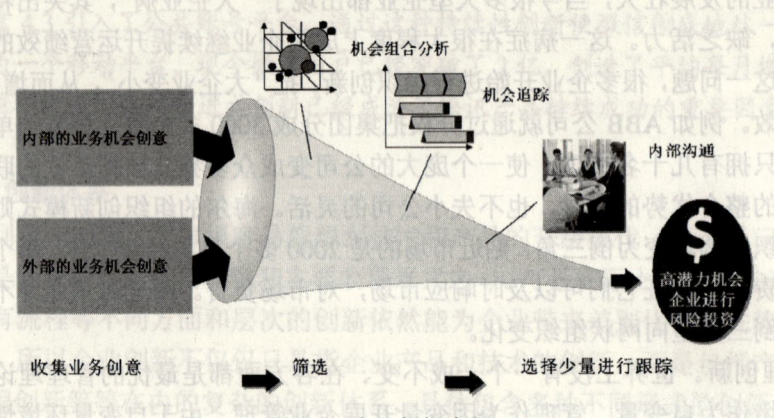

图 6-9　企业创新流程

企业创新流程包括机会识别、机会评估、立项、发展和跟进或退出等多个环节，同时流程整体及其各个环节的执行离不开包括企业家、创新体系管理者、指导者、机会识别与推进者等在内的企业流程参与者的决策指挥和具体工作。他们有机地结合在一起共同构成企业创新体系，如图 6-10 所示。

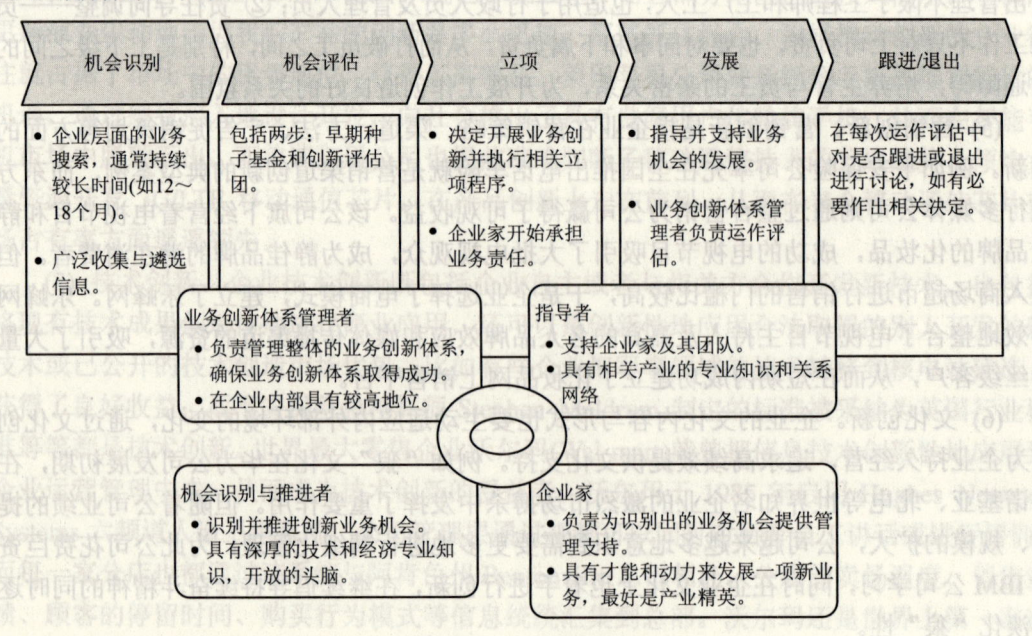

图 6-10　企业创新体系

2．如何开展企业创新

企业创新事关企业能否取得高绩效，而且企业创新也越来越趋向于复合创新和体系创新，这样，企业创新也就变得越来越复杂。那么，究竟应该如何来开展企业创新呢？

首先，企业要树立全方位创新理念，建立创新激励机制。企业要统筹安排前面介绍的几种创新，不可偏废。适当的创新激励机制也是至关重要的，只有这样才能有效激发企业员工创新热情。例如许多公司为了激励创新，都建立合理化建议奖励制度。同时企业应该注意任何工作岗位都需要创新，也存在创新的可能，企业创新体系要对企业实现全方位的覆盖，决不可以随意忽略某一职能或岗位。

其次，企业要具备鼓励创新的开放系统，倡导学习和提升个人工作技能。企业要营造集思广益的氛围，企业领导者和管理者应鼓励并善于采纳下属意见，企业员工之间也应实现有效沟通，积极互通有无。

再有，企业需要对创新进行持续投入。创新本身需要投入，产品创新和技术创新更需要大量投入，许多知名跨国公司的产品研发费用每年动辄数亿、以至数十亿美金。创新本身是持续性的，任何企业都不可能通过一次或一项创新永远实现高收益。如果企业不进行持续创新，则终究会被竞争对手超越。所以企业创新的投入也必须是持续的。

最后，企业要开展创新培训，加强创新方面的训练，提升企业创新技能。

3．知识产权制度

创新对企业追求高绩效意义重大，相应地企业需要大力提倡创新意识，鼓励创新实践。就国家和社会而言，也需要在全社会范围内提倡创新意识、支持创新实践。然而，究竟如何提倡和鼓励创新呢？这就需要在社会和企业层面上建立完善的支持和鼓励创新的体系制度，其中非常重要的一个环节就是知识产权制度。知识产权具有专有性、时间性、地域性、价值性和法定性的特点，这些特点决定了知识产权制度既能激励创新，保护权人的合法利益，又能有效促进知识的传播和推广。知识产权制度对保护和促进创新，特别是技术和产品创新具有十分重要的意义。企业在知识产权制度的保护下可以有效应对不正当竞争行为和侵权行为，从而使得企业切实享受到创新带来的收益。知识产权制度在西方已经走过了几百年的历史，它对促进西方经济、社会、技术发展发挥了重大作用，也对西方社会中企业的技术进步和创新起到了积极的促进作用。应该说对知识产权的尊重和知识产权制度的有效实施是西方社会在近代能够领先于世界、西方主要企业能够成为世界企业的榜样的重要原因之一。如果从《孙子兵法》中高绩效的重要因素角度看，知识产权制度就如同"五事"中的"法"，也就是保护和促进企业创新的制度和规范。缺少了这个规范，就缺少了"五事"中的一个重要方面，也就无法谋求取得高绩效。仔细回顾中国企业发展走过的历程，我们可以发现真正的企业创新，特别是产品和技术的真正创新少之又少，由此决定了我们在世界范围内的企业竞争中还很难通过企业创新来谋求竞争优势。这种状况与知识产权制度在中国实施较晚和实施不够完善有很大的关系，所以当务之急是要在社会上形成切实执行知识产权制度的良好氛围，企业也要从我做起，建立起企业知识产权组织和制度，为企业创新提供有力支持。企业中的知识产权组织通过开展知识产权工作，进行商标、专利和专有技术等的申请和管理，从而对本企业的产品和技术创新提供有力保护，同时也避免企业在经营管理过程中损害他人的知识产权，避免侵权行为，这也是对企业利益的有力保护，并有利于提高企业声誉。总之，企业需要通过创新谋求高绩效，在追求高绩效的过程中也需要有效开展知识产权管理工作，为企业高效运营提供有力支持。

三、由高绩效走向卓越

企业发展程度的最高阶段是卓越企业。经过持续有效的运作管理，当企业发展成为高绩效企业时通常表现出一系列特质，如：优秀人才密集、知识与技能密集、政策和体系完善、资本密集、鼓励创新的体系和高绩效文化等。有了这些高绩效的基础性特质，再加上稳固的财务基础，企业运营就处于良好的状态，就可以进一步追求成为一家卓越企业。高绩效是企业发展成为卓越企业的基础。高绩效企业可能还不是卓越企业，但绩效不佳的企业一定不会成为卓越企业。

1. 卓越企业的特质

高绩效企业的运营产生了优秀的经营业绩，由此高绩效的企业具备了走向卓越的基础，但还需要付出相当的努力，才能成为一家卓越企业。卓越企业应在以下三个方面表现出其独特之处，且这三者缺一不可。

(1) 持续的高绩效。卓越企业的高绩效已经完全内化为企业特质，不会因为企业领导人的变更、市场形势的变化、经济周期的变化而发生变化。卓越企业的业绩指标可能会发生高低变化，但无论如何变化，其始终能保持在行业领域内和市场竞争中的领先地位。华为公司作为中国优秀的通信设备企业，其经营业绩目前已跻身国际市场前列。华为公司的爆发式增长给人留下了深刻的印象，其各方面的绩效也是可圈可点。然而，如果华为公司在其教父式领导者任正非之后不能持续保持高绩效，那么它仍然不能被认为是一家卓越企业。西方企业因为已经建立起完善的股份公司制度和职业经理人制度，往往能比较好地解决企业领导者更迭问题；而中国企业在这方面发展得还不够完善和成熟，经常出现因企业领导者变更而导致企业运营业绩大幅下降，甚至走向没落的现象。但同时我们也看到了联想等一些企业，虽然在领导者交替过程中出现了一些困难，但最终还是顺利实现了过渡。特别是近年来中国企业出现了创始人隐退的现象，而且其中相当部分的领导人交替不是发生在家族成员内部，而是由职业经理人担当企业领导者的角色，例如阿里巴巴创始人马云退出企业经营管理一线、美的集团创始人何享健交班给前美的电器董事长、职业经理人方洪波等。这确实是令人欣喜、振奋人心的现象，也是中国企业在市场的磨炼中逐渐走向成熟的标志。

(2) 卓越企业培养和造就了员工，得到员工普遍和充分的认可。企业与员工共同发展进步是理想的企业发展状态。如果企业取得了良好的效益，而员工并没有相应得到发展，则企业的持久发展也无法得到保障。真正卓越运营的企业高度重视员工的职业发展和技能的提高，这类企业往往扮演着优秀人才培养基地的角色。在这里工作的员工能得到充分的锻炼和发展机会，能真正体会到工作带来的愉悦感受。只有员工在企业发展的同时也得到了成长，企业才能得到员工的普遍和充分的认可。如富士康公司接连发生了员工跳楼事件，其中一个重要原因就是员工为企业作出贡献的同时自身无法得到发展和进步，这样的企业往往很难成为卓越企业。

(3) 卓越企业是为社会作出巨大贡献的企业。企业价值不仅仅在于其创造了多大的利润，更重要的在于其对社会做出的贡献。商业利润是一时的，但对社会的贡献却是永远的。企业经营过程中切忌为了短期的利润而牺牲了永恒的社会价值。卓越企业应主动承担社会责任，在追求利润、对股东承担法律责任的同时，还要承担对员工、消费者、社区和环境等相关方面的责任。卓越企业必须超越把利润作为最终的目标的传统观念，转而强调对社会的价值贡献。实际上，履行社会责任不但不会影响企业的商业利益，反而可以提升企业美誉度和品牌价值，最终为企业赢得更大的商业利益。正如被誉为"竞争战略之父"的美国哈佛大学教授迈克尔·波特在研究企业与社会关系时所指出的，企业履行社会责任远非一项成本、一个约束条件，或者一种慈善行为，而是孕育机会、创新和竞争优势的源泉。企业的社会责任要求企业在经营过程中要加强对人的价值观的关注，强调对消费者、对环境、对社会的贡献。企业只有把自身的经济效益与社会效益统一在一起，才能成为卓越企业。试想一家经济效益非常好的企业在生产过程中排放未经处理的污水，这种企业无论如何是不可能成为卓越企业的。

世界半导体产业巨头英特尔公司就通过卓有成效的工作在以上三个方面做出了突出表现，从而成为一家世界级的卓越企业。英特尔公司长久以来经历了多任 CEO 的更迭和技术与产品的更新换代，也经历了半导体产业的起起伏伏和多次经济危机的冲击，但公司始终保持世界半导体产业的领先地位，特别是在 PC 和服务器处理器芯片市场长期占有 80% 以上的市场份额，应该说英特尔公司是世界范围内长久保持高绩效的典范。同时公司内部建立了高效完善的人才开发和培养体系，使企业员工能得到充分的锻炼和发展机会，真正实现了员工与企业的共同发展。而且英特尔公司高度重视社会责任的履行，建立了从总部到各个业务所在国家的社会责任组织，专门负责协调、组织、安排相关事项和活动以有效履行社会责任。英特尔的社会责任履行活动覆盖了教育、社区、慈善等广泛的内容。例如英特尔公司将国际先进理念的教育课程引入中国，开展对中小学师资力量的培训、截至目前已先后有 500 多万名中小学教师接受了培训，占中国中小学教师总数的五分之一。正是因为在以上三个方面的出色表现，英特尔公司成为了当之无愧的卓越企业。

2. 如何成为卓越企业

应该说要做到卓越企业的以上三点特质是非常非常困难的。尽管只有很少的企业能够成为卓越企业，但是，所有的企业都有成为卓越企业的可能。只要有一个追求卓越的领导团队，找到了造就卓越的关键因素，并且在追求卓越的征途上不懈努力，每个企业都可能成为卓越企业。综观当今世界表现卓越的企业，我们发现几乎所有的卓越企业都是从小公司发展起来的。微软刚成立的时候是在盖茨家的车库上班，海尔创办时也不过是几间破破烂烂的工棚，最终都发展成为了卓越企业。因此，高绩效企业应该树立起发展成为卓越企业的信心，然后在以下方面开展持续的努力和卓有成效的工作，从而向成为卓越企业的目标迈出坚实步伐。

(1) 通过文化竞争将企业高绩效内化，使企业长久保持高绩效。

企业之间的竞争可以分为四个层次：产品竞争、营销竞争、战略竞争和文化竞争。企业需要在这四个层次上形成自己的竞争优势。然而，在某一产品、某一种营销方式、某一项战略上的优势都无法支持企业取得长久的高绩效，只有文化竞争的成功才是企业长期成功的根本保证。像 IBM、英特尔、西门子这些世界优秀企业之所以能历久而不衰，就是因为形成了优秀的企业文化，由此形成了持久的竞争优势；而国内一些优秀企业，如海尔、联想等也经历了漫长的企业文化形成过程，初步形成了有特色的适应企业发展的企业文化，由此它们都已经具备了向世界级企业迈进的基础。联想在创业之初形成的是"生存文化"，企业文化的特征主要是敬业和危机感。后来，随着企业的发展壮大，尤其是成立 PC 事业部以后，以杨元庆为首的年轻人走上了领导岗位，联想文化过渡到"严格文化"，强调"认真、严格、主动、高效"。2000 年，联想公司又提出"亲情文化"的建设，提倡"平等、信任、欣赏、亲情"，用柳传志的话来说，这非常适应当时联想即将实行的公司战略——向服务转型。服务业的文化不仅需要效率，还需要"微笑"，联想试图通过对内部员工的影响，提倡员工的合作、支持和自主性，以提高员工的满意度和合作精神，进而支持企业对外的服务型业务，使客户满意。

卓越企业的文化需要提倡不断学习。一个具有优秀企业文化的企业必然是一个学习型组织。在海尔，不仅企业领导人重视学习，整个组织也形成了良好的学习氛围。海尔在海尔工业园区设立了建筑面积 3600 多平方米的海尔大学，还在洋口开发区建设了 35 000 平方米的国际培训中心。海尔的中高层干部每个周六都要集中在海尔大学，进行主要以海尔面临问题为主的案例式研讨学习。联想也建立了联想管理学院，对干部进行系统培训。

卓越企业的文化一定是强调执行力的文化。海尔文化中最突出的是执行力强，其高层决策基本可以不走样地落实到最基层。海尔高度强调执行工作的效率，其提倡的海尔作风是"迅速反应、马上行动"。海尔内部流传着一个寓言，说一只狮子领导的一群绵羊可以打败一只绵羊领导的一群狮子。中国很多企业面临的问题其实正是狮子与绵羊的关系问题。例如企业流程再造，即使在国际上的成功率也只有百分之五十，而海尔在 3 万多名员工、200 多亿销售收入规模的基础上，不借助咨询公司，靠自己的力量进行了以市场链为内容的全面流程再造，迅速取得了应有的效果。相比之下，实达公司在麦肯锡的帮助下，在只有 2000 多员工、20 个亿销售收入的基础上进行的流程再造却完全失败。

通过文化竞争将企业的高绩效内化形成企业特质，企业就不会因某一领导人的变更、市场环境的变化、经济周期的起伏等因素影响企业绩效。

(2) 充分重视员工，培养和发挥员工潜力，从而得到员工的认可。

企业的外部客户是顾客，内部客户就是员工。企业在为外部顾客创造价值的同时，也需要为内部员工创造价值。企业可以根据具体情况开发出相关项目来解决员工的现实问题，为员工发展创造和提供条件。例如，全球最大的半导体公司英特尔公司就把员工视为企业最重要的资产，开发出多种多样的不同项目来服务员工。

EAR(Employee Assistance Programme)。这是英特尔公司从专业服务供应商处为员工采购的服务项目。当员工无论遇到生活、工作、家庭中的任何问题而无法找到解决方案时，都可从专业的咨询服务公司那里去寻找答案，而且整个流程绝对保密，员工不用担心工作、生活中的隐私被泄漏。

家属奖学金项目。英特尔公司每年拿出大量资金用于该项目。员工子女如果正在上大学，就可以向公司提出奖学金申请，公司将通过公平公正的程序进行评估，通过评估的员工子女可以得到学费资助。

英特尔商店项目。英特尔公司内部网站上有一个类似于淘宝的页面。在这里公司员工可以在线购买到供应商针对英特尔公司员工提供的特价商品。

类似于以上的项目还有很多很多。正是这些项目使英特尔员工有非常强的归属感，强化了员工对公司的认可。同时，英特尔公司向公司员工提供全面的培训和职业发展机会，使员工能力得到全面发展和提高。其实，不仅是英特尔公司重视员工发展，还有很多优秀公司也在这方面做了很多工作，表6-1是《财富》杂志(Fortune)发布的"2011最佳雇主100强"名单中的部分企业相关情况列表。

表6-1　2011最佳雇主100强关注员工开发的典型项目

公司	总部所在地	营业额	关注员工开发的项目
3M公司	美国明尼苏达州卡迪奇格罗夫	266.62亿美元	挑战计步器
埃森哲公司	美国纽约	216亿美元	创意集市
西班牙Atento公司	西班牙马德里	22.01亿美元	员工嘉年华
思科系统公司	美国加利福尼亚州圣何塞	400.4亿美元	公司托幼服务
英特尔公司	美国加利福尼亚州圣克拉拉	436亿美元	越级见面会

中国的企业也越来越重视对员工的开发与培训，更多地得到了员工的认可。一项中国最佳雇主的调查显示出了这种趋势，见表6-2。

表6-2　中国最佳雇主排名变化情况

2008年最佳雇主TOP 10

2008	2007	变化	公司名称
1	2	↑1	中国移动
2	4	↑2	华为
3	5	↑2	宝洁
4	1	↓3	联想
5	3	↓2	海尔
6	6	——	IBM
7	7	——	微软
8	8	——	广东核电
9	15	↑6	中国银行
10	12	↑2	谷歌

2008年与2007年比较，TOP50总榜单有10家企业下榜，10家企业上榜；本土企业上榜数量首次超越外资企业，以28席在最佳雇主榜单TOP50中占据过半席位。

2009年最佳雇主TOP 10

2009	2008	变化	公司名称
1	1	——	中国移动
2	3	↑1	宝洁
3	5	↑2	海尔
4	2	↓2	华为
5	9	↓2	中国银行
6	10	↑4	谷歌
7	8	↑1	广东核电
8	4	↓4	联想
9	11	↑2	阿里巴巴
10	12	↑2	百度

国家企业首次超过外资企业，成为求职首选。学生选择国有企业的比例大大提高，2009年有1/3的学生将国有企业列为求职首选；同时，在上榜的50强企业中，上升速度最快的3家企业均为国有企业。

2010年最佳雇主TOP 10

2010	2009	变化	公司名称
1	1	——	中国移动
2	9	↑7	阿里巴巴
3	3	——	海尔
4	11	↑7	微软
5	5	——	中国银行
6	6	——	谷歌
7	8	↑1	联想
8	2	↓6	宝洁
9	20	↑11	工商银行
10	13	↑3	中国电信

在前10位中仅有微软、谷歌和宝洁三家外资公司，而且这也是前50位最佳雇主中仅有的三家企业。

(3) 时刻关注社会效益，充分履行社会责任。

履行社会责任是企业持续发展的源泉。卓越的企业需要在企业经营的全过程充分考虑社会效益，把企业的经济效益与社会效益统一起来。企业积极承担社会责任，将为企业带来出色的财务绩效和持久的竞争优势。无数事实充分证明：全球商业界取得巨大成功的企业，基本上都是那些社会责任履行最到位、社会形象最佳的企业。也就是说，履行社会责任与企业发展的兴衰胜败有着直接的关系：凡是履行社会责任比较好的企业，一定是可持续发展的。因为在每个人心中都有一面看对方的镜子，企业对社会的贡献越多，获得的社会认可度就越高，企业的信誉度与口碑就越好，社会给予的发展资源与支持也就越多。在经济全球化背景下，企业社会责任并非只是评价企业道德高下的标准，而且也是进入国际市场实实在在的通行证，更是企业持续发展的源泉。很多企业已经充分认识到企业经济效益与社会效益是相互支持、相得益彰，而不是互相矛盾的，所以在履行社会责任方面进行了大量投入。

与此同时，企业还需注意，企业履行社会责任绝不仅仅是做慈善，绝不仅仅是捐赠多少款项而已，企业履行社会责任更应该是用心的付出。例如英飞凌科技公司设在西安的研发中心就在企业中开展了 VIA(Volunteer In Action)活动，即志愿者在行动活动。该公司组织员工定期前往陕西省三原县某儿童村看望那些服刑人员子女。他们不仅仅带去捐赠的物品和款项，每次还要与孩子们一起组织各种活动，真正地用心去与孩子们交流。这项活动已经坚持了 5 年之久，而且已在公司形成一种制度并将长久坚持下去。又例如英特尔公司董事长贝瑞特先生在 2008 年中国汶川地震之后不久即赶往地震灾区进行慰问，并当即启动了英特尔为四川地震灾区千所学校捐建计算机教室的活动，这项活动并不是对地震灾区的应急性救助，而是对灾区长久发展的持久性投入。中国平安通过推出"绿色承诺平安中国低碳 100 行动"来促进中国环保事业的进步。2012 年中国平安以营建万亩平安林的形式开展此项活动，先后在河北承德、山东商河、内蒙古多伦、广东揭阳、广西阳朔、湖南冷水滩等地进行平安林建设，专家认为平安此举将大大改善上述地区的水土流失状况，加强环境治理与生态建设。

3. 创建卓越企业的共性管理原则

成为一家卓越企业需要经历漫长的发展过程，在此期间也有一些共性的管理原则是可以借鉴的：

(1) 组织和个人的学习。卓越企业都是善于学习的，它们既善于向竞争对手学习，又善于向其他一些优秀企业学习。它们既注重组织的学习，也注重员工个人的学习。通过学习，获得新的机会、新的产品和服务以及新的方法，为顾客提供更大的价值，使得自己获得更大的收益。

(2) 重视员工和合作伙伴。卓越企业都有一支卓越的员工队伍，员工关注企业，干劲十足，以成为企业一员为荣。之所以这样，是因为他们感觉到自己受到企业的重视和尊重，前途光明，有用武之地。卓越企业都致力于建立一支高素质的员工队伍，并将员工看成是最宝贵的财富。而且卓越企业也都知道，在当今全球化时代，一个企业离不开好的合作伙伴，因此，它们都珍视合作伙伴，绝不片面追求自身利益，而是谋求共赢。

(3) 敏捷。当今时代一个显著的特点就是变化非常快。因此，卓越企业都关注外部环境、竞争对手和企业内部的各种变化，及时作出反应。卓越企业能灵活而敏捷地应对相关变化。

(4) 重视创新。卓越企业知道，没有创新，企业就不能适应时代的变化，它们将高绩效企业的企业创新继续发扬光大。卓越企业将创新视为企业的生命。

(5) 社会责任。卓越企业通常都乐于承担社会责任，遵纪守法，并且具有较高的企业行为道德标准。

(6) 系统化视野。卓越企业都以系统化视野为企业制定有效的战略和目标，培养一支高效员工队伍，使业务流程更加高效地运作，从而获得卓越的业绩。卓越企业将企业视为一个系统，不追求局部最优，而是追求整个系统最优。

4. 创建卓越企业的步骤

除了以上共性的原则以外，在企业追求卓越的过程中，可以遵循以下步骤开展工作：

(1) 确定标准：企业首先需要设定成为卓越企业的标准。在这一阶段企业可以参考众多卓越企业的运营管理，并结合企业自身情况设计出一套完整的标准。

(2) 寻找差距：确定成为卓越企业需要达到的标准后，企业就要通过评估，识别出企业在哪些方面存在什么样的差距。

(3) 消除差距：这一阶段企业要采取切合实际的有效措施，通过扎实的工作来实施改进，消除差距。

(4) 保持稳定：追求成为卓越企业不是一蹴而就的，而且成为卓越企业后也不是一劳永逸的。企业需要时刻以卓越企业标准开展企业运营管理，使企业稳定保持卓越状态。

在以上步骤中，最重要的问题就是如何找到差距以及如何消除差距，它们是创建卓越企业的核心问题。可以说，卓越企业就是在不断寻找差距，然后消除差距中成长起来的。因此，找不到差距的企业，一定不能成为一个卓越企业，找到差距不能消除差距的企业，也一定不能成为一个卓越企业。找到差距，然后消除差距，这就是创建卓越企业的关键所在。

由高绩效走向卓越，强调追求成为卓越企业是经济和社会文明进步的标志，这点对当代中国具有重要的特殊意义。追求卓越是促进企业持续发展、不断提升管理实力的推动力，也是中国企业参与国际竞争的支持性力量之一，更是从企业层面推动社会进步的重要因素。曾几何时，"中国制造"堆满了世界各国商超的货架，而同时我们也不得不承受着被贴上"假冒伪劣"标签的巨大压力。中国房地产是国民经济的支柱产业之一，对带动中国经济持续高速发展功不可没，然而随之而来的还有铺天盖地的房产质量投诉、产权纠纷、物业服务弊病等。解决这些困扰中国企业问题的出路何在？那就是追求卓越。当企业以诚信经营为本，始终以企业经营惠及大众为念，则这些问题都将迎刃而解。因此，追求成为卓越企业既是企业发展的本质要求，也是社会发展进步的必然要求。所以企业要在追求卓越的道路上坚定不移地付出不懈努力。

参 考 资 料

[1] Albert A. Vicere, Robert M. Fulmer. Leadership by Design. United States of America: Harvard Business School Press, 1998.

[2] Aswath Damodaran. Strategic Risk Taking –A Framework For Risk Management. India: Dorling Kindersley (India) Pvt. Ltd., 2007.

[3] Blaine Lee. The Power Principle. New York: Simon & Schuster, 1998.

[4] Charles H. Kepner, Benjamin B Tregoe. The New Rational Manager. United States of America: Princeton Research Press, 1981.

[5] Lundin C, John Christensen, Harry Paul, et al. Fish! Tales. Great Britain: Hodder and Stoughton, 2002.

[6] Dave Ulrich, Norm Smallword, Kate Sweetman. The Leadership Code. United States of America: Harvard Business Press, 2008.

[7] Dudley Lynch, Paul L. Kordis. Strategy Of The Dolphin – Scoring a Win in a Chaotic World. New York: William Morrow and Company, INC., 1989.

[8] The Fundamental Concept of Excellence. EFQM. 2003: http//www.efqm.org

[9] Editorial Board of International Studies of I Ching Theory. International Studies of I Ching. Beijing: 华夏出版社, 1995.

[10] Finney R. Managing the Organizational Change Curve. 2003: http//www.itmweb.com/f042103.htm.

[11] GibsonJ L, Ivancevich J M, Donnely J H Jr. Organizations Behaviour, Structure, Processes. New York: McGraw-Hill Higher Education, 1996.

[12] H. William Kochh. How to use Top Secrets Of Innovation to Expand Company Profits and the Executive's Personal Success. United States of America: Executive Reports Corporation, 1973.

[13] Henry Mintzberg, James B. Quinn. The Strategy Process. New Jersey: Prentice Hall International, 1996.

[14] Jaclyn Kostner. Virtual Leadership. New York: Warner Book, 1996.

[15] James Champy. Reengineering Management. New York: Harper Business, 1995.

[16] Jim Collins. Good to Great, Why Some Companies Make the Leap…and Others Don't. United States of America: Collins Business, 2001.

[17] John C. Maxwell. Developing The Leaders Around You. Nashville, Tennessee: Thomas Nelson, Inc., 1995.

[18] Jon R. Katzenbach. Teams at the Top – Unleashing Potential of Both Teams and Individual Leaders. United States of America: Harvard Business School Press, 1998.

[19] Lawrence G. Hrebiniak. Making Strategy Work – Leading Effective Execution Change.

New Jersey, U. S.: Wharton School Publishing, 2005.

[20] Loretta Malandro. Say It Right The First Time. New Delhi: Tata McGraw-Hill Publishing Co. Ltd., 2006.

[21] Mats Lindgren, Hans Bandhold. Scenario Planning – The Link Between Future and Strategy. New York: Palgrave Macmillan, 2003.

[22] Michael D. Johnson, Anders Gustafsson. Improving Customer Satisfaction, Loyalty, and Profit. United States of America: Jossey-Bass Inc., 2000.

[23] Gerald A. Michaelson. The Art of War for Managers. Holbrook, MA/USA: Adams Media Corporation, 2010.

[24] Mintzberg H, Ahlstrand B, Lampel J. Strategy Safari, The completed guide through the wilds of management. New Jersey: Prentics Hall, 1998.

[25] Peter M. Senge. The Fifth Discipline – The art And Practice Of The Learning Organization. New York: Doubleday, 1994.

[26] Renee Mauborgne, W. Chee Kim. Blue Ocean Strategy – How to Create Uncontested Market and Make the Competition Irrelevant. United States of America: Harvard Business School Publishing Corporation, 2005.

[27] Robert S. Kaplan, David P. Norton. Balanced Scorecard. United States of America: Harvard Business School Press, 1996.

[28] Saint-Onge H, Wallace D. Leveraging Communities of Practice for Strategic Advantage. United States of America: Butterworth-Heinermann, 2003.

[29] Spencer Johnson. Who Move My Cheese – An Amazing Way to Deal with Change. United Kingdom: Vermilion, London, 1999.

[30] Stephen R. Covey. Principle-Centred Leadership. Great Britain: Simon & Schuster UK Ltd.,1992.

[31] Stephen R. Covey. The Four Roles of Leadership. Great Britain: Simon & Schuster UK Ltd., 1995.

[32] Stephen R. Covey. Leadership and Self-Deception. India: Magna Publishing Co. Ltd., 2002.

[33] Stephen R. Covey. The 7 Habits of Highly Effective People. New York: Simon & Schuster, 1990.

[34] Stephen R. Covey. The 8th HABIT, From Effectiveness to Greatness. New York: Free Press, 2005.

[35] Stephen Denning. The Springboard – How Storytelling Ignites Action in Knowledge-Era Organizations. Oxford, UK: Butterworth Heinemann, 2001.

[36] Steven L. McShane, Mary Ann Von Gkinow. Organizational Behaviour: Emerging Realities for the Workplace Revolution. New York: McGraw Hill, 2005.

[37] Stilton Jarlsberg. Who Cut the Cheese?- An A-Mazing Parody About Change and How We Can Get Our Hands on Yours. New York: Crown publishers, 2000.

[38] Thomas L. Friedman. The World Is Flat – A Brief History of Twenty Century. New York:

Farrar Strous and Giroux, 2006.

[39] Tichy N M. The leadership engine: How winning companies build leaders at every level. United States of America: Haper Business, 1997.

[40] Van der Heijden K. The Art of Strategic Conversation. United States of America: John Wiley & Sons, 1996.

[41] Xie Guoliang. Sunzi The Art Of War. Beijing: Chinese Literature Publishing House, 1995.

[42] 吴兆基. 孙子兵法 三十六计. 北京：当代世界出版社，2005.

[43] 姬昌. 白话周易. 呼和浩特：内蒙古人民出版社，2010.

[44] [美]迈克尔.波特. 竞争战略. 陈小悦，译. 北京：华夏出版社，2008.

[45] 环球资源. 世界经理人：http://www.ceconline.com.

[46] 经理人：http://www.sino-manager.com.

[47] [美]德鲁克. 管理的实践. 齐若兰，译. 北京：机械工业出版社, 2006.

[48] 陈佳贵，等. 企业社会责任蓝皮书：中国企业社会责任研究报告(2011). 北京：社会科学文献出版社，2011.

[49] 甘华鸣. 经营战略. 北京：中国国际广播出版社，2002.

[50] [美]H·克雷格·彼得森，W·克里斯·刘易斯. 管理经济学. 吴德庆，译. 北京：中国人民大学出版社，1998.

[51] 李择非. 周易. 北京：北京联合出版传媒(集团)股份有限公司，万卷出版公司，2009.